U0899620

西部人文资源研究丛书

“呼图克沁”——蒙古族村落仪式表演

董　波著

學苑出版社

图书在版编目（CIP）数据

"呼图克沁"：蒙古族村落仪式表演／董波著．—北京：学苑出版社，2010.1
ISBN 978-7-5077-3497-3

Ⅰ．①呼… Ⅱ．①董… Ⅲ．①蒙古族－民族歌舞－研究－中国 Ⅳ．①J722.221.2

中国版本图书馆 CIP 数据核字（2010）第 025844 号

出 版 人：孟 白
责任编辑：刘 丰
出版发行：学苑出版社
社　　址：北京市丰台区南方庄 2 号院 1 号楼
邮政编码：100079
网　　址：www.book001.com
电子信箱：xueyuan@public.bta.net.cn
销售电话：010-67675512、67602949、67678944
印 刷 厂：保定金石印刷有限公司
开本尺寸：787×1092　1/16
印　　张：12.75
字　　数：270 千字
版　　次：2010 年 4 月第 1 版
印　　次：2010 年 4 月第 1 次印刷
定　　价：48.00 元

总 序

“西部人文资源研究丛书”，是由国家重点课题“西部人文资源的保护、开发和利用”课题组完成的。课题始于国家提出西部大开发的第二年，由费孝通先生提出，中国艺术研究院具体牵头执行，并联合清华大学、北京大学以及西部地区各院校的许多学者共同参与。有关“人文资源”的概念，是费孝通先生在课题立项时提出来的。他指出：“人文资源是人类从最早的文明开始一点一点地积累、不断地延续和建造起来的。它是人类的历史、人类的文化、人类的艺术，是我们老祖宗留给我们的财富。人文资源虽然包括很广，但概括起来可以这么说：人类通过文化的创造，留下来的、可以供人类继续发展的文化基础，就叫人文资源。”也就是说，人文资源是人类的文化积累和文化创造，它不是今天才出现在我们的生活中，而是自古就有的。但将其作为资源来认识，却是今天才有的。资源并非完全客观的存在，当某种存在物没有同一定社会活动目标联系在一起的时候，它是远离人类活动的自在之物，并非我们所论述的资源。也就是说，如果人类一代一代流传下来的文化遗产，只是静态地存在于我们的生活中，甚至博物馆里，与我们的现实生活没有联系时，其只能称为遗产，不能称为资源，只有当它们与我们的现实生活和社会活动及社会的发展目标联系在一起后，才能被称为资源。

我们对有关西部人文资源课题研究的认识是：

一、我国西部的开发应该是一个全方位推进的系统工程，它需要来自各方面人才的共同努力和参与。但在一般人的眼里，西部开发仅仅是经济的开发，经济的增长率就是最高的追求目标，在这样的利益驱动下，人们可能会忽视生态的问题，尤其是处于隐蔽状态的文化生态问题。文化生态的失衡，不仅使文化多样性减少，文化传统消失，人文资源被破坏，还会带来民族矛盾的激化、民族宗教的纷争等严重问题，最终也会带来经济上的巨大损失。我国是一个多民族国家，其中大部分的少数民族都集中在西部的10个省、市、自治区，这里是我国文化最多样化的地区。因此，从某种意义上来说，西部大开发也可以说是西部民族地区经济社会的大开发。在这一过程中，不同民族文化的接触与碰撞在所难免，解析不同民族文化的变迁历史，寻找文化沟通、交流的有效途径，并从中找到各民族文化共同发展进步的新生之路，应是课题所要研究的重大问题之一。

二、西部地区是中国文化的重要发源地之一。远在约一百万年前，那里就活动着元谋人、蓝田人，在二十多万年前还活动过原始的大荔人，新石器时期的仰韶文化、龙山文化，也都在那里留下了人类活动的痕迹。那里还是黄帝、炎帝的故土，上古时期的中国神话，一直都与这片土地有着密切的关系。中国古代的西北地区曾是农耕文明最发达的地区之一，是中国经济繁荣的政治和文化中心，从西周到唐代，曾有十一朝皇帝在这里建都，这里也是中国最早对外开放、最早接受西来文化的地方。早在汉代，这一带就开辟了一条通往西域的丝绸之路，随后在这条路上传来了中亚、西亚乃至欧洲各国的文化，这些交流极大地影响了中国文化的发展和流变。

同时，这一地区又是我国少数民族和汉族杂居的地区。各民族世代相传，积累保存了各种文字的大量文献资料，各种民族的口传史记，各种形态的生活民俗、宗教信仰、歌舞音乐、戏曲、绘画等非物质文化遗产。这些珍贵的非物质文化遗产，对于研究人类心理、行为、语言和社会结构等诸方面的变迁过程，对于研究宗教和艺术的起源、发展和演变过程，以及各民族世代相传的原生态文化，都极有价值。

三、西部这些珍贵的物质的和非物质的文化遗产，不仅仅是一种静态的需要我们去保护的珍贵财富，同时还是中华民族未来文化发展的重要基础之一，是我们民族文化的根。在全球一体化的今天，如何确证我们中华民族自身的存在和存在的价值，是非常重要的。在外来强势文化的冲击下，如果一个民族不能在文化上自我肯定，甘愿接受外在文化的文化殖民，就必定会出现一定程度的文化焦虑和心理危机，同时导致传统文化的根基遭到动摇。中国改革开放后直到今天整个社会的道德危机，其根正源于此。也正因如此，为了抵御正在形成的单边主义，各国的文化主体性正在觉醒，主张文化多样性的保护正在成为一股浪潮，不仅是来自民间，最重要的是各国政府也在积极参与。这和以往的文物保护不一样，文物保护不代表文化的完整性保护，而文化多样性的保护和非物质文化遗产的保护就是文化的完整性保护。所谓的文化不仅包括了物质的部分，还包括了一个民族集体认同的价值观、宇宙观，以及道德准则等非物质部分。在这样的时代背景下，文化遗产就不再只是放在博物馆展览的死的物，而是一种活态的、可以在此基础上发展和建构我们未来的政治、文化及经济的资源。从文化遗产到人文资源的研究，不仅包括了以上的政治问题，还包括了经济的问题和文化安全的问题。

如果说在工业文明时期，各个国家争夺的主要是自然资源的话，在下一轮的后工业文明时期，各个国家要争夺的不仅是自然资源，还将包括人文资源，今后人文资源是否丰富也将是一个国家国力是否强盛的标志。中国不仅自然资源丰富，生物基因多样，其各个不同地方的传统知识也异常的丰富。这种知识不仅包括了不同的宗教信仰、价值观、宇宙观，也包括了各种手工技艺、动植物知识、气象知识、中草药知识等，这些是构成未来生态文明社会的基础。这些知识蕴藏在各地的传统民间社会中，是农业文明遗留给我们的宝贵财富。在未来的人类社会发展中，这些人文资源都是可以重新认识的无价之宝。它们是否能完整地保存下来，并得到合理的利用和发展，是我们在课题中必须研究和必须回答的问题。

在全球一体化的今天，整个人类社会的政治结构、经济结构和文化结构都在发生巨大的变化。民族的文化传统与文化遗产，正成为一种人文资源，被用来建构和产生在全球一体化语境中的民族政治和民族文化的主体意识，同时也被活用成当地的文化和经济的新的建构方式，不仅重新模塑了当地文化，同时也成为当地新的经济增长点。因此，现在在世界范围内，许多民族文化以及各种民间文化呈一种复兴状态，而这种复兴，就是传统文化的复活，但这种复活并不是在实用层面上，而是在精神层面的。它是作为一种昔日的精神家园给予人们的寄托，让人们在这里看到自己的过去，或领略到不同地域的人文风光，甚至成为一种可以欣赏的活的艺术。这就是费孝通先生所讲的"一件文物或一种制度的功能可以变化，从满足这种需要转去满足另一种需要"。从功能上来讲，它不再能从制度上物质上去满足现代生活的需要，但它却能从另一个层面，即人们的心理需求和审美需求去满足人们的需要，这就是文化产业和旅游业能得到发展的根基，也是许多地方文化得以复兴的经济基础。在这样的背景下，传统人类学家所认为的，传统与变迁是对立的、习俗与理性也是对立的观念发生了转变。正如人类学家萨林斯所认为的，"晚期资本主义"最令人惊叹之处就是："传统"文化并非必然与资本主义不相容。许多地方正在出现本土化的现代性。但是这种本土化的现代性，如何实现与如何实践，都需要我们去探索和思考。

针对这些内容，课题的研究分为两个部分：第一个部分是对西北地区人文资源的全面梳理，从而我们大概知道在中国的西北地区有哪些重要的人文资源，其大概的分布及现存状况。这就是费孝通先生说的摸清家底，其既是一种文化的研究记录方式，也是一种文化的保存方式。为此我们建立了"西北人文资源环境基础数据库"。第二个部分是对西部不同文化类型区域进行实地考察。人文资源这个词在我们的理论文章里是抽象的，概念化的，但当我们将其放在一个具体的生活情境中，同时了解到具体承载着这些文化的群体时，我们会发现，我们的研究顿时会具体起来，我们会遇到许多在抽象的理论中未曾提出和未曾认识到的问题。因此，我们在做面的梳理的同时，还做了系列的个案研究工作，企图用解剖麻雀的方法，来找到我们所需要研究的问题所在。当笔者带着问题去请教费孝通先生时，他指出："解剖麻雀，以小见大，这是人类学里面常用的方法，但要注意，一只麻雀是不能代表所有麻雀的，要多解剖几个，而且要用它们来相互比较。只要我们能科学地解剖这些麻雀，并摆正点与面的位置，恰当处理两者的关系，那么在一定的程度上，点上的调查也能反映全局的基本面貌。这么多年的学术研究，我总结出来的经验就是：只有理论联系实际才能出真知，只有到实地中去调查研究，才能懂得什么是中国的特点，什么是中国文化的内在本质。你们的研究要摆脱在概念中兜圈子、从书本到书本的模式，要走出书斋，在实际考察中认识西部、了解西部。"他还说："围绕着西部的文化变迁和人文资源的保护、开发和利用这个主题，来提出问题，然后通过考察来认识问题和回答问题，这种做法是可行的。这种从实践中得来的认识往往比从书本上得来的认识具体得多、充实得多。因为它不是从概念中推论出来的，更不是凭主观中臆想出来的，所以只要能自觉地、不留情面地把考察中一切不符合实际的成分筛选掉，它就会成为西部文化变迁的历史轨迹的真实记录，即使过了几十年甚至几百年，当人们来翻看它时，仍然具有价值。”

费孝通先生给我们课题的研究指明了方向，也就是说，我们的课题组成员虽然来自不同的人文学科领域，却能对一个共同的地域文化，从不同角度提出自己的看法，也就是我们不仅有一个共同的研究目标，还有一个共同的研究方法，那就是到实地去，到田野中去，观察最鲜活的社会事实，捕捉最新的文化重构方式，感受最新的时代发展脉搏。

通过7年多的研究，课题完成了73篇考察报告，并按内容编辑成5本考察集（《关中民间器具与农民生活》、《西部人文资源考察实录》、《西北少数民族仪式考察——傩舞·仪式·萨满·崇拜·变迁》、《陇戛寨人的生活变迁——梭戛生态博物馆研究》、《“呼图克沁”——蒙古族村落仪式表演》），完成了4本考察笔记（《西行风土记——陕西民间艺术田野笔记》、《梭戛日记——一个女人类学家在苗寨的考察》、《陕西药王崇祀风俗考察记》、《西南山地文化考察记》），3本论著（《人文资源法律保护论——以西部人文资源保护为起点的研究》、《西部人文资源论坛文集》、总报告书《从遗产到资源——西部人文资源研究报告》），共12本书，400余万字。

7年多来，课题组成员在西部的追踪考察，使我们亲身参与并感受到了西部民间文化的剧烈变化过程，这种变化过程不再是传统意义上缓慢的文化变迁，而是文化在各种内在与外在力量及权力交锋中的重组或重构，在这一过程中，西部的传统文化成为各种力量和权力都在反复利用和开发的资源。在开发和利用的过程中，其“资源”意义远远大于或超越其“遗产”意义。因此，从“遗产”到“资源”，不是一种理论研究，而是一种社会实践，是一种正在进行着的、我们还没有来得及深入研究、还不能很清楚地辨别其利弊的社会实践。

课题立项不久，我国非物质文化遗产保护工程就开始启动并迅速展开。与联合国教科文组织世界物质文化遗产与非物质文化遗产保护同步的我国非物质文化遗产保护工程，对我们的课题无疑是重大的促进。因此，我们也希望我们的研究成果能汇入这一保护工程，为学术界提供一个可以继续讨论的话语空间，促使这一研究的进一步深入。我们知道，西部人文资源这样一个课题的研究内容是很广的，以我们这么短的时间及人力、物力想完全做好是很困难的。但笔者认为，只要我们努力，每个人都尽一点自己的微薄之力，哪怕是为后来的研究者提出一些思路、提供一些研究的线索也是值得的。

另外，课题结束了，我们课题的学术总指导费孝通先生却离开了我们，我们谨以我们勤奋的工作来纪念费先生，来继承他未竟的事业。

方李莉

2008年夏

目录

目 录

导　言

一、研究的缘由及其意义和思路

（一）研究的缘由及其意义

中国西部大开发事关国家和民族的前途和命运。在西部大开发的过程中注重对西部人文资源的开发、保护利用是一项极有意义的保护民族民间文化基因的大工程。内蒙古作为地域辽阔、文化积淀丰厚、人口众多的中国西部少数民族地区之一，在整个西部人文资源保护开发中占有极其重要的地位。本书的研究对象“呼图克沁”作为蒙古民族独有的仪式表演，仅存于内蒙古东部敖汉旗萨力巴乡乌兰召村，是一个既有着特殊文化背景又发挥独特文化功能的地域民族民间文化，是一个“活态”的历史，是至今依然发挥着作用的民族民间信仰仪式。“呼图克沁”不仅是当地珍贵的人文资源，也是当前亟须保护的非物质文化遗产之一。

然而，由于全球一体化和现代化的强有力推进，类似“呼图克沁”这样的民间文化正在受到强烈的冲击，而我们对此的研究和关注还很不够。这些地方性的人文资源我们将如何去保护？如何理解并传承其中的精华？这都是值得我们去研究和探索的。这里，笔者将采取参与观察的方式对考察对象进行解剖麻雀式的细致研究。只有对不同类型的案例都研究清楚，然后通过排比、罗列和分类，我们才能找到内在的联系，对如何保护、开发和利用西部的人文资源，提出较为全面和客观的看法，并帮助人们了解西部传统文化的过去及其现在所面临的问题。

1. 保护文化多样性是时代向我们提出的要求

文化多样性有两个层面的含义：“一是全球层面的文化多样性；二是一个国家内容层面的文化多样性。在中国国内，无庸讳言，也存在着文化相对的两重性。一方面是面对全球，在现代西方文化输入的强大冲击下，以汉族传统文化艺术为代表的中华民族本土文化相对处于被动守势的弱势地位，因此有必要强化保护中华本土文化作为文化多样性的存在；另一方面，在国内传统的文化领域中，强大的汉族文化艺术又一直处于优先的强势地位。”[1] 由此可知，少数民族传统文化也理应包括在文化多样性之列。对此有学者明确指出：“在谈到口头和非物质文化遗产保护的时候，必须珍视少数民族文化遗产的保护。中国是一个具有五千年文明史的多元一体的国家，组成这个国家的56个民族的民俗文化无比丰富。56个民族每一个民族都有对于自己民族文化渊薮的认可，都突出强调自己的特殊性和与众不同的地方，这种心态，正是人们对文化所表示出的自身发展的特有功能，从而形成多样性的文化认同。每个民族之所以成为一个民族就因为有它的历史，它的文化。民族没有高低之分、大小之分、贵贱之分。尽管历史上沟沟坎坎，文化上碰碰撞撞，有的民族只有数万人，但是至今没有磨灭。就是这些民族的人们保留了悠久的文化，56个民族所组成的多元一体的文化成为中国乃至世界的宝贵财富。民间的无形文化所折射出来的生命观、哲学观、道德观、礼仪观、宗教观是国情民情的重要组成部分，是劳动人民智慧的结晶，不仅具有独特的学术价值，而且构成中华文化的源头、根基和底层，是建设社会主义现代化新文化的河床。”[2]

本书中的研究对象“呼图克沁”不仅是一种少数民族的民间信仰，一种少数民族的民间艺术，同时也是中华民族非物质文化遗产的组成部分之一，是当前我们国家研究和保护的对象之一。在这样的文化背景下研究它和理解它，就必须要将它和当前国家的非物质文化遗产的保护结合在一起，关注到它是一个动态的过程，它的发生和发展必须与整个社会的环境和社会文化背景紧密相连。

2.“呼图克沁”，现实的生存状态和危机

近些年来，随着市场经济建设和社会的变革，电视文化和流行性艺术在广大农村牧区生活中占优势，蒙古族民间的仪式戏剧“呼图克沁”的演出也受到冲击；一批卓有成就的“呼图克沁”表演艺人相继去世，传承人日渐减少；已经不多的著名艺人传授徒弟的活动也得不到很好的实现；又因它对演员自身素质有一定的要求，但由于经费不足，不能采取有效的保护措施，所以“呼图克沁”蒙古族仪式戏剧确实面临失传的危机。显然，仪式戏剧“呼图克沁”的生态环境十分脆弱，如果不加以保护，“呼图克沁”将很难生存下来，一个民族特有的戏剧艺术形式将会消失。因此，基于对蒙古族的历史、民族特色和艺术特点的认识，我们应重视“呼图克沁”这一蒙古族特有的人文资源的保护，充分认识其独特的价值，做好演员的培养，制定保护措施……而做好这些离不开对它的研究和探讨。

3.“呼图克沁”，学术价值、意义及研究中存在的问题

对“呼图克沁”仪式戏剧的研究，近几年才刚刚从自为到自觉、从粗浅的感性向理性认识迈出第一步。有不少学者从不同角度对其进行了调查，介绍和探讨的文章屡见不鲜，这是一个良好的开端。从现有文献可以看出，对于“呼图克沁”的研究处于文献资料的整理、挖掘和搜集阶段，尚停留在感性认识的基础上，缺乏理论的先导和深层的认识。笔者经过几次田野考察，结合多学科交叉的思维方式来研究“呼图克沁”，对其有了更进一步的理解和认识。笔者一直在思考，在研究过程中，我们将用什么样的视角来看待或审视“呼图克沁”现象呢？确切地说，就是要依托于理论的支撑，对于“呼图克沁"所涉及的文化现象做出实事求是的判断和科学的评价。这是学术性较强，涉及宗教、民俗、民族、巫术、艺术和人类学、民族学等广泛领域的研究。

在我们认识和研究蒙古民族文化历史的发展与演进的过程中，"呼图克沁"有着极其特殊的学术价值和意义，主要表现在以下几个方面：

首先，仪式戏剧"呼图克沁"不仅是中华民族传统文化的重要组成部分，而且是中国少数民族——蒙古族历史文化传承的重要载体。以仪式戏剧形式出现的"呼图克沁"，是一个在内蒙古敖汉旗萨力巴乡乌兰召村蒙古族地区流传久远、影响最大、深受广大蒙古族群众喜爱的蒙古族戏剧。它的演出能够延续至今，与蒙古族的信仰、生活习俗以及宗教活动密切相关，是靠宗教活动的开展来传承和发展的。它反映这一地区、这一民族的生产、生活方式，又维系着一个地区、一个民族的发展。蒙古族仪式戏剧"呼图克沁"是一个稀有剧种，它凝聚着本地区、本民族深厚的文化艺术传统，反映着本地区、本民族独特的审美意识。它是在民族文化和民间艺术的土壤中孕育和成长起来的，它与本族群的生活有着千丝万缕的联系。

其次，蒙古族仪式戏剧"呼图克沁"是汲取、凝聚了蒙古族群众数百年文化智慧的结晶。从传统剧本到表演形式，既通俗易懂，又优美规范，成为蒙古族传统文化的杰出代表和象征。它虽然也受到了我国其他民族文化的影响，但它主要是在独特的蒙古族地区生长起来的，形成了蒙古族文化本身独特的内容与形式相统一的艺术风格和特色。在内容上，它反映了蒙古族历史发展中形成的世俗生活与宗教生活相结合的特殊的社会形态；在形式上，它具有综合艺术、说唱歌舞、广场演出、观赏娱乐等鲜明的民族特征，故而自成一个完整独特的演剧体系。宽宏脆亮的声韵，气势恢弘的伴唱，相得益彰的成套唱腔，介绍剧情的连珠韵白，着重写意抒情的戏剧化了的舞蹈，丰富多样的喜剧表演等，都是富有蒙古族传统文化意蕴的技巧。它对广阔区域的蒙古族文化圈的形成产生过一定的作用。它综合了蒙古族文化艺术的精粹，其剧目和整个艺术整体，成为我们研究蒙古族特殊社会人文形态的百科全书。

最后，仪式戏剧"呼图克沁"不仅是蒙古族艺术的重要组成部分，而且是考察、研究和认识、发掘蒙古族历史文化的重要参考依据。特别是其作为精神创造和审美活动的属性，为我们认识和研究蒙古族的精神与心理，考察这一民族的发展与进步，提供了研究价值和学术可能。"呼图克沁"以其原生形态或衍生形态传承下来，折射出蒙古族在早期的图腾崇拜、祖先崇拜和鬼神崇拜的傩文化现象，至今保留着傩祭歌舞等特点。属于历史文化的积淀，成为研究人类学、民族学、宗教学、民俗学和艺术学等学科的极为珍贵的形象资料。"呼图克沁"以北方游牧文化为基础，体现了蒙古民族的生存意识，并与民俗文化、艺术文化紧密地融合在一起，到今天科学文明的时代，仍保持着顽强的生命力。它经历诸多世纪的演变和发展，形成具有多元文化色彩的复合民俗活动，成为蒙古族社会生活容量大、思想内涵丰富、规模宏大的文化载体。对"呼图克沁"的研究，不能拘泥于客观形式上的民间歌舞，还必须关注到其耕收祭典、迎神庙会、岁时节日等现象。透过这些现象，我们不难看到那个属于蒙古族精神领域的纷繁复杂的本质。

"呼图克沁"在蒙古族人的心目中是至高无上的。他们视为最本质的两个方面：

其一是宗教信仰。在整个仪式的过程中，不但祭拜祖先、民间英雄、历史人物等仙班列神，同时还存在属于古代巫舞的遗风，祭祀中请神、送神等一系列活动，实际上是北方萨满教的遗绪。蒙古族先民曾长期信仰和依赖萨满的庇护。其二是文化艺术。“呼图克沁”演出利用歌舞形式驱邪酬神，达到部族村落免去各种灾难，使人们享受风调雨顺、人畜兴旺、治安稳定、国泰民安之精神目的。在歌舞仪式中，人们劲舞狂欢，讴歌太平丰收年景，祈祝美好的未来，尽情尽兴地在情感上宣泄，是一种非常有自身特点的艺术形式。

总之，“呼图克沁”是一种既珍贵而又独具魅力的民间文化艺术传统。它正逐步脱离原始宗教的模式，而独立于民俗庆典活动之中，显示了一种壮美的气势和强烈的民族精神。它那恢弘的场面、醉人的舞蹈、引人入胜的巫术表演和浓烈的田野气息，折射出蒙古民族的智慧和艺术创造性，体现出蒙古民族的生命观、价值观、艺术观和传统文化中对美的追求和创造，构成一幅风姿独异的蒙古族文化艺术风情画卷，是我们认识、了解和考察中国西部少数民族历史传统的重要文化标本和丰厚的学术资源，是我们在进行西部人文资源的发掘和整理时，不能忽视的重要组成部分。

（二）研究问题域

本书旨在通过对一个特定蒙古族村落“呼图克沁”的分析，阐述蒙古民间文化在具体地方的群体中如何形成、存在并传承的过程，进而探讨蒙古民间文化的社会功能和存在价值。在整体研究思路上，选择一个鲜活的民间文化生活世界的标本——乌兰召村，通过把该村民间文化现象“呼图克沁”放置于社会变迁的大环境中加以分析，较为清晰地再现其演变史的轨迹，以努力窥探特定地域的蒙古族人民所经历的民间文化生活的基本面貌。在具体研究的层面上，涉及一个特定蒙古族村落的神祇体系是怎样形成的，其功能都有哪些，其结构特征是什么；信仰活动怎样进行，在社会变迁中又怎样中断和恢复；村落群体的仪式——“呼图克沁”艺人养成与传承的状况怎样；民间仪式剧——“呼图克沁”的社会功能与价值是什么；以村落个案视角进行民间仪式剧“呼图克沁”研究的必要性与模式等等问题。

（三）研究思路及其分析框架

本书在宏观思考方面，提出了一个对蒙古族村落民间仪式进行个案研究的模式，

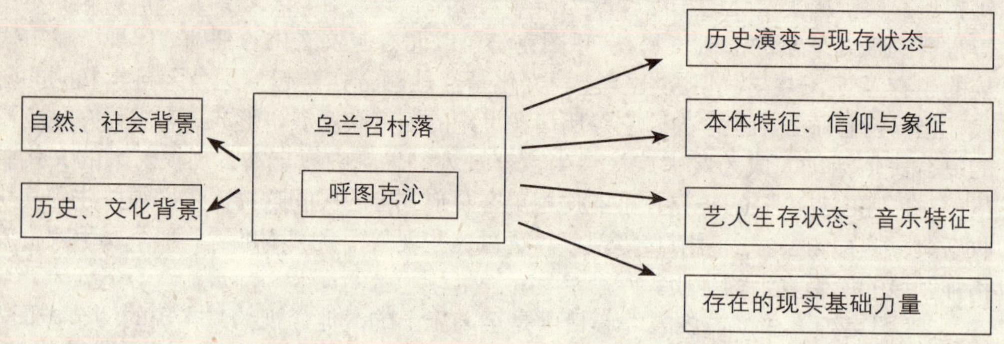

即从村落（社区）个案做起，再从单一个案走向聚合个案，最终从所有个案类型的比较中升华出具体民间仪式传统的整体风貌。在微观分析方面，以具体村落的视角，探究在特定村落群体的实际生活当中，“呼图克沁”存在并发挥作用的机理及其运动过程，依靠实地调查的资料，尤其是以口述史资料来重构一个民间仪式世界。

（四）本书的研究范式：描述—解释范式

描述研究“通常是要发现总体在某些特征上的分布情况。所关注的焦点通常不在于为什么会存在这样的分布，而在于回答这种分布是怎样的。也可以说，描述性研究的主要目的是收集资料，发现问题，提供信息，特别是从杂乱的现象中，描述出主要的规律和特征。描述性研究可以说是一种对现象的全面的‘清查’和系统的反映；应该是这一现象的‘整体照片’，或者说是一幅缩小了的‘总体模型’”。[3] 本书首先对“呼图克沁”存在和变迁的环境背景——乌兰召村进行整体描述性研究，然后对“呼图克沁”的本体特征、村民对它的信仰情况、历史与现状、艺人生存状态、艺术特征及其存在基础进行描述。

解释性研究“指的是那种探寻现象背后的原因，揭示现象发生或变化的内在规律，回答‘为什么’的社会研究的类型。由于解释性研究的目标是回答‘为什么’，是解释原因，是说明关系，因而它的理论色彩往往更浓”。[4]

本书是在对“呼图克沁”存在现象描述的基础上解释其内在的原因，回答“呼图克沁”为什么存在，其内在因果关系到底是什么。本书采取描述—解释研究范式，既回答“呼图克沁”是什么，又回答为什么。

二、仪式戏剧——“呼图克沁”

至今对“呼图克沁”的性质尚缺乏一个公认的学术定位。很多学者都认为，“呼图克沁”是蒙古族戏剧的雏形，[5] 扎戈米先生更认为它就是戏剧（2005 年 8 月笔者在赤峰艺术馆采访）。这些学者尽管做出了这样的假设和判断，但缺乏强有力的论证、系统的分析。笔者认为，“呼图克沁”具有戏剧因素和意义，但是，“呼图克沁”不是单纯的戏剧，它同时也是仪式，实际上是戏剧与仪式的有机结合，是仪式戏剧。有研究者认为，“我们把那些既是戏剧又是仪式的表演形式称之为仪式戏剧，以区别非仪式化的演出形式。因而，仪式戏剧这一概念首先还是戏剧的，‘仪式’只是偏正结构的修饰语；同时，修饰语也限定了这一‘戏剧’非彼‘戏剧’，它是在艺术人类学的意义上来谈的。至此，在实践上，理论上，我们对仪式戏剧的研究既是戏剧的、艺术的，同时又是人类学的、文化的。仪式戏剧与现在的职业戏剧有一个重大的区别，即前者总有一个非艺术的目的，而后者虽然不排除仪式化倾向，却只是为了商业和艺术存在”。[6] 胡天成先生把仪式戏剧分为 6 种基本形式和 1 种特殊形态，即“代神演仪的戏剧形态、扮神演仪的戏剧形态、戏仪交错的戏剧形态、戏仪相融的戏剧形态、以戏演仪的戏剧形态、将仪戏化的戏剧形态、巫优合流的戏剧形态等。任何形态的仪式戏剧，都与祭祀仪式有着不可分割的联系。祭祀仪式是仪式戏剧的载体，仪式戏剧必赖于祭祀仪式而存在，没有祭祀仪式就没有仪式戏剧。因此，仪式是仪式戏剧的本质特征。在仪式戏剧范畴内，无戏不仪”。[7] 戏剧与仪式并非泾渭分明。曲六乙先生认为戏剧“脱胎于宗教祭祀仪式活动”。[8]戏剧作为一种仪式，“是世界古代戏剧的共生现象”。仪式给戏剧注入了庄严，戏剧给仪式增加了生气。因此，我们可以肯定的是，“呼图克沁”既是戏剧，又是仪式，是二者的有机结合。

首先，“呼图克沁”具有仪式戏剧所必需的重要因素——虚拟性。戏剧具有装扮意义，戏剧包含了戏剧表演与戏乐。戏剧的一个本质特征是表演。而且这种表演是由人来完成的。“没有剧场可以有戏剧；没有舞台也可以有戏剧；没有表演的操作者，戏剧就无从谈起。由于对戏剧的界定非常混乱。把戏剧发展到烂熟状态的特征作为衡量一切戏剧的唯一尺度，势必会否定大量的非烂熟状态的戏剧现象。只歌不舞的剧目有之；只舞不歌的剧目有之；有歌有舞而无故事的剧目有之；有故事而无歌无舞的剧目也有之。甚至无歌无舞无故事的剧目也未必就无之！”[9] 叶长海先生指出：“从戏剧的群体性出发，对于剧场中人与人之间的情感思想的直接交流或情绪感应进行审视，人们越来越觉得，戏剧与生俱来的‘仪式性’始终是戏剧的最重要特征……仪式总是有一个人或一些人扮演某种‘角色’，在仪式举行的场地总是人为地或自然地分成‘扮演区’与‘观摩区’两面。一切仪式举行的基础都是观看者的需要。只要有人愿意观赏这种热闹或庄严的场面，仪式就不会消失……。剧场的‘仪式性’特别深刻地体现在一种从演员到观众、从观众到观众的集体心理体验之中。”[10]“呼图克沁”的表演包括：敬神、请神、辟邪消灾、送子送财、祭祀祈福、送神等程序。它并非日常生活中每天发生的，而是一种偶然的、定期举行的、带有明显目的性的行为。一般在正月十三到十六举行，并非年年举办，但是，据前辈们传下来的规矩，只要举行就必须要连办三年，否则会带来灾难。“呼图克沁”由六人表演：白老头——阿林查干，素有“北方神”之称。黑老头——朋斯克，白老头的义子。花日——白老头的女儿。还有与白老头形影不离的老伴儿——曹门代，和奉佛祖之命为白老头一行一路降妖驱魔的孙悟空和猪八戒。其间有贯穿始终的仪式舞蹈并夹杂大量的说唱、插科逗趣等世俗内容。在举行仪式时，在这浓烈的节日气氛中，在“呼图克沁”载歌载舞的表演和宗教气氛鼓点的装点下，无论是仪式行为者本身还是十里八村赶来观看“呼图克沁”的男女老少，无不处于喜庆、热烈、兴奋的情绪中。

“当我们说仪式的主要行为方式是一种表演的时候，其中就隐寓着仪式的‘虚拟性’特征，因为表演本身就是一种虚拟行为。表演的本质是虚拟性的。仪式的表演，就是在这种虚拟场景中的虚拟表演。‘虚拟’是仪式情境的主要特征。仪式是虚拟的世界”。[11]“呼图克沁”具备了仪式戏剧最基本的艺术呈现方式，即活人扮演虚拟的角色。“呼图克沁”仪式中，仪式符号的接受者往往是虚拟的，在局外人看来是不存在的鬼、神、灵位、神像等超自然对象。仪式执行者本身既是表现者、传达者，又是符号的接受者和解释者。“呼图克沁”作为一种仪式，同样为人们勾画了这样一幅虚拟的世界：以白老头为首的六位从北方的阿尔泰山下凡来的神仙，到乌兰召为人们消灾驱邪、赐福送子。整个表演既有宗教色彩又充满世俗情趣，分为请神、敬神、消灾、祈福、送子、送神等几个程序。但是，作为一种仪式活动，它活动的过程仍然是它营造虚拟世界的过程，局内人也正是通过营造这样一个虚拟的世界，来满足自己求福消灾的心愿。“呼图克沁”规定了仪式戏剧表演和欣赏中的戏剧心理——有意的自欺。“这个虚拟的世界，主要指的是仪式行为方式的虚拟性、仪式表演手法的虚拟性、仪式场景布置的虚拟性以及仪式行为者心理时空的虚拟性，即由这四个方面共同构拟出一个仪式的虚拟世界。在仪式中形式是虚拟的，而感受是真实的”。[12] 也就是说，在“呼图克沁”表演中，参与仪式的人都必须让自己确信，戴上了面具自己就不是平时的那个凡夫俗子了，而是他们心中的神，他说的话就是神的语言，他所做的动作就是神的指示。这是不容怀疑的。因为一旦怀疑，这“呼图克沁”表演就无法进行下去了。这种有意的自欺心理，就是戏剧艺术中的假定性原则，就是确信舞台上出现的是角色，而不是演员本人。没有这条假定性原则，戏剧也是无法进行的。“有意的自欺”是戏剧在演员与观众之间发生的必要的心理基础，演员在此基础上扮演角色，而观众在此基础上欣赏戏剧表演。“呼图克沁”提供了仪式戏剧的内容，讲述生命的故事。仪式就是对神话的表演，参加仪式的人们通过种种手段和方式将神的神迹故事重复一遍。仪式并不是简单的对动作的复制，它的每一个程序、动作都有其固定的意义，都是对神话的复述。而且这些都是跟人类对生命的深层渴望相联系的。

其次，“呼图克沁”具有仪式戏剧所必需的重要因素——象征性。美国的保罗·康纳顿指出，“仪式不是日记，也不是备忘录。它的支配性话语并不仅仅是讲故事和加以回味，它是对崇拜对象的扮演”。[13] 正是这种扮演行为，使神话—仪式具有了形成戏剧的关键因素。为此朱狄在其著作《原始文化研究》中指出 :“祭祀仪式对戏剧的起源所提供的最重要的东西并不是构成戏剧形式上的东西……而是它教给创作‘角色’，一个和自己不同的人，并进入到角色的内心世界中去，用角色的言辞代替自己的言辞，用角色的行动代替自己的行动，而这一些都是在祭祀仪式中所要解决的心理要素。”[14] 祭祀与神灵之间的这种扮演关系，形成了戏剧艺术中极为重要的角色意识，即一个虚幻的人物借助人的身体得以复活，以语言和行动真实地展现在人们面前。这种角色意识是至关重要的，因为戏剧的艺术本质就在于它的扮演行为。为了使角色栩栩如生，戏剧采用了化妆、道具等手段，而这些就是祭祀所戴的面具和其他神物。扮演角色，是戏剧区别于其他表演性艺术的本质特征。在人类学的研究中，“神话和仪式被认为是一个相互交融的体系，仪式是神话原始刺激的产物，神话就是仪式的内容。人类学家爱德华·泰勒就把仪式置于‘神话’的范畴来看待，他将神话分成‘物态神话’和‘语态神话’两种。前者实际上就是指仪式，而后者就是对物态神化的存在所作的解释。美国人类学家博厄斯认为仪式就是对神话的表演。默里、赫丽生等研究者也都将神化和仪式视为原生性的共存体。所以，简单地说，仪式就是对神话的表演，而神话就是对仪式的解释。神话—仪式是人与神之间的一种沟通方式。面具的使用即扮演角色是神话—仪式戏剧化的关键”。[15] 而把“仪式解释为一种象征的‘体系’，这是因为仪式是由‘象征符号’、‘象征意义’和‘象征方式’三个方面有机地组织起来的一个结构体。这三个方面相互关联、相互依存不可分割”。[16]

符号形式可以分为“语言形式的符号、物件形式的符号、行为形式的符号、声音形式的符号”。[17] 从语言形式的符号来看，“呼图克沁”中使用了大量的韵白、祝赞词和适应不同场合演唱的歌词。有口语化的说白，幽默而诙谐，常以提问和对答的方式解释某件事物或揭示某种道理。从物件形式的符号来看，“呼图克沁”中使用了仪式表演中不可或缺的道具、服饰、乐器等。六人表演，有表示神仙降临的面具；有用来驱邪降妖的道具，比如白老头手捻佛珠、拄着宝杖，女性使用手帕；有表示人物角色的服饰，比如白老头的翻穿白皮袄，花日漂亮的蒙古姑娘服饰，朋斯克的黑皮袄，而孙悟空、猪八戒的服装则与戏剧故事表演中的相同。有既用于伴奏又增加宗教神秘气氛的乐器——经鼓、小钹、大钹（铙）等。从行为形式的符号来看，“呼图克沁”自始至终给人以载歌载舞的深刻印象。整个仪式表演过程既有仪式角色的扮演，又有演员的舞蹈动作、手势姿态以及贯穿始终的歌唱行为。“呼图克沁”的舞蹈动作规律性很强，以“端腿跳步”为主要动作，同时夹有蒙古族民间舞“硬肩”、“扭腰”和“甩绸”的动作，循环往复，稳定少变。脚上多为“斜提腿”、“单跳步”。手上的动作变化多于脚。女性以挥舞手帕画圈为主；男性则以手执道具向不同方向冲刺，以及拍打肩、腰、头等动作为主。打击乐与歌曲分开，每一至三拍是一个舞蹈动作造型，第四拍变换动作。舞步稳健有力，动作洒脱强悍，气质粗犷豪放。形式上类似于汉族秧歌，但却不同于汉族的“扭”秧歌，而是“跳”秧歌；在舞步上接近于宗教艺术“查玛”；手和身段上的动作又类似于蒙古族萨满教的“安代舞”。从声音形式的符号来看，所谓仪式表演中的声音形式，可以认为包括仪式中的一切声音现象，如呼叫声、呐喊声、吟诵声、歌唱声、响器敲击声、舞步节奏声、音乐演奏声、户主人来接待“呼图克沁”而燃放的鞭炮声、户主与白老头的寒暄等等，在“呼图克沁”的整个表演过程中，充满了热烈热闹的气氛。

从仪式的象征意义和象征方式来看，人们在举行“呼图克沁”时，艺人们均头戴面具，尤其是在接户家的院子里跳驱邪纳吉的“盘肠舞”的时候，艺人们手里分别拿着与所扮角色身份相符的道具。在“呼图克沁”仪式中，艺人们还不停地演唱着充满巫术咒语味道的祭歌、祈福歌等，在有些仪式歌曲中还夹杂有召唤福禄吉祥快快降临的“呼来，呼来”的祈求吆喝声，并通过到处跳跃、用道具做冲杀动作及仪式歌曲的演唱等达到驱逐疫鬼、招来祥瑞的仪式目的。“呼图克沁”仪式戏剧的最后表演环节为跳火烧面具送神。“呼图克沁”表演者用火堆烧掉蕴涵着白老头等神仙灵魂的面具，象征着借助火神之力将附着在面具上的白老头等神仙送回仙界。举行“呼图克沁”的目的就是驱逐瘟疫，祈求来年的平安。然而，驱逐瘟疫的本来意义却随着时间的推移正在逐渐丧失，其原本面具背后的意义世界随着人们世界观和思维方式的转变正在逐渐消失，“呼图克沁”正在逐渐转变成戴着面具表演的戏剧形式。

三、蒙古族村落中“呼图克沁”个案研究方法论思考

蒙古族村落相关研究成果可以说为数不多。在现有的文献中，论及蒙古族村落的研究成果主要有中央民族大学纳钦的博士论文《蒙族村落多层次信仰》。[18] 该文认为，“村落”本是社会学的基本概念，指的是农牧民具体聚居的地方。当提及农村或牧区时，则指的是以农牧民聚居的村落为中心而形成的，与农牧生产、生活相关联的，大

面积的自然环境与人文环境。“村落”与社会学的“社区”概念对等。“社区”是区域性的社会，即人们凭感官能够感觉到的具体化的社会，通常是指以一定地理区域为基础的社会群体，即人群共同生活的地区单位。所谓共同生活，主要包括三个方面：生产、居住、消费。社区可分为农村社区、集镇社区和都市社区三大类型。本书所说的村落属于农村（或牧区、半农半牧区等）社区。该文分析指出，关于村落的论著主要有色音的《游牧社会的变迁》和包智明的《科尔沁蒙古族农民生活》两种。色音的著作虽然不是村落（社区）研究专著，但是其中包括了五篇蒙古族三种经济类区的个案分析，主要是在基层村落（社区）进行社会学实地调查的成果。作者通过对新巴尔虎蒙古部、巴林蒙古部、归化城土默特蒙古部、翁牛特蒙古部及科尔沁蒙古部等五个蒙古部族的社会文化变迁的个案分析，阐明了蒙古族传统游牧社会变迁的历史过程和现实状况。这一成果有助于我们了解整个蒙古游牧社会变迁的内在规律。包智明的著作以哲里木盟四个嘎查（村落）为研究对象，结合社会学定量分析与定性分析方法，充分利用实地调查采访资料、问卷调查资料和文献调查资料，对特定时空中的蒙古族村落的社会文化现状做了多角度的描述和分析，并深入阐述了其历史原因。这部著作中运用的定量分析与定性分析模式对今后蒙古学领域中的社会学、民俗学村落调查研究将起到很好的范例作用。包氏的另一篇论文《变迁中的蒙古民众生活》也以特定的村落为研究对象，结合社会学统计方法与民族学实地调查方法，比较深入地论述了蒙古社会文化变迁及其动因。

由此可见，已有学者从文化学或社会学的角度研究过蒙族村落，但到目前为止，从村落个案的角度，以艺术人类学理论视角研究蒙古民间仪式戏剧尚为空白。本书旨在这方面进行尝试。为何进行村落个案研究？笔者认为，首先，将一种仪式限定在一个村落的范围内来研究，便于理解和观察该仪式与其所存在的文化空间及生活空间形成的种种网络关系；其次，根据田野考察得知，过去在其他村落“呼图克沁”也有表演，可后来由于多种原因都消失了，今天唯独在乌兰召村中继续表演，其中的原因值得探讨；另外，“呼图克沁”仪式表演在蒙古族民间仪式乃至全国民间仪式戏剧中具有一定的代表性和特殊性，而目前在整个内蒙古地区，在整个敖汉旗，唯独乌兰召村还存在“呼图克沁”仪式表演艺人和仪式表演形式，所以说乌兰召村“呼图克沁”仪式表演是最具有典型性和代表性的。当然，“呼图克沁”仪式表演队可以离开乌兰召村应邀到外村进行仪式表演，但是“呼图克沁”艺人目前只在乌兰召村中有，因此选择乌兰召村为个案对“呼图克沁”进行研究，同时，选择村落为研究对象也是人类学的传统研究方法之一。

四、有关“呼图克沁”的研究成果

我的研究是在前人已有成果的基础上做的，这些已有的成果包括：

（1）赤峰市文化局编《好德格沁》（油印本，1988 年 3 月版，编写时间是 1985 年，编剧：额尔德尼、苏日图）。这是目前最完整的一本研究“呼图克沁”的文献资料。该书分几个部分：蒙古族民间艺术“好德格沁”（“呼图克沁”的另一称谓）概述，内容与形式、来源与传说、风格与特点、兴起的年代、整理与价值。“好德格沁”角色部分中介绍了白老头、黑老头、曹门代、花日、孙悟空、猪八戒。“好德格沁”歌曲主要记载了：《敖汉赞歌》、《鸭鸡庙歌》、《供火歌》、《泉水歌》、《四季歌》、《经书皇帝》、《求情歌》、《班禅圣主歌》、《庆丰歌》、《十相逢》、《迈德尔活佛歌》、《西京歌》、《四个杭盖》。还包括“好德格沁”面具、道具、服装、舞蹈等。该书认为，“好德格沁”是独幕蒙古族戏剧，这对我们深入认识、准确把握“呼图克沁”的性质具有极大的参考价值。遗憾的是，该书只对“呼图克沁”的一些基本内容做了简单的介绍，未能更深入地分析和研究。

对“呼图克沁”有所介绍的还有《中国民间歌曲集成》和《中国民族民间舞蹈集成》（内蒙古卷）。《中国民间歌曲集成》认为，根据民族传统，蒙古族民间歌曲分为潮尔音道、乌日图音道、包古尼道、安代音道、浩德格沁歌曲和博曲等六个部分。[19]认为浩德格沁（“呼图克沁”的另一称谓）系蒙古语音译，其含义有二：一为“丑角”或“闹腾”、“红火”等，一为“吉祥”、“祝福”，是流传在昭乌达敖汉旗等地的民间歌舞艺术，它综合了说白、歌唱和舞蹈，近似戏剧形式。浩德格沁产生的年代史无记载，传说有200多年的历史。这一歌舞运动主要在春节期间进行，艺人们挨家挨户地祝贺新年，祝福主人吉祥如意。演出程序和内容有固定的套路。演出时戴有面具，以锣鼓等打击乐器为舞蹈伴奏和演唱时的间奏。演唱形式以坐唱为主，有独唱、对唱、齐唱，也有领唱和众人应和。浩德格沁的音乐较为丰富，其中有古老的传统民歌，也吸收了近代民歌；有的歌曲类似安代，句子短促，节奏鲜明，有的歌曲则似朗诵诵调，节奏单纯，音调平稳。常用的调式是徵和商，节拍多为二拍子、四拍子。[20]

《中国民族民间舞蹈集成·内蒙古卷》中对“浩德格沁”的起源、含义、表演程序、音乐、造型、服饰、道具、动作、常用队形、跳法、艺人都做了一定的介绍和说明。其中，音乐部分比其他介绍“浩德格沁”的文献详细。该书记载的“浩德格沁”的曲谱有：《敖汉赞歌》、《招财曲》、《垂饰》、《四季歌》、《祭火歌》、《衙金庙歌》、《四座杭盖山》、《迈达尔活佛之歌》、《求情之歌》、《小鸟》等。在该书中介绍的曲谱与赤峰市文化局编写的《好德格沁》中介绍的曲谱有些不同。该书认为，“浩德格沁”音乐由歌曲演唱（无乐器伴奏）和打击乐两部分组成。歌曲演唱的曲目，由于长期以来内容与形式不断变化，有的歌已经不用，同时又增添了一些新歌。传承至今只有十几首歌，分别在不同场合、地点演唱。行进路上唱《敖汉赞歌》或《衙金庙歌》；到主人家门前唱《招财曲》歌；主人敬酒时唱《四季歌》；在寺庙里供佛的殿堂唱《迈达尔活佛之歌》等；为主人祝福时唱《垂饰》等；要离开主人家说唱《小鸟歌》；主人挽留曹门代不让走时唱《求情之歌》；离开主人家去另一家的路上唱《四座杭盖山》等歌曲。打击乐往往在行进路上和进入院内表演时用。伴奏乐器有牛皮鼓、钹等等。

概言之，这两本书尽管对“呼图克沁”的基本情形做了一定的介绍和分析考证，但其基本框架和研究程度基本没有突破赤峰市文化局1988年3月编的《好德格沁》（油印本）。可以说，其中的很多内容是这本书的重复。当然，其中也不乏有些歌曲的介绍和记载对我们进一步搜集“呼图克沁”歌曲有一定的帮助作用。

（2）赤峰市艺术研究所的李宝祥研究员，对“呼图克沁”作了一定的研究和探索。在他著的《漠南寻艺录》[21]中，对蒙古族民间歌舞“呼图克沁”的传说与表演、年代及背景、形成与发展特征以及它与汉族秧歌的关系都作了一定的探讨。他认为“呼图克沁”（蒙古秧歌）与汉族秧歌相比较有很多方面的相同点，二者存在着程式的一致性、仪式的相同性、时间的统一性和人物性格的共同性。

（3）金星华主编的《民族文化理论与实践——首届全国民族文化论坛论文集》[22]中，有齐成玉撰写的《由呼图克沁看蒙古族文化传统的变迁趋势》一文。作者在分析“呼图克沁”起源、产生年代的基础上，对“呼图克沁”作出了以下几个结论：“呼图克沁”产生在清嘉庆年间，距今已有200余年历史；“呼图克沁”是地地道道的蒙古族民间艺术，是敖汉旗独有的民间活动；“呼图克沁”的产生，是由于连年天灾，民不聊生，牧民们为祛灾祈福，为求得风调雨顺、子孙满堂、人畜两旺而组织的一种民间活动；它酷似喇嘛庙的查玛、汉族的秧歌，具有傩的因素。它的存在，昭示了民族文化的多元性、互容性与各民族发展的联系性和依存性。

总之，从以上研究可以得知，已有研究几乎都集中在“呼图克沁”的起源和产生的年代、角色、音乐歌曲、演出的程序、风格与特征，与其他文化艺术的关系等方面，研究方法大都采用文献考证，而对它的其他方面，譬如历史演变与现状、艺人和传承人的生存状态、目前村民的信仰和认同状态、当下生存的现实状况等很少有人予以关注，更缺乏艺术人类学的理论，采用田野调查和口述史的方法加以研究。

五、本书的资料、研究理论与方法

（一）本书的资料

除了上述的文献资料，本书还运用地方志、笔者实地调查记录、地方报纸等几种。其中地方志和笔者实地调查记录的口述资料是支撑本书的主要资料。

（1）地方志。本书运用了赤峰市文化局组织编写的《好德格沁》、[23]张乃夫主编的《敖汉旗旗志》（上、下）[24]两部地方民族志。这两部手稿现由笔者收藏，准备整理出版。

（2）笔者采访记录。笔者是赤峰市人，从小对本地区的文化艺术、民间文化和艺术耳濡目染，用一句专业的话说，就是在本地经历了习俗养成。当接触到文化学、艺术人类学和社会学相关理论知识后，尤其是参加“西部人文资源开发、利用和保护”这一课题后，才开始以知识的眼光去重新认识自己早已身受的祖辈传统。2005年正月和8月，笔者又以参与观察者的角色参加了赤峰市敖汉旗萨力巴乡乌兰召村的“呼图克沁”信仰仪式展演，积累了较为丰富的感性认识和理性认识，并做了系统的田野作业，搜集到很多有价值的资料，由此更加深入地了解到乌兰召村“呼图克沁”仪式展演传统的运作规律。

本书的研究对象对笔者而言，是老家，是“自己的家乡”。那么，一个村落（社区）研究者应该选择自己熟悉的村落（社区）吗？抑或应该选择他不熟悉的村落（社区）？不同的研究者对此的看法不同。对此持赞成观点的人认为，研究者对其所研究的地区越熟悉，做研究越方便，就越有利于他接近、理解和分析所研究的现象。而持相反观点的人则认为，如果选择研究者所熟悉的背景，特别是研究者具有某种直接经历的背景时，他将会在克服自己对现实所具有的特定看法和特定感情方面遭遇难以克服的困难。研究者要做到像看待一种新的、他所不熟悉的背景那样来看待自己早已熟悉的背景，并且能够从中发现许多值得探讨和研究的现象与问题，以及不带有某种个人的偏见，这并不是一件十分容易的事情。我的观点是一切都不是绝对的，而是辩证的，应该看具体的研究成果如何。

（二）本书采用的理论与方法

1．研究理论

本书在宏观思考上运用费孝通教授的微型社会学理论，在资料收集中借鉴文化人类学和社会学实地调查的理论方法，在具体分析中运用口述史学理论和口承文化论，通过对特定村落民间文化事象和民间文化生活的客观描述与剖析，探讨蒙古民间仪式的具体社会功能和存在价值，并且在蒙古学领域，提出村落民间仪式个案研究的方法论思考和研究模式。

本书在收集资料时运用文化人类学和社会学实地调查方法的情况，将在下文中做出说明。因此这里主要说明运用口述史学理论和口承文化论理论的情况。

理论是以一种系统化的方式将经验世界中某些被挑选的方面概念化并组织起来的一组内在相关的命题。[25] 各种理论的复杂程度、抽象程度各不相同。一般来说，判断理论优劣的标准有三条，这就是，在其他条件相同的情况下：其一，解释范围越广泛的理论越是好的理论；其二，解释越精确的理论越是好的理论；其三，结构越简练的理论越是好的理论。[26] 经过笔者的实践，口述史学理论和口承文化论理论的解释力很强，具有内在的一致性，而且结构简单明了，完全适合在实际研究中应用。

全书在具体分析的层面上，还一直贯穿着民间文化—仪式功能的分析。做功能分析，其目的是为了阐释标本村落的民间仪式在村民日常生活中的运作状况，进而了解它们的具体社会作用和存在价值。李亦园曾指出：“从人类学的立场看，文化是人类因营生所需而创造出来所有的东西。营生所需是多方面的，有些是身体生存下去所必需的，有些是群体生活所必需的，更有些是心理调适所必需的。”[27] 既然文化是人类因营生所需而创造，因此必有其满足营生需要的功能。更进一步讲，只要有满足人类需要的功能，也就可以证明是有价值的。本书的主旨是研究蒙古民间文化在具体村落的具体作用和存在价值，因此必然要观察其满足村民所需的功能方面。其中包括神祇功能和民间仪式活动的整体社会功能等等。另外，笔者所搜集的大部分资料和信息很自然地把研究方向引入了这方面的分析当中。

总之，本书在研究过程中运用了文化学、社会学、艺术人类学等多学科理论知识，力图借助多学科的综合实力去攻关本书的研究课题。但在具体研究中，还是清楚地划分了各学科理论在本课题研究上的主次关系，即以艺术人类学理论为主，以相邻学科理论为辅。

2．研究方法

本书的研究方法主要是实地调查和文献研究。因此，其实质是一种定性研究方式，旨在深入民间仪式社会现实，提炼民间仪式的理论思考。但也有一些定量研究内容，使整个研究增添了一点实证色彩。

（1）**实地调查**。按照实地调查方法的规程，笔者深入到乌兰召村民俗文化生活环境中，通过参与观察和询问，去感受、感悟俗民的行为方式及其行为方式背后所蕴涵的文化内容，收集各种定性资料，并对资料进行初步的分析和归纳，以逐步达到对本村民间文化生活的理解。笔者做功能分析，就是力求从所研究的对象的角度，而不是从局外观察者的角度来认识和了解对象。

一般来讲，实地调查中收集资料的主要方式有观察和访谈两种。笔者主要采用了结构和无结构访谈方式来收集资料。无结构访谈又称深度访谈或者自由访谈，它与结构式访谈相反，并不依据事先设计的问卷和固定的程序，而是只有一个访谈的主题或范围，由访谈员与被访者围绕这个主题或范围进行比较自由的交谈。无结构访谈适合于并主要应用于实地调查。它的主要作用在于通过深入细致的访谈，获得丰富生动的定性资料，并通过研究者主观的、洞察性的分析，从中归纳和概括出某种结论。[28] 因此，实地调查不仅是一种资料收集的过程，同时也是理论形成的过程。[29] 定性资料是指从实地调查中得到的各种观察记录、访谈记录、事件描述等，这些材料来自于笔者在生活中所看到的、听到的、问到的一切。其中的相当一部分是对各种事件、谈话、场景和人物行为进行事后追记的笔记。[30] 在具体分析中，对所作的各种观察进行了解释，从资料中识别出人们民俗文化行为的模式，并力图发现各种资料背后的文化学意义，来概括民间社会生活的现实画面。

（2）**口述史研究**。本研究的对象“呼图克沁”的资料有以下几个特点：其一，记载其历史的文献资料较少且简略；其二，其历史主要是通过口耳相传代代传承；其三，由于敖汉旗这一地区各民族之间的历史关系复杂多样，混杂不清。这些特点为本书采用口述史研究方法提供了广阔的空间和舞台，使其成为不可或缺的研究方法。利用口述史研究方法能够到村民中去，反映他们的心声，倾听历史事件的参与者——普通大众的口述，为了解事实真相提供直接证据；能够获得“呼图克沁”的“原生”材料，从而填补文献记载的空白；并对有限的文献资料的真实性进行印证。

为了保证口述史研究的客观真实性，笔者尽量做到研究计划详尽、目的明确，并尽量扩大调查的范围，倾听更多人的声音，同时，与采访对象进行坦诚而信任的交流。

总之，笔者认为，采用口述史研究方法是可行的。就像美国学者爱德华所说：“任何事物都不能从人类文化中彻底消除记忆存储和口传传统……除非人类丧失听说能力，否则，书写文本或印刷文本不可能取代口传传统。”[31] 口述作为人类历史文化传承最悠久的形式，会借助现代的科技手段焕发出新的生命力。

（3）**文献研究**。口述材料反映的也不一定是完全真实的历史，这也是历史学本身的性质所决定的。因此，把口述材料与历史文献相结合，才能更好地了解历史真相。文献研究就是对与研究对象有关的各种文献记载进行系统的查阅和分析。其中包括到目前为止的、与本课题相关的各种文献的考察和评述，即对所收集到的原始文献资料进行系统的审核、整理、归类和分析。本书各章节的有些内容就是依靠对地方志等文献的分析来完成的。

总之，本书的研究主要采用实地调查和口述史研究方法，同时采用文献研究为辅助手段来完成。

注释

[1] 乌丙安：《遵循文化多样性法则，保护少数民族文化遗产》，载张庆善主编：《中国少数民族艺术遗产保护及当代艺术发展国际学术研讨会论文集》，文化艺术出版社 2004 年版，第 216 页。

[2] 白薇：《东北亚民族民间信仰研讨会欢迎词》，载《东北亚民族民间信仰研讨会论文集》，2005 年 12 月，第 3 页（内部版）。

[3] 风笑天：《社会学研究方法》，中国人民大学出版社 2001 年版，第 67—68 页。

[4] 同上，第 68 页。

[5] 齐宝成：《由呼图克沁看蒙古族文化传统的变化趋势》，载金星华主编：《民族文化理论与实践——首届全国民族文化论坛论文集》，民族出版社 2005 年版，第 754 页。

[6] 王胜华：《关于中国仪式戏剧学说的简要回顾》，载《云南艺术学院学报》2003 年第 4 期，第 79 页。

[7] 段明：《仪式戏剧的理论建构》，载《四川戏剧》2004 年第 2 期，第 39 页。

[8] 曲六乙：《西域戏剧与戏剧的发生·代序》，新疆人民出版社 1992 年版。

[9] 王胜华：《关于中国仪式戏剧学说的简要回顾》，载《云南艺术学院学报》2003 年第 4 期，第 80 页。

[10] 叶长海：《戏剧的自我体认》，载《戏剧艺术》1990 年第 1 期。

[11] 薛艺兵：《神圣的娱乐——中国民间祭祀仪式及其音乐的人类学研究》，宗教文化出版社 2002 年版，第 30 页。

[12] 同上，第 31 页。

[13] [美] 保罗·康纳顿著：《社会如何记忆》，纳日碧力戈译，上海人民出版社 2000 年版，第 79 页。

[14] 朱狄：《原始文化研究》，三联书店 1988 年版，第 517 页。

[15] 陈建娜：《论神话—仪式中的戏剧因素》，载《浙江工商职业技术学院学报》2004 年第 10 期，第 53—54 页。

[16] 薛艺兵：《神圣的娱乐——中国民间祭祀仪式及其音乐的人类学研究》，宗教文化出版社 2002 年版，第 35 页。

[17] 同上，第 38—39 页。

[18] 纳钦：《蒙族村落多层次信仰——珠蜡沁村多层次信仰》，中央民族大学蒙古语言文学专业博士论文，2003 年，第 9 页。

[19] 《中国民间歌曲集成·内蒙古卷》：《中国民族民间舞蹈集成》编辑部编，中国 ISBN 出版社 1993 年版，第 15 页。

[20] 同上，第 18 页。

[21] 李宝祥 :《漠南寻艺录》，内蒙古人民出版社 1996 年版。

[22] 金星华主编 :《民族文化理论与实践——首届全国民族文化论坛论文集》，民族出版社 2005 年版，第 753—754 页。

[23]《好德格沁》，敖汉旗文化馆油印本（内刊）1985 年印刷。

[24] 张乃夫主编 :《敖汉旗旗志》（上、下），内蒙古人民出版社 1991 年版。

[25] 风笑天 :《社会学研究方法》，中国人民大学出版社 2002 年版，第 23 页。

[26] 同上，第 24 页。

[27] 李亦园 :《从文化看文学》，载 [俄] 李福清 :《神话与鬼话》，社会科学文献出版社 2001 年版，总序一，第 1 页。

[28] 风笑天 :《社会学研究方法》，中国人民大学出版社 2002 年版，第 254 页。

[29] 同上，第 259 页。

[30] 同上，第 299—300 页。

[31] [美] 爱德华 · 希尔斯 :《论传统》，上海人民出版社 1991 年版，第 126 页。

第一章 “呼图克沁”的历史与变迁

如果不了解一种艺术现象的历史，也就不可能对这种现象有一个很深刻的认识，所剖析的事物和所设立的理论框架也会缺少深度和厚度，起码会缺少一种富有动态的生命维度，从而使其显得单薄、苍白和片面。笔者希望以史为鉴，尽可能真实、全面地反映当今“呼图克沁”艺人们的文化和生活，并以此对他们今后的文化和生活以及社会发展状况作出一个有益的判断。

一、“呼图克沁”称谓考辨

“呼图克沁”存在几种称谓，为了准确地考察其历史演变和现状，首先对它的称谓作一个统一的定位，以避免造成没有必要的混乱和歧义。

（一）“呼图克沁”称谓的含义

据《好德格沁》[1]记载，“呼图克沁”有三种含义：一是为了红火热闹，二是免灾辟邪，三是祝福求子。它的演出程序分为路上、院内、室内、辞行和送神五个部分。也正是通过这五个部分的表演来表达上述的三种含义。首先，表演者要提前沐浴更衣——请神。将做好的面具拿到庙里供奉，而且需要喇嘛诵经。到正月十三，戴上面具，神灵附体，到接户家里开始表演。由这一点可以看出，在“呼图克沁”中蕴涵着“查玛”这种有着浓厚宗教色彩的面具艺术的影子。“呼图克沁”中的面具都是善面，由六个角色组成：有须发飘然的老寿星白老头、有温柔善良的曹门代（妻）、有活泼可爱的花日（女儿）、有敦厚老实的朋斯克（义子——黑老头），还有孙悟空和猪八戒。

通常情况下，每年正月十三至十六是表演“呼图克沁”的日子，但是这种仪式由于各种原因并非年年举办。表演者全是男性，歌曲的题材甚广，包括生活风俗、伦理道德、宗教信仰、地域风情等方方面面，而且多用谚语、格言等富有哲理的语言，采用比喻、夸张、善意嘲讽等多种手法。同时，根据不同人物身份有不同的服装、道具。表演是从庙上开始的，以寺庙中的经鼓和铙钹伴奏。在鼓镲声中，孙悟空、猪八戒在前面跳跃开路，其余的人横排在后，以白老头居中，边走边演唱吉祥福禄的、歌颂家乡风物的歌曲，共 18 首，后来又加 6 首地方民歌。曲调优美、简练、细腻，有着强烈的民族色彩和地方色彩。而且有很多诙谐幽默的语言和动作，以表现出白老头久居仙界、不谙凡事的风趣。按照乌兰召当地传统习惯，“呼图克沁”的演出，每年必须连跳三天，于每年的正月十三至十六举办，而且必须连跳三年不可间断。当地群众认为 ：“不办三年心不诚、不吉利，必遭神的惩罚。”在演出的三天中，表演者被请到哪里，就在哪里食宿。晚上睡觉时要把面具端端正正摆放在桌子上或柜子上，焚香供奉。演出期间不准回家，避免沾染尘俗，如有人违反，在烧面具跳火时，会遭到火神的惩罚。每年正月十六的晚上是送神灵归位的日子。第一年、第二年在村子的西南方向，第三年在村子的西北方向，等到满天星斗之时，选一适当的地方，用秫秸为火把，相对交叉架起点燃，在紧密的鼓、铙钹伴奏声中，表演者在火堆旁一边跳舞一边唱起“祭火歌”，在火燃烧略小时，在火上跳来跳去并顺势将面具丢在火堆里烧化。至此，送神仪式结束。整个“呼图克沁”的表演也就结束了。

“呼图克沁”，无论是人物还是服装，无论是舞蹈还是歌唱，都具有蒙古族的民族特点。同时借鉴吸收了汉族秧歌的许多有益因素。“呼图克沁”歌曲的内容包含很广，与当地人们的劳动生产、风俗人情、宗教信仰、伦理道德等直接相关，既有对家乡、生活的热情讴歌，也有对不合理的人和事的善意嘲讽。大部分唱词都采用比喻、夸张的手法以及谚语、格言等富有哲理性的语言，结构严谨、韵味讲究。旋律多由四乐句组成，以二度音程级进的平稳连接居多，也有同音反复和四、五、八度的大跳，极具蒙古民歌风格，多为商调式，也有羽、徵、角、宫各调式。同时也夹杂佛教音乐气息。舞蹈动作简单夸张，有口语化的说白，幽默而诙谐，常以提问和对答的方式解释某件事物或揭示某种道理。尤其值得一提的是“呼图克沁”的道白，整个仪式中，充满了祝赞词。

（二）“呼图克沁”称谓分歧

在《中国民间歌曲集成 · 内蒙古卷》、《中国民族民间舞蹈集成 · 内蒙古卷》和《中国戏曲志 · 内蒙古卷》三部志书中，都或多或少地谈到“呼图克沁”。其中《中国民间歌曲集成 · 内蒙古卷》[2] 中将它作为一个歌种来介绍，称之为“浩德格沁歌曲”；《中国民族民间舞蹈集成 · 内蒙古卷》[3] 中将其作为一个民间舞种来介绍 ；而《中国戏曲志 · 内蒙古卷》[4] 里又将其作为一个曲种来介绍 ；在《敖汉旗志》[5] 称其为“好德歌沁”；1988 年 3 月赤峰市文化局编的油印本资料（内刊）将其名字定为“好德格沁”。这一状况，一方面说明，至今为止，对其属性类别和称谓都没有做出一个明确的界定 ；另一方面又说明了这是一种集歌、舞、戏于一体的综合性的民族民间歌舞形式。而且，还有的学者倾向于把“呼图克沁”看成是蒙古族戏剧的雏形。[6]

笔者到乌兰召村进行实地考察中发现，当地村民对“呼图克沁”的称呼也很不一致。“呼图克沁”是蒙古语，由于音译的不同以及定名角度的不同，至今没有一个统一的称谓，也没有一个固定的汉字名称。目前，一种为“浩德格沁”、“好德格沁”、“好德歌沁”，是“丑角”的意思，是以喜剧表演风格命名的；另一种是“胡图歌沁”、“呼图克沁”，是以内容来命名的，有“祝福、求子”之意。多少年来，敖汉旗萨里巴乡乌兰召村的老百姓一直沿用这两种称呼，我在采访中发现如今的乌兰召村村民一般俗称其为“蒙古秧歌”，我认为这可能是为了与同村汉族群众中流行的汉族秧歌相区分。

2005 年 2 月，在敖汉旗文化馆，关于“呼图克沁”称谓问题我采访了吴谡[7]和李宝祥。[8]二人对“呼图克沁”的称谓观点不一致。吴建议李对“呼图克沁”的称谓有一个明确的定位，并对李的“呼图克沁”说提出质疑。李坚持自己的观点，他说：

我为什么说“呼图克沁”是对的呢，它是在不同的年代，有不同的审美情趣；不同的时代，有不同的命名。“好德格沁”它是“丑角”的意思。但是在蒙古人心目中，白老头是作为仙翁的一种形象，绝对不能把他说成是“丑角”，它是一种神啊！而“呼图克沁”恰好是祝福吉祥的意思，那它就有一点神的意思了。所以在最初的时候，它肯定是应该叫“呼图克沁”。这样命名的话，与蒙古民族的心理是一致的。那么，它为什么又变成“好德歌沁”了呢？我认为，它也像其他民间艺术一样，原本具有浓厚的宗教色彩，后来，宗教这个功能逐渐在淡化，娱乐的功能逐渐在增强，尤其后来又接触了汉族的秧歌，汉族秧歌里不是有丑角吗？像傻柱子接媳妇儿等等，不都有嘛。像孙悟空、猪八戒等也都属于丑角、滑稽表演的。所以，宗教这一淡化了，娱乐的情绪一浓，它名称也就发生变化了。

吴的观点是“呼图克沁”是蒙古族戏剧的起源。他说：

它最大的价值就是蒙古族戏剧的起源。我觉得它不仅仅是歌舞，它是一个很综合的东西，归为蒙古族戏剧的起源还是有道理的。这一点也是“好德歌沁”跟查玛最大的区别之所在。

2005 年 8 月，针对“呼图克沁”称谓问题笔者对乌兰召村民鲍海杰、经纪人郑国华、七道湾（乌兰召邻村）村民鲁彩荣进行了采访。他们几乎异口同声地称呼“呼图克沁”为“蒙古秧歌”。按他们的话“好德格沁”也是蒙古秧歌，蒙古秧歌也是“好德格沁”。

那“呼图克沁”到底怎么称呼？我于 2005 年 8 月，在赤峰文化艺术研究所采访扎戈米时，他说：

我认为那样说不对，呼图克沁是蒙古语，是佛教里头最高的称呼。喇嘛呼图克沁。呼图克沁它就是至高无上的那么一种称呼，是对人的最高的尊称。你跟他要啥有啥，他就有那么大的本事。

他认为“呼图克沁”应该是蒙古族戏剧的起源，应该称呼它“好德格沁”比较符合它的滑稽表演形式。他说：

我老家就是敖汉的，所以我知道这个。我小的时候经常听老人们说起“好德格沁”。有的时候孩子调皮说点小话，[9] 大人就会说：去去去，像“好德格沁”似的，干什么！“好德格沁”就是挺滑稽、丑角吧，就这么个意思。在人们中间搬弄是非，所以人们就会说：别跟“好德格沁”似的，去去去。

他也不认同“秧歌”的说法：

我认为“好德格沁”跟秧歌完全没有关系，称其为“蒙古秧歌”是不准确的。敖汉旗德日苏嘎查的“雅布根呼格吉木”是蒙古族借鉴汉族后出现的蒙古秧歌，与乌兰召的“好德格沁”毫无相同之处。

扎戈米认同将“呼图克沁”归属为戏剧的一种。他说：

我认为“好德格沁”就是一种民间戏剧。我也不认同中央民族大学乌兰杰教授关于“元代宫廷滑稽戏就是好德格沁”的说法。我认为，乌兰召的“好德格沁”属于查玛与萨满结合的产物，其中重要人物黑、白老头与米拉查玛中的黑、白老头有直接关系。我的观点就是：“好德格沁”是蒙古族民间戏剧的“活化石”，属于民间滑稽戏，源于米拉查玛。

总之，关于“呼图克沁”的称谓有几种观点。认为“戏剧说”的有扎戈米先生和吴谡馆长二人；李宝祥研究员认为是“呼图克沁”；乌兰召及邻村村民，如鲍海杰、鲁彩荣、郑国华等人认为是“蒙古秧歌”；李维峰等乌兰召老村民老艺人认为是“好德格沁”，赤峰市文化局编写的内刊《好德格沁》也采用这一说法；《中国民族民间舞蹈集成》等三大集成中认为是“浩德格沁”。他们的说法各有各的理，有的按习惯称呼，有的通过学理上的研究得出，有的按表现形态称呼，等等。

笔者想，乌兰召的这个“呼图克沁”仪式，有如此多的不同称谓，可能与它的渊源和历史演变有关。由于人们对它的来源存有不同的认识，所以名称的称谓上也就不同了。

对“呼图克沁”的起源，在有限的几本文献中说法大同小异，而没有让人信服的更详细的论证，故笔者于 2005 年 8 月，在赤峰文化研究所采访了对这一问题有所研究的学者扎戈米。笔者就“呼图克沁”产生的年代和历时 200 多年的问题向他请教。他解释说：

根据就是歌词的内容。从雍正的时候苛捐杂税特别多，到嘉庆的时候，蒙古王公贵族都得需要纳税了，这个历史上都有记载。国库空虚，搜刮老百姓，这个歌词里都谈到了。所以歌词中有：祈求风调雨顺、我这个东西你怎么拉都拉不完的、希望王公贵族的苛捐杂税减轻一点啊等等，谈的是这些个东西，所以从这个来推测它有200多年的历史。可以肯定它至少是嘉庆年间（1796—1820）出来的东西。但是“好德格沁”这个词儿在乾隆年间（1736—1795）就有了。中央民族大学的乌兰杰教授告诉我，《五体清文鉴》是乾隆年间出版的，共由蒙、满、汉、藏、维语五种文字构成，这本书中就有了“好德格沁”这个词儿，解释为“丑角”。

而“丑角”恰恰是“好德格沁”的意思。因此对“呼图克沁”的称谓，与当时的社会背景和历史演变有一定的关系，而不是一成不变的。

由此可见，从乌兰召的这种仪式最初产生的原因来看，主要是为了驱邪、求福吉祥，因此有的学者称其为“呼图克沁”。后来发展演变到一定历史时期，由于受到内地汉文化的影响，主要受“汉族秧歌”的影响，有些特征、形态发生改变，或者它本来就和“汉族秧歌”有相似的地方，于是人们误认为是秧歌。由于这个所谓的秧歌主要由蒙古族村民用蒙古语演唱，这一点上与“汉族秧歌”有所不同，于是老百姓就称其为“蒙古秧歌”。再加上，由于历史和时代的变迁，它的宗教信仰功能逐渐减弱，而它的娱乐功能相对凸显，于是人们对它的称呼开始改变，从它的演出形态上称其为“好德格沁”，或用谐音“浩德格沁”。

（三）“呼图克沁”名称定位

目前由于蒙古语音译的不同，在文字表述上也不统一，表现“丑角”和“祝福”两种含义的“好德格沁”和“呼图克沁”两种称谓还往往有不同的文字表达方式，目前尚无一个固定的文字使用规范。第一种属于民间常见的俗称“好德格沁”，也有的书中写成“浩德格沁”、[10]“好德歌沁”等。第二种称谓以学者李宝祥为代表，称这种仪式表演为“呼图克沁”，也有写成“胡图格沁”的。

针对这种称谓上的分歧，有的学者认为，应该采取“诸说并存”的态度。[11]笔者认为，采取“诸说并存”的态度有利于缓解争议，但也容易造成混乱，有可能把一个事物当做几个事物，给人们的研究和交流带来不便。因此，笔者的意见还是把称谓统一起来比较好，以避免没有必要的麻烦。在诸多观点中，笔者认为按照表现目的、内容命名比较符合仪式表演的本意。所以在文中笔者对乌兰召村的这一仪式表演采用“呼图克沁”来称谓。理由在于：

首先，从“呼图克沁”和“蒙古秧歌”关系来看，二者不完全等同，更不能互相代替。人们称它为“蒙古秧歌”就把它与“汉族秧歌”作比较，从它们演出的程序性、仪式的相同性、时间的统一性和人物的共同性等几个方面来论说二者是一致的。我们也承认二者的确是有很多相同的地方，但不能因此作出判断二者互相替代，只能是二者互相影响，或者说“呼图克沁”借鉴和吸取了“汉族秧歌”的一些有益因素。各种文化艺术相互影响和借鉴是常有的事，这也是文化艺术传播和发展的规律，但我们不能因为文化艺术有相互影响和借鉴就下结论它们之间就等同或互相取代。“呼图克沁”（所谓的“蒙古秧歌”）与“汉族秧歌”之间的关系就是如此。因此，笔者认为

“呼图克沁”不能称为“蒙古秧歌”。从它的艺术性质的宗教性、载歌载舞的艺术特征、以“跳”为主的舞蹈形式以及以蒙古民歌为主、用马头琴伴奏等方面很难断言它就是“蒙古秧歌”。关于这一点笔者也采访了有关学者，他们也不同意把二者等同。

2005 年 8 月，笔者为了弄清楚“呼图克沁”和“蒙古秧歌”之间到底是什么关系，在赤峰文化艺术研究所采访了扎戈米。他说：

它（指“好德格沁”）就是个娱乐。说起来了这么个事、那么个事的，但实际上就只是娱乐。有的人跟他们叫蒙古秧歌。这个我认为是驴唇不对马嘴。它只是一个说法，尤其是汉族同志，具体内容他不知道，只看到他们这些蒙族人在那儿噔噔噔地跳，那就是“蒙古秧歌”，就是这么个意思。“好德格沁”与秧歌没有关系。但是他们不也是在那儿载歌载舞地跳嘛。秧歌不也是跳嘛，表面上给人这么个印象。实际上这只是民间的一个说法，它是没有根据的。它不是蒙古秧歌，它跟秧歌不是一类的东西，它是有内容的、有人物、有对白、有唱词、有合唱、有戏剧情节，尤其是临走的第三场，那里边戏剧性特别强。几个人在主人家吃完饭，要走了，主人家不舍得让他们离去，就把白老头的老伴儿给藏起来了。白老头就故意告诉朋斯克说：你注意了，你可看着点你娘，南边的人挺坏的，把你娘给留下就不好办了，你看着啊。结果出了屋一看，曹门代没了，被藏起来找不着了。这就翻回头唱：我们从北边儿来的时候是怎么过来的，你怎么跑到南边看见人家荣华富贵的东西你把我给忘了呢，把我甩掉了呢。这里边就有戏剧因素了。完了找到老伴儿曹门代以后，老伴儿曹门代也唱了：看看你给我做的白褂子我穿了多少年了，已经新三年旧三年缝缝补补又三年，我穿够了，我不跟你走了。两个人唱了一阵儿，咳！不管咋地，还是老伴儿，走吧。这里边就是戏剧呀。只有戏剧里头才有这样的情节和对白呢，而且是民间的东西还很文雅，语言特别文雅，意思也表达清楚了，老百姓一听就明白咋回事儿。

其次，再看“呼图克沁”与“好德格沁”和“浩德格沁”之间的关系。严格来说它们之间是有些区别的。“好德格沁”是指滑稽表演、逗乐和出丑的意思。“呼图克沁”是指求子、求福和驱邪等之意。不过我认为，目前把“呼图克沁”又叫“好德格沁”或“浩德格沁”并无大碍，因为在蒙古语当中，“呼图克沁”与“好德格沁”或“浩德格沁”的发音并无多大区别，就像我们写外国人的人名和地名一样，只是谐音或者音同字不同的问题，没有本质上的区别。“好德格沁”与“浩德格沁”之间的关系更是如此。“好”和“浩”在汉语里面也只是音调不同而已。因此，把“好德格沁”和“浩德格沁”称呼用“呼图克沁”称谓来代替，不至于造成更大的混乱和麻烦，只不过让人觉得发音的问题或“音同字不同”所致，在人们的理解上造不成多大的影响，一说“呼图克沁”人们定会联想或猜测到是指“好德格沁”或“浩德格沁”，不可能把他们视做几个事物。而把这一艺术形式和现象称为“呼图克沁”更符合它的本意。因为无论从它产生的渊源和目前人们对它的信仰角度来看，不仅仅是把它看做“滑稽、逗乐和出丑”，更重要的是人们无意或有意地信仰它会给人们带来“福”，最低也不把它看成坏事。人们在潜意识当中把它视为“福音”和“吉祥”的象征符号。

这一点可以由笔者在采访中发现的问题证明。

通过采访，笔者认为“呼图克沁”既是一种娱乐又是一种信仰，是一种既有信仰基础又有娱乐功能的蒙古族民间戏剧表演形式。正如采访中扎戈米所说：

民间的好多东西都跟宗教意识有关系。汉族的求雨了、唱皮影了、撒花灯了，那都跟信仰有关系。“好德格沁”既是一种娱乐又是一种信仰，是将娱乐跟信仰挂在一起的。“好德格沁”本身是个艺术，它就是个戏剧，是以戏剧形式表达信仰、实现娱乐的，是戏剧艺术的一个民间形态，是一种民间的滑稽戏。“呼图克沁”队员有许多出洋相的表演，如果没有出洋相，大伙也不愿意看啊。所以，它这里边的戏剧因素特别浓。它就是一个民间的戏剧形态，它没有经过加工。它能在当地存活下来，是有当地人的信仰基础支持的。比如说受灾了，老百姓就想着请请“好德格沁”吧，祈求风调雨顺不也是这么个意思吗？老百姓绝不是完全出于娱乐请他们的，还是有一种信仰、信念在里边。请这么一个东西来了，完了以后我们就顺利了、免灾了。

因此，在目前称之为“呼图克沁”（吉祥、求福）一点也不为过。因为，在它满足人们追求幸福、吉祥生活这一点上，大家的看法是一致的。

基于上述论述，笔者认为，从内容、功能和信仰的角度，把乌兰召村这种流传久远、并渗透村民生活方方面面的仪式表演命名为“呼图克沁”比较符合这一仪式的本意。至于“蒙古族戏剧论”的说法，与“呼图克沁”的称谓并无直接矛盾。因为蒙古族戏剧是对“呼图克沁”仪式表演形式和性质的定位，而“呼图克沁”则是对此仪式表演名称的一种称谓，因此，蒙古族戏剧的说法与“呼图克沁”的称谓不产生矛盾。

二、“呼图克沁”的源与流

为了进一步揭示“呼图克沁”的兴衰演变过程，这里我们有必要先来了解“呼图克沁”所植根的社会形态，了解在特定的社会文化土壤中文化持有者的社会角色及其自身历史的建构过程。在下面的探讨中，我们把研究对象放置在社会系统中加以观察，进而从不同背景的相互比较中来探讨“呼图克沁”这种民间文化变迁的缘由和特征。

（一）“呼图克沁”起源的年代及缘由

“呼图克沁”产生的年代到底是什么时候？目前缺乏准确的说法。扎戈米先生曾于20世纪50年代作为赤峰市歌舞团的舞蹈演员下乡采风，对“呼图克沁”进行挖掘提升，并将其搬上了舞台，他本人曾担任主角白老头。在采访中扎戈米先生从“呼图克沁”歌词推测了其起源年代，他说：歌词里提到塔子沟、八沟、建平、平泉、锦州，尤其是有三座塔，这就指的是朝阳。因为朝阳南山有三个塔而得名的。从这三座塔的称谓上可以知道大概年代。八沟是18世纪70年代用的名字，说明至少当时就有了“好德格沁”。当时我记的歌词是蒙古语的，歌里面的三座塔作为外来词是固定的，比如歌中唱到："宝乐根索乐根三座塔。"在户主家里祝福的歌中还有唱到锦州的，在我那本书中都有。再一个，歌词中还唱到有嘉庆、道光，在同一首歌中前一段唱的是嘉庆，后一段儿唱的是道光（笔者按：指仪式歌曲《西京》）。所以我认为，也就是在嘉庆、道光两朝交替时候、上下不超过十年间出现的。

在采访中，老艺人李维峰为笔者演唱了一首屋内、屋外均可以演唱的仪式歌曲《八拉根玻哥今》（谱例 1-1，见附录第 174 页），汉语意思就是"西边的北京"。歌的意思就是讲北京的皇帝怎么怎么的了。

敖汉旗油印本苏日图研究员整理的"好德格沁"歌曲中也有一首《西京》，其旋律与李维峰老人为笔者演唱的《八拉根玻哥今》非常接近，也属于起、承、转、合型四句体歌曲，C 宫调式。其中第四乐句旋律基本相同。不同的只是第一乐句的第二小节和第三乐句。基本上可以断定是同一首仪式歌曲的不同变体。

敖汉旗文化馆油印本中的《西京》是一首分节歌，有多达七段歌词，从歌词中"祝陶哇活佛的经书兴旺"可以知道此歌传唱的时候正值藏传佛教鼎盛期，从"祝嘉庆君主的朝廷太平安宁"可以知道此歌出现的年代当不会晚于清朝中叶。与笔者采访时扎戈米先生从"呼图克沁"仪式歌曲歌词中"三座塔"就是"朝阳"的古称来推测"呼图克沁"起源年代的结果相印证。

在《中国民间歌曲集成 · 内蒙古卷》（下）中也收有一首名为《西京》的"浩德格沁"歌曲，是由阿兴嘎、东日布、哈日夫、额尔德尼、扎哈麦演唱，顾宝太记词、记谱，白 · 呼和牧骑译词，乌力吉昌配歌。此歌也是一首起、承、转、合型四句体宫调式歌曲。从旋律上看与李维峰老人演唱的《八拉根玻哥今》和敖汉旗油印本苏日图研究员整理的"好德格沁"歌曲《西京》如出一辙。属于同一首仪式歌曲的变体。

从歌词内容来看，《中国民间歌曲集成》"浩德格沁"歌曲《西京》与敖汉旗油印本苏日图研究员整理的"好德格沁"歌曲《西京》是一脉相承的，在歌中都唱到了人们对于藏传佛教的信奉，尤其在《中国民间歌曲集成》"浩德格沁"歌曲《西京》中明确表述了此仪式歌曲传唱的时间当在嘉庆（1796—1820）、道光（1821—1850）两朝交替的时代。

那么，"呼图克沁"起源的缘由是什么？目前缺乏一致的观点，一般说来有两种观点（含有三个传说），在官方印刷的册子里也这样认定。一种说法认为"呼图克沁"是由外地传入的，首先传到萨力巴村，后来随着海力王府在乌兰召的建立（1648 年）传到了 20 里之外的乌兰召。另一种说法认为"呼图克沁"不是从外地传入的，而是乌兰召土生土长的。此说法中包含有两个传说，其一认为：在两三百年前，成吉思汗的后代索诺木杜棱[12]建敖汉部（1543 年），起初风调雨顺，后来发生天灾瘟疫，人难繁衍，牛羊绝迹。当时有个著名的喇嘛叫嘎拉德恩，他到西天拜佛求方，弥勒佛告诉他阿尔泰山有个白音查干老人（白胡子老头）能消灾。后来仙翁到来，果然为百姓祛灾降福，使吉祥幸福之光重新普照人间。同时仙翁留言，每年的正月十三至十六，装扮成仙翁的模样依照仙翁的所为去做，即可消灾除难。还有一种说法为：乌兰召建海力王府（1648 年）之后，王府附近有个住七户人家的村子，叫"道劳浩特"（蒙古语，汉译"七家子"），水草丰美，牛羊肥壮。突然有一年，河水干涸，庄稼枯萎，牛羊几乎全部死光了。浩特中有个成吉思汗的后裔布尔固德老人，带领全浩特的人，对着北方的神灵仰天祷告。突然，有一位白胡子、白眉毛、翻穿白皮袄的老人飘然而下，他手捻佛珠，拄着宝杖，对众人说："我是从北方的阿尔泰山的石洞中来的，特意为你们免灾祛患……"因为他没有留下姓名，百姓就称他为"阿林查干乌布根"，意思是"北方的白老头"。他跟布尔固德老人挥舞宝杖，挨家逐户地驱邪、消灾、祝福，果然使道劳浩特恢复了生机，人丁兴旺，牛羊遍野。

还有一种民间的传说，对此，《中国民间歌曲集成·内蒙古卷》中也有记载：[13]

关于浩德格沁的来历，民间有这样的传说：在很久以前，水草丰美的敖汉旗草原突然来了一个妖怪，施法作祟，民不聊生。为了驱走恶魔，拯救草原，人们从很远的地方请来一位神仙——白老头儿。当他偕同老伴、女儿和义子（黑老头儿）前来时，巧遇刚从西天取经归来的唐僧师徒，便请上孙悟空、猪八戒和沙僧三人同来敖汉旗。经过一场厮杀，妖魔大败而逃，人们又重新过上了安定太平的日子。数年后，白老头儿等要返回原地，人们恳切挽留，白老头说："我们走后，妖魔若再来作祟，你们可扮成我们的模样，说着我们的话，到处走动，我们会暗中协助，保佑你们太平无事。"此后，人们便将这一故事编成歌舞，于春节期间，自发地组织起来，戴上假面具，扮着白老头等七人的形象，进行流动演出，祈求子孙繁衍，万事如意。

比较上述几个关于"呼图克沁"来历的传说，有两点分歧，其一是关于"呼图克沁"是产生于乌兰召本地还是由外地传入；其二是关于"呼图克沁"是出现于敖汉部建立之初的1543年，还是出现于清初的敖汉旗草原，抑或是海力王府建立后的1648年。但是，不管怎样，从传说中我们知道，"呼图克沁"的出现与敖汉部、敖汉旗和海力王府是有直接关系的。

（二）"呼图克沁"的演变及其阶段

根据标志性的历史事件，"呼图克沁"的演变可分为1947年之前、"呼图克沁"的中断（1966—1976）和"呼图克沁"的恢复（1981年后）三个阶段。

1．1947年之前：王府官邸的蓄养制度及"呼图克沁"

1947年以前，虽然内地资本主义和现代革命浪潮波及蒙古地区，但是从根本上讲，蒙古族社会尚处于传统社会。蒙古族传统社会结构由王公贵族、寺院高层喇嘛所构成的封建主上层阶级和由乡村富户、普通民众、一般喇嘛所构成的下层阶级所构成。[14]围绕两个阶级的生活方式构成了两种不同的文化系统。但是，这两种文化传统之间并非截然分离，二者有着许多互通、共享的范畴。近代以来的民间艺术，特别是"呼图克沁"，成为不同社会阶层所共享的文化因素。"呼图克沁"及其持有者正是在这种社会互动当中，展示其特定的角色功能。

在近代艺术的发展历史上，处于社会上层地位的王公和高层喇嘛多多少少扮演着"恩主"的角色，而王府和寺院也在某种程度上成为民间艺术延传、发展的场所。直到20世纪40年代，大部分蒙古地区王权依然存在，而王府一般要蓄养自己的专职乐队及艺人，用来为官邸内各种仪式活动表演音乐节目。“据史料记载，内蒙古的达尔罕、翁牛特、喀喇沁等王府，十分重视本民族传统的民歌演唱和器乐表演，专设歌手和乐手（蒙古语称‘倒喇赤’、‘潮尔赤’和‘胡尔奇’），有的王府乐班达数十人，歌手都是方圆数百里内的佼佼者。包括近现代知名的长调歌手，都曾做过王府乐班的歌手。每逢蒙古族传统的喜庆节日和重要活动，都会有精彩的演出。虽然蒙古王公与贵族的重视是为其享乐服务的，但客观上，为传承、发展蒙古族传统民间音乐起到了一定的作用”。[15]

（1）敖汉左旗扎萨克多罗郡王府

敖汉左旗始建于清崇德元年（1636年），初称敖汉扎萨克多罗郡王旗。宣统三年（1911年）增设敖汉右翼扎萨克多罗郡王旗后，改称左翼扎萨克多罗郡王旗。敖汉旗首封扎萨克为原敖汉部长塞臣卓里克图子班弟。其爵为多罗郡王，世袭罔替。王府即旗政衙门，建于固尔班图勒葛山（汉名鼎足山，即今木头营子乡青山）北麓。

敖汉旗扎萨克是全旗最高一级官吏，也是本旗享有特权的世袭领主。旗扎萨克下设协理台吉（蒙古语为图萨拉格齐），辅佐扎萨克管理旗政。协理台吉由贵族保举，经理藩院任命。当扎萨克不能行使权力的时候，协理台吉可以代理。旗扎萨克属下还设有正、副章京（蒙古语为扎萨拉格齐）、梅林、笔帖式等职官。管旗章京在扎萨克和协理台吉的领导下管理旗政、司法、军事等；梅林掌管旗财政和其他事务；笔帖式掌管文书工作。旗内基本编制是佐（蒙古语为苏木）。150丁为一佐。佐设佐领。敖汉旗共定为55佐8250丁。佐下设骁骑校（蒙古语为昆都）和领催（蒙古语为博什格）。敖汉旗扎萨克多罗郡王自第一代起至民国十八年最末一代止共历16代（见表1–1）。

（2）敖汉右旗扎萨克多罗郡王府

敖汉右旗为扎萨克多罗郡王旗，是清宣统三年（1911年）四月二十九日（5月27日），经理藩院准奏，由敖汉第十五代多罗郡王色仍端鲁布所领的四参二十佐领增置的。敖汉右旗首封扎萨克色仍端鲁布是敖汉部长索诺木杜棱后裔。索诺木杜棱最初受封在开原，因私猎哈达叶赫山获罪，开原牧地被夺，复归敖汉故地。顺治五年（1648年），清廷为已故敖汉部长索诺木杜棱释罪，追封为多罗郡王，准其子玛济克袭多罗郡王位，世袭罔替。但不再封地，可在敖汉境内建郡王府。王府初建于老哈河南岸（现四道湾子镇二道湾子村），后迁至刀奔艾里（今乌兰召村），是为海力王府。自首封索诺木杜棱到噶拉桑扎布共16代，仅最后两位为旗政长官扎萨克。见表1–2。

（3）敖汉南旗扎萨克贝子府

敖汉南旗为扎萨克贝子旗，始建于民国十一年（1922年），是由敖汉左旗分出十佐领另设的一旗。首任扎萨克是敖汉第六代贝子德色来托布。德色来托布为敖汉左旗第二代扎萨克多罗郡王墨尔根巴图鲁温布之孙罗卜藏的后裔，罗卜藏于清雍正七年（1729年）初封辅国公，后晋固山贝子，均为无职之闲散爵位。贝子府初建于旗南境（今后坟村），后府第南迁1公里重建（今贝子府乡驻地）。贝子府贝子共六代，仅末代德色来托布为该旗行政长官扎萨克。

表 1-1 敖汉左旗扎萨克多罗郡王世袭表[16]

世 次	名 字	血缘关系	爵 职	封袭年代	卒 年
首封	班弟	塞臣卓里克图子	扎萨克多罗郡王	崇德元年（1636 年）	顺治四年（1647 年）
第二代	墨尔根巴图鲁温布	班弟长子	扎萨克多罗郡王	顺治四年（1647 年）	康熙十年（1671 年）
第三代	扎木苏	墨尔根巴图鲁温布长子	扎萨克多罗郡王	康熙十一年（1672 年）	康熙四十七年（1708 年）
第四代	垂木丕勒	扎木苏长子	扎萨克多罗郡王	康熙四十七年（1708 年）	乾隆十五年（1750 年）
第五代	垂济喇什	垂木丕勒长子	扎萨克多罗郡王	乾隆十五年（1750 年）	乾隆三十三年（1768 年）
第六代	巴特玛喇什	垂济喇什长子	扎萨克多罗郡王	乾隆三十三年（1768 年）	乾隆三十八年（1773 年）
第七代	巴勒丹	巴特玛喇什	扎萨克多罗郡王	乾隆三十八年（1773 年）	乾隆四十七年（1782 年）
第八代	德亲[17]	巴勒丹长子	扎萨克多罗郡王	乾隆四十七年（1782 年）	嘉庆十年（1805 年）
第九代	德济特[18]	德亲长子	扎萨克多罗郡王	嘉庆十五年（1810 年）	嘉庆十七年（1812 年）
第十代	达尔玛吉尔底	德济特堂弟	扎萨克多罗郡王	嘉庆十八年（1813 年）	—
第十一代	达旺多克丹	达尔玛吉尔底子	扎萨克多罗郡王	道光二十九年（1849 年）	—
第十二代	色丹诺尔多克	达旺多克丹子	扎萨克多罗郡王	同治十二年（1873 年）	—
第十三代	达木林达尔达克[19]	色丹诺尔多克子	扎萨克多罗郡王	光绪五年（1879 年）	光绪二十七年（1901 年）
第十四代	勒恩扎勒诺尔赞[20]	达木林达尔达克子	扎萨克多罗郡王	光绪二十八年（1902 年）	光绪三十一年（1905 年）
第十五代	官布扎布[21]	勒恩扎勒诺尔赞堂叔	扎萨克多罗郡王	—	—
第十六代	勒扎勒林钦旺宝	官布扎布子	扎萨克多罗郡王	民国十八年（1929 年）	—

表 1-2　敖汉右旗扎萨克多罗郡王世袭表[22]

世　次	名　字	血缘关系	爵　职	封袭年代	卒　年
首封	索诺木杜棱	岱青杜棱长子	多罗郡王	顺治五年（1648 年）	—
第二代	玛济克	索诺木杜棱长子	多罗郡王	顺治五年（1648 年）	—
第三代	布达	索诺木杜棱次子	多罗郡王	康熙五年（1666 年）	康熙十三年（1674 年）
第四代	萨木丕勒	布达长子	多罗郡王	康熙十三年（1674 年）	康熙二十八年（1689 年）
第五代	阿敏达赉	萨木丕勒长子	多罗郡王	康熙二十八年（1689 年）	康熙二十九年（1690 年）
第六代	额色蒙克	萨木丕勒次子	多罗郡王	康熙二十九年（1690 年）	康熙三十年（1691 年）
第七代	达什达尔扎	萨木丕勒三子	多罗郡王	康熙三十年（1691 年）	康熙四十三年（1704 年）
第八代	瓦勒达	达什达尔扎从弟	多罗郡王	康熙四十三年（1704 年）	康熙四十四年（1705 年）
第九代	鄂勒斋图	瓦勒达从弟	多罗郡王	康熙四十四年（1705 年）	乾隆十三年（1748 年）
第十代	喇什喇布坦	鄂勒斋图长子	多罗郡王	乾隆十三年（1748 年）	乾隆四十四年（1779 年）
第十一代	齐默特鲁瓦	喇什喇布坦长子	多罗郡王	乾隆四十四年（1779 年）	嘉庆九年（1804 年）
第十二代	甘萨巴拉	齐默特鲁瓦次子	多罗郡王	嘉庆十年（1805 年）	道光二十三年（1843 年）
第十三代	布彦德勒格呼固鲁克齐	甘萨巴拉子	多罗郡王	道光二十三年（1843 年）	—
第十四代	察克达尔扎布	布彦德勒格呼固鲁克齐嗣子	多罗郡王	同治九年（1870 年）	光绪三十二年（1906 年）
第十五代	色仍端鲁布	察克达尔扎布子	扎萨克多罗郡王	光绪三十二年（1906 年）	—
第十六代	噶拉桑扎布	色仍端鲁布子	扎萨克多罗郡王	伪康德元年（1934 年）署理敖汉右旗旗政	民国三十六年（1947 年）

表 1-3 敖汉南旗扎萨克贝子府贝子世袭表[23]

世次	名字	血缘关系	爵职	封袭年代	卒年
首封	罗卜藏	墨尔根巴图鲁温布之孙	固山贝子	雍正十年（1732 年）	—
第二代	垂济扎勒	罗卜藏长子	固山贝子	乾隆十八年（1753 年）	乾隆四十六年（1781 年）
第三代	德威多尔济	垂济扎勒长子	固山贝子	乾隆四十七年（1782 年）	嘉庆十六年（1811 年）
第四代	诺尔布桑	德威多尔济长子	固山贝子	嘉庆十六年（1811 年）	—
第五代	达克沁	诺尔布桑长子	固山贝子	道光二十七年（1847 年）	光绪十七年（1891 年）
第十五代	德色来托布	达克沁之孙	固山贝子	光绪十八年（1892 年）	伪康德七年（1940 年）

笔者在各类访谈中发现，“呼图克沁”的确与海力王府的扶持有关系，人们对此没有异议。笔者采访赤峰市艺术研究所的扎戈米研究员，当问到“呼图克沁”为什么在乌兰召存在时，他说：

我也没研究过这个问题，为啥在乌兰召出现这么个东西。别的地方咋没有呢。大概原因是由于海力王府在乌兰召。蒙族投降清朝以后建立的敖汉旗，海力王府搬了好几个地方，最后在乌兰召固定了。乌兰召有庙，但不一定是好德格沁产生时候的庙。海力王这个人对说书啊、文艺啊很感兴趣。

为此，笔者在 2005 年 8 月 15 日下午也采访了乌兰召村海力王府的直系后裔、成吉思汗第三十二世孙鲍海杰。

问：关于乌兰召海力王府的情况您知道多少，能跟我谈一谈吗？

鲍：乌兰召的海力王府“文革”时期被扒了。我们海力王到乌兰召村已经有十代了，是明朝朱元璋那个时期来敖汉的。当时过来的时候是大力王、奈曼王和敖汉王，他们是哥儿三个。是从呼市（察哈尔）那一带，沿着老哈河、西拉木伦河这么过来的。过来之后，敖汉王是老大，老二在坝上，老三在奈曼，这哥儿三个是一个祖先。一开始这个王府建在四道湾子，道光二十五年（1845 年）才挪到乌兰召的，在乌兰召建了海力王府。当时占地面积有 3 顷，就是 300 亩地。咱们这个西庙是王府的家庙，建于咸丰元年（1851 年），有三层楼。解放前的事我不懂，我 1944 年出生的，我记得解放后，这个庙还有 20 多个喇嘛呢。

问：传说中说有位王爷特别喜欢“好德格沁”，曾经组织过比赛，并选出优胜者授予“金骏马奖”，这是哪位王爷啊？

鲍：那是我爷爷，叫海力王。[24]他愿意组织文艺，也喜欢看蒙古人骑马比赛啊、摔跤比赛啊。他非常支持“好德格沁”，就这么组织起来的。那个末代王爷叫噶拉桑扎布，是我大爷。我父亲是老二。

问：你大爷也喜欢“呼图克沁”？

鲍：是的。乌兰召的“呼图克沁”因为他的喜欢一直在活动，只是我当时小不知道，是解放以后才知道有这么个“呼图克沁”的。我表哥在整理我们的家谱，别的没有资料提供了。

问：因为咱们村的“呼图克沁”与海力王府的扶持有极大的关系，您能否谈一谈海力王府是如何对“呼图克沁”进行扶持和促进的？

鲍：这个在历史上没有明确的记载。“呼图克沁”就是蒙古民族历史悠久的文化遗产。从“呼图克沁”的歌词来理解，它的历史非常悠久，可以追溯到远古时期。

问：您是根据哪一首歌得出这个结论的？

鲍：“呼图克沁”里面的白老头叫“阿林查干努根”，意思就是“北方来的白老头”。

问：这里所说的北方是指哪里？

鲍：在歌词里有一句唱道：“走遍了蒙古大草原”，就是走遍了北蒙57个旗，这就说明它这个东西是从蒙古国传过来的。从北方来的这么个白胡子老头，根本也没有

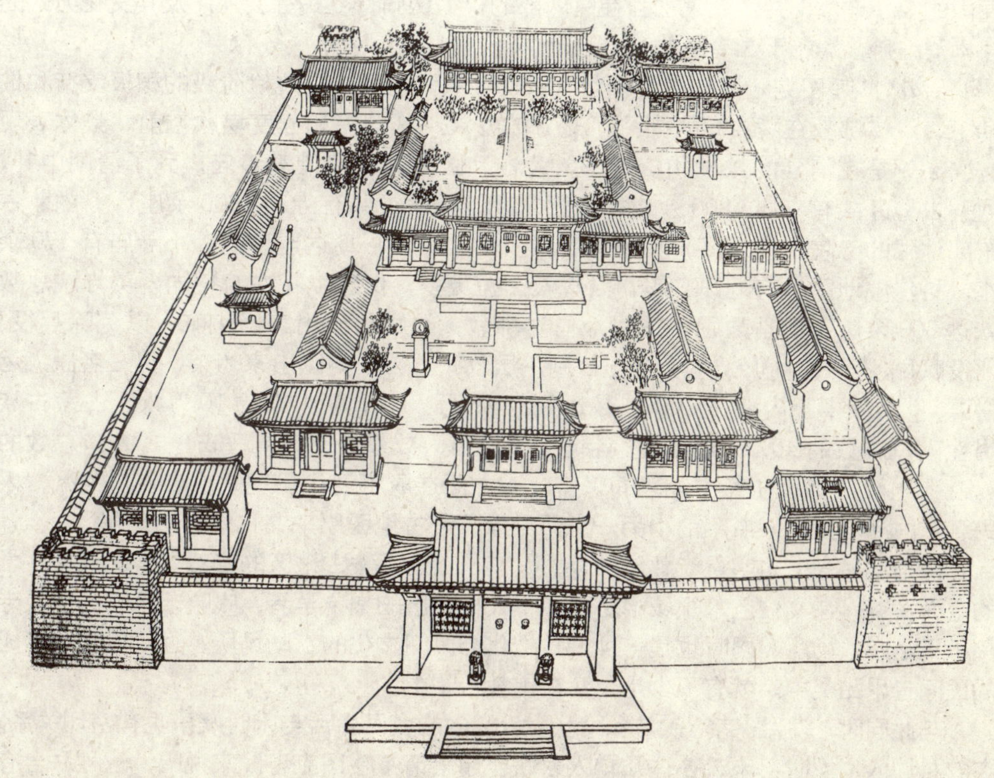

图1-1 敖汉右旗多罗郡王府（海力王府）复原图[25]

姓名。据说他在北方的时候有99个儿子，据说黑胡子老头是他路过昆仑山的时候捡的，这个东西它的历史就悠久了。这个东西什么时候出来的（形成的）？歌词中有"大海还是小泡子的时候，昆仑山还是小土包的时候"白老头就出来云游四方了。但是，这个东西你也没法儿考证，也就只能说明它的历史悠久。其实白胡子老头跟欧洲的圣诞老人差不多。据说是以前救汉闹灾荒了，北方就来了这么一个白胡子老头，这个白胡子老头神通广大，法力无边，他所到之处啊，能驱邪降妖，保佑人们人财两旺，六畜兴旺，就这么个东西。你说大海是小土包似的，昆仑山也是小土包似的，那是啥时候谁也说不上。民间艺术吧，也就是这样的，没有什么明确的时间记载。

由于乡民社会结构中的地方官员、乡绅和普通民众同属一个社区，因此他们之间有许多共享内容，"呼图克沁"便是其中之一。近代以来，在内蒙古东部地区乡绅富户每逢岁时节日或劳务闲时要请"呼图克沁"。这样做，一来是自己消闲时的娱乐消遣，二来则是为了在岁末时节应酬同村老少。"呼图克沁"这种民俗活动，不只是用来娱乐消遣，在某种意义上来说，它同时也是乡村文化秩序的建构方式之一——作为地方精英的乡绅阶层，处于乡村社区中的权力支配地位，而社区内部的一切仪式活动，往往成为他们权力象征的一个内容。在"呼图克沁"这一文化活动中，富人扮演着文化资源的支配者的角色，通过这一活动，他们向社区成员重申自己在社区权力格局中的中心地位，并由此来加强社区内部的权力认同。乡民社会秩序及其文化方式的建构与维持，端赖于二者间的社会互动。

另外，"呼图克沁"与藏传佛教有密切关系。清代，在统治阶级的积极支持和推动下，藏传佛教在蒙古地区得到了充分的发展，其规模和程度堪称空前。具体表现有二：一是在清廷的鼓励和资助下，蒙古地区大肆兴建佛教寺庙。到了清朝中叶，内蒙古地区共有寺庙1800余座，清朝末期，内蒙古共有寺庙1600余座。[26]内蒙古东部地区的寺院密度最高，喇嘛人数最多，其中，昭乌达盟境内大小寺庙有170余座，科尔沁地区也有近200座，而卓索图盟更多，仅土默特左旗境内各类寺院总数就达300余座。二是鼓励蒙古民众信奉佛教，鼓励男子出家当喇嘛，以免除兵役、徭役赋税。[27]一时间，"从上层王公到下层牧民，男子均以出家为荣，男三者一人为僧"。[28]清朝中叶内蒙古喇嘛人数达到约15万人，清朝末期约10万人，占蒙古族男性人口总数的40%—50%。[29]各地喇嘛在庙人数最多时，几乎占蒙古人口总数的1/3。[30] 藏传佛教在蒙古地区的兴盛，一方面造成了清代后期蒙古族人口锐减，人民意志消沉，生产停滞不前；另一方面导致了蒙古地区原来文化结构的瓦解。

但是从另一个角度看，藏传佛教的兴盛，促进了蒙古地区的自然科学、人文科学的全面发展，在文化艺术领域中出现了一大批杰出的喇嘛学者、喇嘛艺术家。佛教寺院不只是宗教场所，同时也是一种宗教文化与民间文化的互动场所，近代以来所形成的民间音乐品类中，就有不少是孕育在佛教寺院中。

与此同时，"呼图克沁"与乡民社会生活中的乡民生活与闲时娱乐也有密切关系。在农村地区，岁时年末，往往几户人家联合起来请"呼图克沁"来说唱。这种联合有两种情况：一是街坊邻里，二是亲戚眷属。前者更多的是出于娱乐的目的；后者可能出于某种礼俗性的目的，譬如为老人做寿、为病人驱邪等等。

2．“呼图克沁”的中断（1966—1976）

“文化大革命”期间，“呼图克沁”是否还存在？是否还演出？这段历史，我们没有文献资料考证，很多人也说不出来是什么情况。但笔者认为，这一段历史时期，“呼图克沁”还是存在的，对此村里至今还健在的70岁的汉族村民魏凤阁说：

我本人也信它，我不是受别人影响的，因为它就是个民族文化，属于历史遗留下来的这么一个文艺嘛。尽管我是汉族，但是也信。因为我们这儿不是蒙汉杂居嘛。我家没接过，我吧，倒认为它挺好，汉族人吧，也有接的。

我就是通过看他们演出多少了解一点。这个东西我们这个营子一开始弄起来呀，再早我说不上，就从打1950年呀，我那年15岁，他们办的。说是没有小孩的人家能得小孩，那阵儿是那么说的。他们跳的人都是农民。我就听说赵树源会，他是那工夫主要参加的人。那工夫那个人，就是我说一开始那年的（指1950年），他们有一部分人还活着，剩下的都死了。我说的这个赵树源也死了，他会唱。据说现在会唱的人也不多了，能唱全的人也少了，所以，它要想存在下去，这个师傅问题是很重要的。

再一个，我认为他们现在根本也没有出一个什么书，就是那一唱、一跳、一录音，现在上这儿录像的人多了，但是就是没有人把它记下来。我认为要是能写出书来那还是比较好的，这样它就能传下去了。就是没有老师了。原来咱们旗里有个叫齐国选的（又叫二老贺），这个二老贺蒙汉兼通，他去翻译过，但是究竟翻译成什么样我说不上了，这玩意儿旗里有材料。

从这位老人的口述中可以得知，“文化大革命”给民间艺术造成的直接后果是：一是进程的断裂；二是方向的迷失。可以从如下几个方面来看：

其一，“文革”期间对传统艺术采取的态度，从建国初期的改造和有选择的保留到全盘否定，而且这种否定是对民间音乐的负载者——艺人进行斗争和打击的方式来实施的。下面是艺人的一段回忆：

“文革”到来后，给“呼图克沁”予以打击。说宣扬迷信思想，歌颂天地鬼神之类，给带上了“牛鬼蛇神”的牌子。上面来人把“呼图克沁”的本子烧毁或者带走了。[31]

在“破四旧”、“立四新”的口号下，“呼图克沁”被描绘成了“牛鬼蛇神”，成为被重点斗争和打击的对象，其演唱活动被禁止，所收藏的“本子”被没收或者被毁灭。如李维峰曾收藏满满一柜子本子，在“文革”中被付之一炬。此类例子举不胜举。对那些从“文革”时期走过来的“呼图克沁”艺人来说，这段时期是他们职业生涯中的一段“空白”阶段。“呼图克沁”这一民间艺术的历史发展进程被人为地割断。

其二，“文革”期间对传统民间文化艺术的破坏，还表现在对建国初期建构起来的民间艺术工作体制的破坏上。

其三，“文革”造成了“呼图克沁”传承链的断裂以及队伍的萎缩。

其四，“文革”的危害向后蔓延，造成了后来“呼图克沁”艺术全面衰微的局面。它对后世所造成的直接后果是：一是在十年“空白期”，有许多艺人去世，其技艺、曲目等未能及时得以传承，有大量的艺人以及学艺者从此放弃演出或学艺，从而造成“文革”后“呼图克沁”队伍规模和质量一蹶不振的局面；二是由于建国初期意识形态的格式化作用以及“文革”期间的人为淘汰思想，造成了后来“呼图克沁”的消亡以及传统书目的流失。58岁的蒙古族村民常海说：

咱们小的时候，也就十几岁，那都有个信仰，家家都供着佛爷或者观音像，（用手比画，一个方形的）这么高、这么宽一个佛爷炉，那时候还有那个呢。等到“文化大革命”的时候，“破四旧”，就拆的拆、砸的砸，都没有了。咱们那时候小，反正有那么个玩意儿，知道是从古代传下来供着的，说不上是什么玩意儿。那时候，蒙族家家都有。“破四旧”以后就没有了。那时候学校里的红卫兵到哪里都是随便砸，那不是主席的令嘛。哎呀！那玩意儿（指“呼图克沁”）你现在就是信仰，也唱不起来也没用，也未必能跟原先人家似的，都能唱全了。要想信仰也没必要了，我就有这么个想法。他们演的不忒全了，人也不忒什么了。现在这个东西在我们这个地方也不忒时兴了。

综上所述，我们可以把“文革”十年看作“呼图克沁”艺术从兴盛向衰微转向的分水岭。这段时间里，“呼图克沁”这一民族传统艺术被卷入了政治运动的狂澜中，遭受了千般辱骂和万般折磨，受到了严重的扭曲和摧残，为后世留下了许多遗憾。

3.“呼图克沁”的恢复（1981年后）

乌兰召村“呼图克沁”仪式表演在“文革”结束后靠政府力量得以恢复。艺人李福山曾经给我讲述了一段儿“呼图克沁”重获生机的小故事。“文革”结束后，政府提出“百花齐放、百家争鸣”，自治区文化馆下来几名研究人员到内蒙各地市去挖掘、整理内蒙民歌。当时曾经组织各地优秀的民间歌手会聚一堂演唱本地区有特色的民歌，乌兰召村的赵树廷也在其中。由于他会演唱的民歌都被其他人唱完了，轮到他的时候，他没有歌唱了，只好把他“文革”前参加“呼图克沁”仪式表演时唱的歌给唱了出来，没想到立刻引起学者们的关注和兴趣。乌兰召村“呼图克沁”就是以此为契机，才得以被重新挖掘和允许恢复活动的。恢复之初人们心有余悸，因为大家在“文革”中都被整怕了，后来在上级党委和政府的大力支持下，组织村民重新学习并组成表演队后，才开始真正恢复起来，正式恢复是在1981年。按照《敖汉旗地方志》的记载：

1981年8月，由赵树廷、李维峰、李发等5人组成的“好德歌沁”演出队参加了内蒙古自治区文化厅在海拉尔举办的“民族民间老艺人学习班”。“好德歌沁”被录制成电视资料片。

可笔者在2005年8月采访鲍海杰[32]时有些说法不尽相同。

问：您小时候见过"呼图克沁"表演吗？

鲍：我很小的时候就见过办"呼图克沁"，记得很清楚，那次是为了求子办的。现在村里有一个叫李宏瑞的，当年他爸爸、妈妈没有儿子，他本人就是那次求子求来的。[33]他妻子是教师，叫赵晓红。他今年都50多岁了，我今年63岁，求他那年我已经10来岁了，应该是解放以后，1952年、1953年左右的事。我也是从那个时候才知道有这么个蒙古秧歌的，原先我也不知道。以前我还小。

问：您第一次看到"呼图克沁"，是因为村民为了求子而办的，依据求来的李宏瑞的年龄来看，当时应该是在50年代初，说明当时这个"呼图克沁"是可以存在并进行活动的。那么在"文革"的时候，这个"呼图克沁"可以活动吗？

鲍：不行，"文革"时期那都成牛鬼蛇神了，你翻穿个皮袄毛朝外的，那成什么东西了。再加上，"文革"时期，我们这儿搞民族分裂非常严重。蒙古民族里边打击内人党，[34]那可不敢说这些。这些东西全都不可以演的。"文革"以后，是咱们旗里的文化馆组织起来进行恢复的。

问：您能回忆一下当时的经过吗？

鲍：我记得那是"文革"结束十几年之后才恢复的，大概是1989年左右。[35]1989年是"文革"后第一次恢复活动。当时是敖汉旗民委有个梁素香老师，是我们村出去的人，再有一个就是现在跳蒙古秧歌的（李）福山的一个姨家的姐姐，当时在敖汉旗文化馆的李彩荣老师，她们来的。她们来了之后，说是组织组织。

问：她们是在什么情况下想到来村里进行调查和组织活动的呢？

鲍：她们知道啊，她们都是从这个村子出去的。当时会表演的老艺人主要有赵树廷、李维峰，因为这些人都在，所以就组织组织。我当时还教学呢，生把我弄去，我当时在白水营子小学教书。

问：把您叫去担任什么角色呢？

鲍：把我弄去是扮演白胡子老头的。那个东西有啥难的，因为我蒙汉兼通，我是教蒙古语语文的，他们那歌我一听一写，我就能唱。随着他们唱两遍就记住了。当时村里的一些老艺人都还健在。我就是赵树廷、李维峰他们教的，我当时20多岁，[36]反正那东西好学。我就是现听也比他们[37]学得快。就这么着我接触了"呼图克沁"。

呼图克沁仪式表演队伍由6个角色组成。因为个人体力有限，演出时间过长难以支持，如果条件允许，有足够多的成熟演员的话，每一个角色还应配有一位后备替换演员，因而每年举办活动的时候，实际有上场歌舞表演经历者最少6位艺人最多12位艺人。

这张照片是由敖汉旗政协主席韩殿琮老师提供的，拍摄于1989年。当时韩殿琮老师是敖汉旗文化馆馆长，"文革"结束后，由政府出面开始挖掘整理民族民间文化艺术遗产，韩老师为了配合当时的国家级课题——"民族民间舞蹈集成"的编撰工作，到乌兰召组织当时健在的艺人举办了"文革"结束后的首次"呼图克沁"仪式表

图1-2 1989年乌兰召村参与演出的“呼图克沁”艺人合影

图1-3 笔者与2005年乌兰召村“呼图克沁”仪式表演艺人合影

演，不但拍摄了大量照片，还有录像，保留下大量珍贵的历史资料。这几位主要艺人由左至右依次为：

孙悟空——李青龙（又名李福山，第五代艺人）

曹门代——李发（李福山之父，第四代艺人）

白老头——赵树廷（第四代艺人）

黑老头——李维峰（第四代艺人）

花日——武政权（吴征全，第五代艺人）

猪八戒——金生（第五代艺人）

在经济全球化、社会日新月异飞速发展的21世纪的今天，这种产生并盛行于18世纪，流传久远的蒙古族民间艺术形式是否能继续存在下去？将以何种形式何种理由继续存在于思想观念、生活方式发生天翻地覆变化的人们生活中呢？带着这样的问题，笔者于2005年春节期间走访了乌兰召村。

笔者于2005年春节到乌兰召采访“呼图克沁”仪式表演时，上面照片中三位第四代“呼图克沁”艺人均退出了“呼图克沁”仪式表演。主角白老头的扮演者赵树廷已经去世了，黑老头扮演者李维峰已经82岁了，由于年事已高，他搬到敖汉旗政府所在地新惠与儿子同住，不参与“呼图克沁”活动了。而目前仍居住于乌兰召村的李发也已经77岁了，年迈体弱退出了“呼图克沁”仪式表演。目前乌兰召村“呼图克沁”艺人中，上述艺人李发的儿子李福山和金生、武政权（笔者在采访中发现，原敖汉旗文化馆提供的相关资料中将艺人武政权的名字误写成吴征全了，特在此予以更正）担负起了师傅的职责，肩负起了决定“呼图克沁”未来存亡的历史重任。

目前乌兰召村仅有的一支“呼图克沁”仪式表演队伍，就是由李福山和金生他们组建的。2005年春节的“呼图克沁”仪式表演就是以第五代艺人金生为会首，在经纪人郑国华的参与下完成的。在“呼图克沁”仪式表演期间，笔者在亲身追踪采访中发现了许多与以往的记载不同的变化。笔者认为这种变迁可以看作是在社会、经济和文化飞速发展的过程中民族民间文化所表现出来的一种自我适应、自我调整的结果吧。其中隐含的“草根的力量”[38]是不言而喻的，也是一切与“呼图克沁”相类似的民间草根文化在新的生存空间中继续存活下去的强大依托。

图 1–3 照片是笔者于 2005 年春节在乌兰召追踪采访“呼图克沁”仪式表演时在接请“呼图克沁”的村民家中与全体仪式表演人员的合影。

后排由左至右依次为：

曹门代——郑国峰（第五代艺人武政权的外甥）

白老头——李福山（第五代艺人）

黑老头——郑国玉（郑国峰的哥哥）

花　旦——梁海艳（第六代艺人，第五代艺人金生的徒弟）

前排由左至右依次为：

孙悟空——邱永胜（第六代艺人，第五代艺人金生的徒弟）

猪八戒——李海波（第六代艺人，李福山的儿子）

照片上最右边的是仪式表演期间的打鼓者梁春元，因为他是临时自愿加入的，不属于“呼图克沁”正式队员，是不能分到劳务费的。笔者在采访中知道，他今年 22 岁，2000 年由萨力巴乡中学初三毕业，如今时而在家种地时而出外打工为生。年前刚刚从大连建筑工地打小工回来，因为过年天天闲着，在家里待着没意思，听到村里敲响了锣鼓，知道是“呼图克沁”在表演了，就跑出来跟着看看热闹。他属于自愿来打鼓的，因为看到“呼图克沁”在主动邀请的人家进行仪式表演，为了图个红火热闹，就与一些年轻小伙子跟着仪式队伍观看，队伍进到哪家他们就跟到哪家，从早上九点半仪式正式开始一直跟到中午十二点半了，还是不肯回家。笔者注意到，他与其他几个小伙子一起，出于新奇和尝试的心理，一直轮流替今天打鼓的于长和敲鼓。于长和是今年“呼图克沁”仪式的会房，负责服装、面具、道具的保管，同时还是今年仪式表演中所用面具的制作者。因为梁春元替他打鼓，所以他就扶着自行车推鼓，照片中没有他。62 岁的会首金生和 46 岁的第五代艺人白明玉没有照到，原因是他们在前一天上场跳过了，那天比较累，就由其他队员代替了。

照片上最左边的是第四代艺人武政权，他在前一天的“呼图克沁”仪式表演中扮演了曹门代，由于年纪比较大了，体力不支，今天就没有上场接着跳，而是站在队伍的后边负责击镲。

4．“呼图克沁”的现状及其问题

总体上看，目前“呼图克沁”艺术的总体方向是继续衰落。其具体表现在：一是“呼图克沁”队伍日渐萎缩，其表演市场日趋缩小；二是民间活态的艺术面临消亡；三是“呼图克沁”艺术本身发生了异化的趋势。我们可以把这一时期“呼图克沁”的兴衰变迁状况分为三个阶段：第一阶段，“文革”结束后，在某种程度上得以恢复，并出现了一定的复兴态势；第二阶段，随着全球化时代的来临，传统艺术再次被推向了边缘，其生死存亡面临新的挑战；第三阶段，近年来，随着地方经济的发展和民族文化自觉意识的增强，在一定程度上呈现出复苏的态势。

笔者于2005年8月在乌兰召村对村民进行了“呼图克沁”信仰现状的调查。目前在乌兰召村中，共有蒙、汉、满、回四个民族，其中以汉族人口最多，其次是蒙古族，而满族和回族人口比较少。接受我采访的村民共有400人。笔者将乌兰召村接受采访的400位村民根据每人的民族成分进行分类整理，从民族角度来看，包括蒙古族210人、汉族130人、满族40人、回族20人。基本上可以代表乌兰召村所有民族，因而所得数据比较具有代表性。具体调查数据及研究结果详见第二章。

注释

[1] 《好德格沁》，赤峰市文化局编：1988年3月，第5页（内刊）（“好德格沁”是“呼图克沁”的另一种称谓）。

[2] 《中国民间歌曲集成·内蒙古卷》（上）的《内蒙古民歌概述》第18页中将其称为“浩德格沁”歌曲。

[3] 《中国民族民间舞蹈集成·内蒙古卷》的《内蒙古民族民间舞蹈综述》第16页中有：流传在赤峰市敖汉旗的“浩德格沁”是一种融歌、舞、乐和说唱为一体的综合表演形式。

[4] 《中国戏曲志·内蒙古卷》第343页有关于“浩德格沁”面具的介绍，文中写道：具有戏剧表演因素的蒙古族民间歌舞“浩德格沁”……

[5] 《敖汉旗志》（下）第949—956页中有关于“好德歌沁”的介绍，文中谈到其产生时无史料记载，只有两个传说。

[6] 李宝祥著《漠南寻艺录》第33—34页，文中谈到“呼图克沁”是蒙古族戏剧雏形。

[7] 内蒙古赤峰市敖汉旗文化馆馆长。

[8] 内蒙古赤峰市文化艺术研究所研究员。

[9] 当地土语，闲话之意。

[10] 《中国民间歌曲集成·内蒙古卷》、《中国民族民间舞蹈集成·内蒙古卷》和《中国戏曲志·内蒙古》三类志书中均用此表述。

[11] 2005年8月我在敖汉采访时文化馆馆长吴谡提出的观点。

[12] 成吉思汗第19世孙敖汉部首领岱青杜棱的长子索诺木杜棱。

[13] 《中国民间歌曲集成·内蒙古卷》，人民音乐出版社1992年版。

[14] 符拉基米尔佐夫著：《蒙古社会制度史》，刘荣焌译，中国社会科学出版社，第248—290页。

[15] 段泽兴：《试论少数民族艺术遗产的传承与拓展》，载张庆善主编：《中国少数民族艺术遗产保护及当代艺术发展国际学术研讨会论文集，(2004：343)，文化艺术出版社。

[16] 张乃夫主编：《敖汉旗志》(1991：711)，内蒙古人民出版社。

[17] 德亲于嘉庆五年（1800年）罪削扎萨克。

[18] 德济特于嘉庆十四年（1809 年）袭扎萨克。

[19] 达木林达尔达克在光绪二十四年（1898 年）获罪，革除扎萨克爵位。

[20] 勒恩扎勒诺尔赞于光绪二十四年（1898 年）袭扎萨克，光绪二十八年（1902 年）袭多罗郡王，光绪三十一年（1905 年）被判死。

[21] 官布扎布原系喇嘛，勒恩扎勒诺尔赞死后因族内无人承位而还俗袭爵。

[22] 张乃夫主编：《敖汉旗志》（1991：713）内蒙古人民出版社。

[23] 张乃夫主编：《敖汉旗志》（1991：715）内蒙古人民出版社。

[24] 敖汉右旗共传了 16 代王爷了，指《敖汉旗志》中记载的敖汉右旗多罗郡王府第 15 代王爷色仍端鲁布，一共传了 16 代王爷。

[25] 张乃夫主编：《敖汉旗志》（1991：714）内蒙古人民出版社。

[26] 德格勒：《内蒙古喇嘛教史》，内蒙古人民出版社 1998 年版，第 152 页。

[27] 《蒙古族通史》编写组：《蒙古族通史》（中卷），民族出版社 2001 年版，第 364 页。

[28] 乌云毕力格等：《蒙古民族通史》，内蒙古大学出版社 1993 年版，第 335 页。

[29] 德格勒：《内蒙古喇嘛教史》，内蒙古人民出版社 1998 年版，第 153 页。

[30] 卢明辉：《清代蒙古史》，天津古籍出版社 1990 年版，第 88 页。

[31] 讲述人：李维峰，83 岁，著名艺人，采访时间：2005 年 8 月。

[32] 海力王府直系后裔，成吉思汗第 32 世孙。

[33] 这件事李海波的奶奶也讲到过。

[34] 这个名词的全称是"内蒙古人民革命党"。"挖内人党"的运动（又叫"挖肃"运动，即"挖乌兰夫黑线，肃乌兰夫流毒"）。内蒙古人民革命党 1925 年成立于张家口，是第一次国共合作时期，在共产国际和国共两党共同影响和领导下建立的一个蒙古族人民的政党组织，大革命失败后逐渐衰落和消亡。1947 年"五一"大会召开，内蒙古自治政府成立，内蒙古人民革命党从此变成了一个历史名词。许多原内蒙古人民革命党党员参加了共产党。在"文革"中，为了打倒"内蒙古党组织中最大的走资本主义道路的当权派乌兰夫"，又把这个早已成为历史的话头提了出来，并声称这个政党仍然存在，其总后台就是乌兰夫。经中央"文革"小组批准，一场"挖乌兰夫黑线，肃乌兰夫流毒的人民战争"就开始了。1968 年 2 月 4 日内蒙古开展挖"内人党"运动。中央"文革"小组成员康生说，历史上的"内人党"至今还有地下活动，军队内部也有"内人党"。在他和谢富治的唆使下，内蒙古自治区开展了大规模的挖"内人党"运动。勒令"内人党"党员 3 日之内（后延为 10 日）到各革命委员会登记，否则一概按敌我矛盾处理。同时，又利用汉族干部对"内人党"进行清理，并按照清理阶级队伍的做法深挖狠斗，牵连诬陷的人达 34.6 万人，1.16 万被迫害致死。

[35] 与上述中老艺人提到的 1981 年恢复"呼图克沁"演出的说法有出入。

[36] 根据鲍所言，他 2005 年 63 岁，他应该生于 1942 年，那么 1989 年恢复的时候他扮演白老头时应该是 47 岁而不是 20 多岁；或则如他当时真是 20 多岁的话，那就应该是 1962—1971 年之间，也就是"文革"前和"文革"中。

[37] 指"呼图克沁"艺人李福山、金生等。

[38] 指民间信仰和民众文化习惯。

第二章　象征、信仰与意义

德国社会学家马克斯·韦伯把人比作“悬挂在由他们自己编织的意义之网上的动物”，认为人类就是“意义的创造者”。美国人类学家格尔兹由此提出，“文化的分析不是一种探索规律的实验科学，而是一种探索意义的阐释性科学”。德国哲学家卡西尔把象征符号看作感性实体和精神形式之间的中介物。认为象征不只是一个领域指示另一个领域的指示性符号，而且是参与这两个不同领域的符号，即通过外部物质世界中的符号显示内部精神世界中的符号，或从可见物质世界中的符号过渡到不可见物质世界的符号。实际上，仪式对于仪式行为者来说，是因为有意义才行为，仪式行为者正是通过行动、姿势、吟唱等表演活动和物件、场景等实物安排构拟出一个有意义的仪式情景，并从这样的情景中重温和体验这些意义带给他们的心灵慰藉和精神需求。在仪式的整个过程中，表演活动和场景、实物都是表达或表现意义的手段。一个仪式，就是一个充满意义的世界，一个意义的象征体系。

最难拆解的，就是民间信仰。支配着“呼图克沁”仪式表演队员和该仪式表演组织生存的精神动因是什么？理论无非是寻求对行为的理解，并借助这一理解对行为背后的动因作出解释。需要解读的，正是这种精神，它们远远超出了物质层面和艺术爱好范围。仪式树立着社区的权威，告诫生活在其间的族众姻亲、乡邻社里，协调一致，承担义务，对付新一轮周期遇到的艰难困境，在增进成员凝聚力的集体活动中，令参与者获得群体的温暖。就社区的组织而言，应采取特有的形式，营造气氛，吸引成员参与，令大家进入感知社区精神的状态。“呼图克沁”在岁时节日中占有着特殊的地位，它的音响布满牧区村落，使仪式成为可闻可辨、可观可睹的实体，因而使每一个经历其间的人感受着节日的气氛，体验着仪式的意义。

“呼图克沁”的形成与变迁是以乌兰召村人的信仰民俗生活为基础的，要想了解乌兰召村人对“呼图克沁”的信仰，就必须从乌兰召村人的信仰民俗生活入手。

一、角色及其象征

“呼图克沁”作为一种古老的仪式，蕴涵了丰富的象征符号，如以颂辞、诗文、韵白、咒语等语言形式出现的符号象征；以道具、服饰等物件形式出现的符号象征；以行动、姿势、舞蹈、歌唱、扮演等行为形式出现的符号象征。这些符号构成了一个仪式的象征体系，通过它，人实现与神的交流，满足信仰的需求。

1．道具与象征

（1）龙头拐杖（拄棍） 白老头和黑老头的舞蹈道具兼兵器是每人有一根 1 米多长的拄棍，蒙古语叫“宝一拉太一克”（见图 2–1）。后来渐渐将拄棍加以美化，出现了 1 米多长的龙头拐杖（见图 2–2）。2005 年“呼图克沁”仪式活动的时候，龙头拐杖是由 55 岁的村民于长和制作的。每根拐杖长度在一米二三，木制，漆本色，是白老头和黑老头的道具。在“呼图克沁”仪式表演过程中，通常左手握拐杖，右手拿麻栎珠（佛珠）。在院子里跳“盘肠”的时候白老头会将麻栎珠套在拐杖上，然后将拐杖举起，摇动拐杖，将麻栎珠对着天空迅速地摇晃，象征着驱除一切妖魔鬼怪。

（2）麻栎珠 白老头和黑老头的道具之一。也叫“念珠”，一般挂在手腕上，有的时候也在龙头拐杖上缠绕。在佛头位置系着一块很醒目的白色飘带。在整个“呼图克沁”队员中，只有白老头和黑老头使用麻栎珠（见图 2–3、图 2–4）。

（3）彩色手帕 曹门代及花日两个女性角色使用，每人各执四块手帕。一般用方

图2-2 白老头的龙头拐杖
（扮演者李福山，2005年正月笔者摄于乌兰召村）

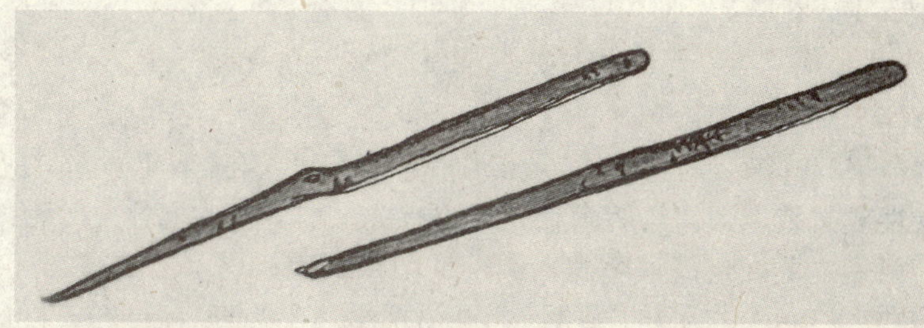

图2-1 白老头、黑老头的拄棍
（图片资料源于赤峰市文化艺术研究所研究员李宝祥先生和敖汉旗政协主席韩殿琮先生提供的《好德格沁》）

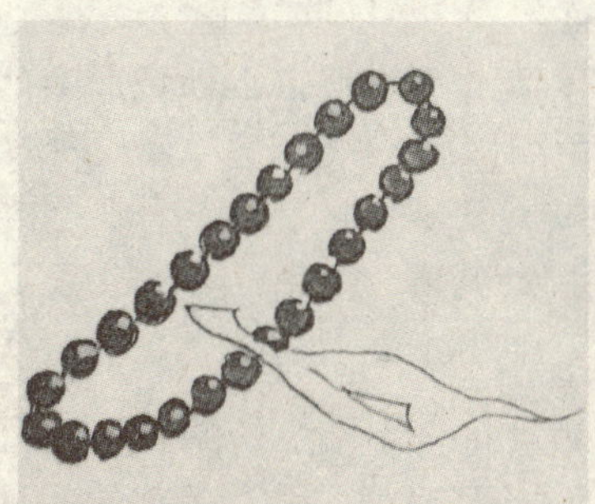

图2-3 白老头和黑老头的麻栎珠
（此图片来源同图2-1）

图2-4 白老头手持麻栎珠演唱（扮演者金生，2005年正月笔者摄于乌兰召村）

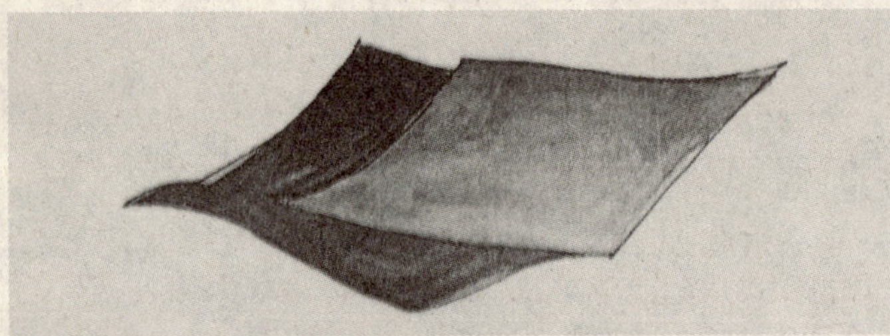
图2-5　曹门代和花日的手帕（此图片来源同图2-1）

图2-6　挥舞手帕跳盘肠的曹门代和花日 (2005年正月笔者摄于村民鲁彩荣家)

图2-7　猪八戒的九齿钉耙（此图片来源同于图2-1）

图2-8　手持九齿钉耙的猪八戒
（2005年正月笔者摄于乌兰召村）

形的彩绸。曹门代和花日均为右手握红、粉色两块手帕，左手握红、绿色两块手帕，颜色极为鲜艳。最常用的手上动作就是双手交叉、双手同向“甩巾”。“呼图克沁”的女性成员装束大体与萨满教的规定有关。白老头的老伴儿“曹门代”，在蒙古语中为持箭者之意，与清宫萨满求嗣祝词中神女手持弓箭为“举扬神箭以祈福佑”之意相一致。白老头的女儿“花日”，汉语意思为“花卉”。据考古界认为，古人通常以鱼、蛙、花、叶片等作为女阴的象征，其寓意可以想见（见图 2–5、图 2–6）。

（4）九齿钉耙　猪八戒的兵器兼舞蹈道具。模仿《西游记》中猪八戒的人物形象和使用的道具（见图 2–7、图 2–8）。

（5）双宝棒　孙悟空的兵器兼舞蹈道具。将《西游记》中孙悟空的金箍棒变成两个，每一根棍的长度约 50 厘米。之所以将一根金箍棒变成两根，据艺人自己解释是为了舞蹈时动作的方便。在“呼图克沁”舞蹈中，扮演孙悟空的角色舞蹈动作是左右手各执一根短棍，不停向各个方向挥动而舞，象征着降妖除魔（见图 2–9、图 2–10）。

2．面具与象征

“呼图克沁”中六个角色分别戴着符合各自身份的面具。面具是“呼图克沁”中不可缺少的舞蹈道具。这六个面具，除了孙悟空和猪八戒的面具与《西游记》中的形象吻合之外，其余四个人物面具均为善良的形象，是神仙的化身（见图 2–11）。

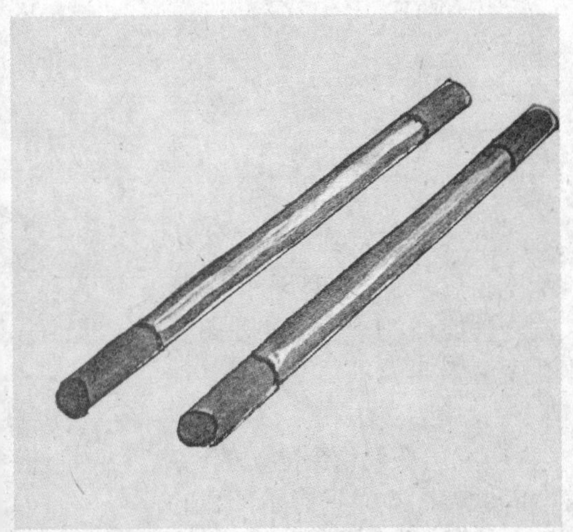

图2-9 孙悟空的双宝棒（此图片来源同图2-1）

图2-10 手持双宝棒在房顶瞭望的孙悟空（2005年正月笔者摄于村民郑国君家）

图2-11 20世纪80年代“呼图克沁”仪式表演面具

金辉先生曾比较过傩（戴面）与萨满（裸面）两种文化形态：“在萨满文化中，一般萨满没有面具，萨满的人神中介作用不是依靠面具，而是依靠神衣、神帽、法器等装束体现的，没有装束便不成其为萨满。傩文化的标志为戴假面具以事表演，故又称面具文化。这种面具表演是神圣的，任何人只要戴上面具后，本人的个性便随之消失。因为，面具表现的是神，而不是人。”[1]

傩文化的基本标志就是戴面具而舞，属于“假面文化”，面具是一种具有国际性和古老性的傩具。所谓“傩文化”是指一种以“降神逐鬼”的巫术性歌曲为“核心”或“源头”的民俗文化现象。[2]“呼图克沁”戴面具而舞的特点与傩文化以及藏传佛教（亦称喇嘛教）为了弘扬佛法、传播教义、阻止邪恶诱惑、坚定信念而举办的一种带有庆典性质的艺术活动——查玛[3]等寺庙傩仪是相同的。不同的是，无论是傩仪面具还是查玛面具均是既有善面也有恶面，甚至鬼怪面具居多，而“呼图克沁”的面具均为善面，这是“呼图克沁”与查玛、傩舞等面具艺术的区别之所在。

据敖汉旗政协主席韩殿琮先生介绍说，“文革”结束后，1989年为了配合中央关于挖掘保护民间文化的决定，由敖汉旗文化馆出面组织了“呼图克沁”仪式活动。当年他正任敖汉旗文化馆馆长，为了执行政府保护、挖掘民族民间文化的政策，亲自组织文化工作者下乡挖掘民间文化，为了给乌兰召村的“呼图克沁”录像，特意制作了一套面具，据说当时制作了两套完全一样的面具，特别精美，其中一套送给旗歌舞团了，后来他们将“呼图克沁”搬上了舞台。由于当时乌兰召村的艺人没有文献中记载的那种充满特色的服装，比如白老头、黑老头的羊皮袄等，考虑到录像的效果，所有艺人们的服装包括主角白老头、黑老头毛朝外的羊皮袄都是从敖汉旗乌兰牧骑演出队借的。听了韩殿琮先生的介绍，笔者才明白，何以笔者于2005年正月到乌兰召采访“呼图克沁”时，艺人们的面具、服装和道具如此简陋粗糙了。原来，1989年录制“呼图克沁”的时候是由赤峰市及敖汉旗文化工作者共同合作完成的，包括“呼图克沁”表演过程中各环节的连接、面具和道具制作、服装的配置及群众演员的选择（指接“呼图克沁”的农户）等等，都做了周密的安排。可以说，笔者在去乌兰召村实地采访“呼图克沁”之前从赤峰市文化艺术研究所的李宝祥研究员那儿借到的1989年录制的“呼图克沁”与笔者2005年亲自到乌兰召村录制的“呼图克沁”有着明显的不同，这种不同既包括随着老艺人的谢世“呼图克沁”自身在表演上发生的改变，也有文人参与下的经过包装和润饰的民间文化与自然状态下真实存在的民间文化在表现上的不同。

据文献记载，以往表演者要提前沐浴更衣请神。将做好的面具拿到庙里供奉，而且需要喇嘛诵经，到正月十三，戴上面具神灵附体之后才能开始仪式表演。如今这些程序虽然存在，但是具体操作的过程、时间、地点等均有了改变，有了很多随意性。比如，关于请神，由于村庙在“文革”期间被拆除了，所以就改为在指定的村民家中供奉，关于在谁家中供奉没有严格规定。由于“呼图克沁”仪式结束时需要将面具烧掉，所以每次展演时的面具都是新做的，由于制作者个人技术和审美观的不同会多少有一些变化，但是整体面貌出入不大。

2005年“呼图克沁”仪式表演中使用的面具是由乌兰召村十组55岁的擅长绘画的村民于长和制作的。于长和家也是2005年“呼图克沁”仪式表演的会房，[4]他本人还在2005年“呼图克沁”仪式表演中担任打鼓者。会房在整个“呼图克沁”仪式表演期间负责为艺人们提供活动场地。结束一天的仪式演出之后，“呼图克沁”艺人需要将面具、服装和道具送回于长和家，于长和不仅负责服装的保管，最重要的是他必须燃香供奉面具，而且整夜香火不断。第二天在仪式表演之前，艺人们再到于长和家集合，集体着装、戴面具，又出发到接户家里进行新一天的仪式表演。

采访老艺人武政权得知，于长和制作的面具（见图2–12）与20世纪80年代敖汉旗文化馆出面组织“呼图克沁”仪式表演时所用面具（见图2–11）相比明显有些粗糙，面具供奉禁忌减弱，摆放顺序也有所不同。结束一天的演出后，面具被简单地一字摆放在于长和家装衣物的箱盖上，用装满小米的小瓷碗代替香炉燃香供奉面具，等待第二天继续表演时使用。面具的摆放顺序从右至左依次为：降妖除魔的孙悟空；活泼可爱的

图2-12 2005年“呼图克沁”仪式表演面具（2005年春节摄于面具制作者于长和家）

女儿花日；敦厚老实的义子朋斯克（黑老头）；须发飘然的老寿星白老头；温柔善良的妻子曹门代；开路驱邪的猪八戒。

据说，在“呼图克沁”仪式结束之后，需要给担任会房的村民以一定经济补偿。采访中，据于长和自己说，他是很信奉这个“呼图克沁”的，他带着发自内心的幸福笑容说，自己当年没有儿子，所以特意请“呼图克沁”送子，结果果然给自己送了一个很出色的儿子，当时白老头还给自己的儿子取名叫“乌嫩夫”。[5]

关于“呼图克沁”面具的制作，笔者也曾采访了68岁的蒙古族村民——“呼图克沁”老艺人武政权。他以做纸活即花圈等丧葬用品为生。他是“呼图克沁”老艺人，喜爱“呼图克沁”，参加“呼图克沁”多年，也曾参与过1989年敖汉旗文化馆组织的录像（当时扮演猪八戒），在2005年“呼图克沁”活动中扮演主角白老头的老伴儿曹门代。采访中他说：

> 现在不讲究了，在我们上一辈儿那个时候要是办的话，就要连办三年。这个村子原来有庙来着，有王爷府来着，“文化大革命”的时候破四旧，那都扒掉了。以前面具做完了以后，把它拿到那个庙上，烧香，摆好了。然后搁箱子就这么盛着。也有喇嘛给念两个经。念会儿经，完了以后呢，就是说神体复活了。哎！就顶算附体了，就这么着我们就戴上，你就可以跳这个蒙古秧歌了。就这么个来法儿。

在“呼图克沁”仪式表演时，面具通常是由艺人自己制作的。武政权以前也为“呼图克沁”仪式表演制作过面具，当笔者问起“呼图克沁”面具制作问题时，他热情地邀请笔者到他家里，特意为笔者翻出当年他制作面具时使用的“模具”。一边讲解，一边为笔者做示范（见图2–13）。

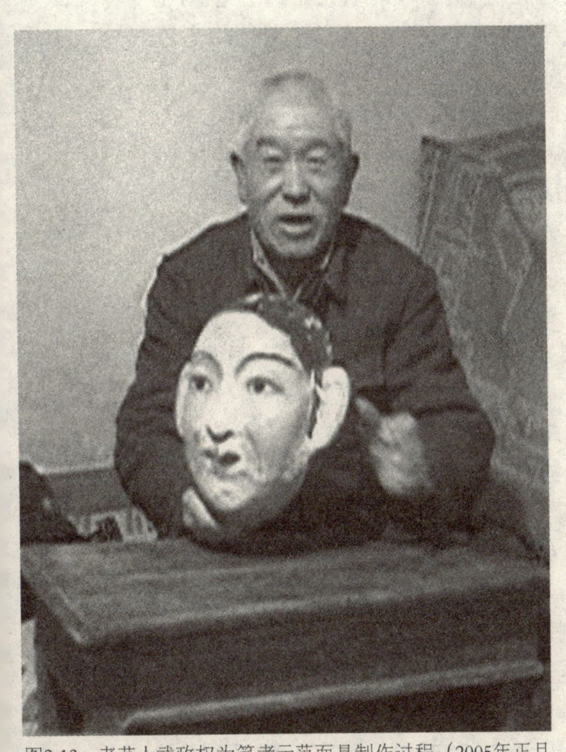

图2-13　老艺人武政权为笔者示范面具制作过程（2005年正月笔者摄于武政权家）

根据他的讲解，“呼图克沁”面具制作步骤如下：

A．和泥；

B．制成毛坯；

C．绘制六个角色的画像；

D．将绘制好角色的人像画粘贴在泥制的较湿的毛坯上；

E．在贴了角色画像的毛坯上不断地一层又一层地贴纸；

F．用文火烘干；

G．有了角色区分的模具在下一年制作面具时，根据不同的角色予以复制即可。不需要重新和泥制坯了。

当然，不同的制作者有自己不同的制作方法，

图2-14 敖汉旗文化馆油印本资料中绘制的“呼图克沁”面具（见于1985年敖汉旗文化馆油印本内部资料《好德格沁》）（图片来源同图2-1）

再加上每个制作者绘画能力和审美取向有差异，所以不一定每年面具的形制都完全相同。只要保持轮廓基本上没有太大出入即可。图 2-14 为 1985 年敖汉旗文化馆初次整理“呼图克沁”时为“呼图克沁”面具绘制的素描画。1989 年由敖汉旗文化馆出面录制“呼图克沁”时就用此图为蓝本制作了“呼图克沁”面具。

采访中，81 岁（2005 年）的老艺人李维峰讲到“呼图克沁”与查玛时说：

我十几岁的时候去北京雍和宫当喇嘛。我看过跳查玛，他们也是戴面具。其中就黑、白老头戴面具，鹿带面具，别的都不戴面具。查玛里的黑、白老头和蒙秧歌[6]里的是一样的，是一个人，大家都这么说。

查玛有“经堂查玛”、“米拉查玛”和“广场查玛”三种类型。老艺人李维峰这段话中讲到“查玛里的黑、白老头和蒙秧歌里的是一样的”说明他看到的应该是米拉查玛。原赤峰市歌舞团舞蹈演员、曾经在舞台上扮演过白老头的扎戈米先生持“呼图克沁”源于米拉查玛的观点。亲眼看过米拉查玛、又亲身担任“呼图克沁”主角的老艺人李维峰所说的话，应该具有一定可信性。“呼图克沁”与查玛同为面具艺术，而且还说出了“呼图克沁”与查玛的关系，即两者有共同之处。在这两者中不仅都使用面具，而且有共同人物角色——白老头和黑老头。说明“呼图克沁”与查玛有渊源关系，或可认为“呼图克沁”是查玛这种宗教艺术的民间化形式。

不过，这两种表演形式之间存在明显区别，主要表现在对待面具的两种不同态度上。在采访中李维峰老人说：

正月十六，送他们（指白老头等神仙）走，把脸儿烧了。这个面具是必须烧的。在山上笼火，然后扔进去烧了。烧面具的时候我们都是戴着面具去的，除了唱《祭火歌》外，还唱一个《往家送》的歌。白老头他们不是回去嘛，这个时候就唱这么一个歌，跳火，然后把面具扔火里烧了。整个祭火过程大约一个小时。

查玛不需要烧面具，每年用过面具后，都会由专人小心翼翼地将面具收起来保管好以备下次使用。而“呼图克沁”则不同，“呼图克沁”面具用过后一定要烧掉，意思是“送神回家”，以此来保佑所有的请求和心愿顺利实现。笔者认为，这一点应该是蒙古民族独特的“火崇拜”现象的遗存。

正如老艺人武政权所讲述的，“呼图克沁”面具制作过程并不复杂，可以说是比较简单的。老百姓自己制作的粗糙面具虽无法与查玛中精工细做并小心保管的面具相

图2-15 查玛服装

比，在制作材料和制作工艺上也没有其他面具艺术那么讲究，但却并不影响“呼图克沁”在村民中如神亲临的地位。此时的面具只是一种信仰的象征符号而已。与笔者同去采访的敖汉旗政协主席韩殿琮先生指着艺人手中制作较粗糙的面具说：

这个就说明，传统的脸啊，做的并不是很精细，如果是很精细的话，烧了就太可惜了。

如果从这个角度来解释的话，笔者认为也确实是有一定说服力的。同时，“呼图克沁”仪式结束时需要烧掉面具也是“呼图克沁”与羌姆、傩戏的区别之所在。

3．服装与象征

化装表演是戏剧表演的一个主要特征。查玛服装与人物角色是相配的，既五彩缤纷，又光怪陆离。服装上主要有动物、神佛、护法神、人物或鬼魅等多种形象（见图2−15）。

与查玛服装相同的是，“呼图克沁”中六个角色也有着各自代表不同身份的服装。但是，与查玛不同的是，“呼图克沁”中的神仙更接近于人，可以说是“人神”，面具都是相貌和蔼的善面，服装也以体现北方牧区生活特色的羊皮袄和蒙古族群众易于接受的蒙古民族服装为主，没有查玛中那些与妖魔鬼怪身份相适应的光怪陆离、五彩缤纷的服装和狰狞的面具。

传统的“呼图克沁”服装中，白老头和黑老头的服装是毛朝外翻穿的羊皮袄（见图2−16、图2−17），[7] 脚上穿蒙古族特色的靴子。“呼图克沁”中六个角色都穿短靴（见图2−18）。

传统“呼图克沁”服装只有两位女性角色曹门代和花日是穿蒙古袍的，但笔者于2005年正月实地采访“呼图克沁”时见到的白老头就是穿一件白色的旧蒙古袍，（见图2−19、图2−20）并没有笔者在以往文献中和在1989年赤峰市文化局录制的录像中看到的漂亮的毛朝外的暖暖和和的羊皮袄。采访中，当笔者问起为什么“呼图克

图2-16 白老头服装（图片来源同图2-1） 图2-17 黑老头服装（图片来源同图2-1） 图2-18 “呼图克沁”短靴（图片来源同图2-1）

图2-19 院中驱邪的白老头（2005年笔者摄于鲁彩荣家）

图2-20 院中驱邪的黑老头（2005年笔者摄于鲁彩荣家）

图2-21 曹门代服装（图片来源同图2-1）

图2-22 曹门代和花日的腰带（图片来源同图2-1）

图2-23 花日服装（图片来源同图2-1）

图2-24 屋内祝福表演的曹门代（2005年笔者摄于乌兰召村）

图2-25 院内祝福表演的花日（2005年笔者摄于乌兰召村）

沁”中主角白老头的服装与文献记载的羊皮袄不同时，2005 年扮演白老头的会首金生无奈地说：

唉！就是没有经费呗。哪儿来的羊皮袄啊，我们现在穿的蒙古袍，还是早几年我们到赤峰市卖民族服装的商店自己买的呢。

“呼图克沁”中两位女性角色曹门代和花日的服装过去和现在相比变化不大，仍然是蒙古族女性民族服装。曹门代的服装为蒙古袍及腰带（见图 2–21、图 2–22）。

图2-26　孙悟空的服装（上衣、腰带和彩裤）

图2-28　院中驱邪的孙悟空

图2-27　猪八戒的服装和腰带（图片来源同图2-1）

图2-29　院中驱邪的猪八戒

花日服装与曹门代相同，只是在蒙古袍外边多了一件蒙古族女孩子常穿的色彩鲜艳的小马甲（见图 2–23）。

笔者 2005 年采访“呼图克沁”时，花日的服装中没有传统“呼图克沁”花日服装中的小马甲，是与曹门代相同的蒙古袍，只是由于花日是白老头的女儿，在服装的色彩上选择了鲜艳的红色，而白老头的老伴儿曹门代的服装则为深绿色（见图 2–24、图 2–25）。

孙悟空和猪八戒的服装模仿《西游记》中的戏装，是从街上专门出售戏装的商店买的（见图 2–26 至图 2–29）。

二、信仰的文化底蕴

“呼图克沁”信仰之所以长盛不衰，是因为它的孕育、产生和发展深深植根于蒙古族的文化土壤之中，正所谓“根深”才能“叶茂”。通过调查研究表明，“呼图克沁”在村民信仰过程中起决定性作用的，不外乎三个因素：传说，仪式表演，禁忌。正是通过传说塑神、仪式表演的渲染、各种禁忌的烘托，“呼图克沁”在口头语言信仰层面（传说）、行为仪式层面（演出）、心理感受层面（尊崇、畏惧、依赖）给村民以充分接受与表现的空间，形成了象征文化体系，真正在村民思维心理中沉淀下来，由此获得了在民间一代又一代传承下去的生命力。

（一）白老翁（查干·额布根）信仰

蒙古族白老翁信仰的形成是一个复杂的过程，是一种多元文化的集合体，既有赖于人们对生物体的认知，又受到远古宗教文化的影响；既受到生活、生产环境的左右，又渗透着世俗的观念，其中世俗的观念进一步强化了白老翁信仰的形成。蒙古族历来就有尚白的习俗，在人们的观念中，白色的奶食品、白色的雪山、白色的毡房、白色的天鹅等，都被人们所崇尚。白老翁也呈白色，自然被看重，成为信仰的对象。

民间信仰最基本的特征是它的功利性，即民间信仰的发展与传播，与实用的功利目的紧密相连，这从蒙古族白老翁信仰习俗的内涵中可以清楚地反映出来。白老翁信仰具有多重表现形式，表现在观念、语言和一些行为之中。

蒙古人认为“白老翁”是一种畜群和丰收之神，“因年迈而使头发变白的诡诈老翁，诙谐幽默的传说故事中，他可以战胜一切凌辱和危险”。[8]蒙古人的“白老翁”始终是穿白装、留白须，手持一根盘龙杖（类似萨满教魔杖）形象出现的土地神或水神。蒙古人出于崇拜和畏惧供奉“查干·额布根”，现代蒙古语“额布根”指年迈的男性长者。“额布根”去掉表示具有该性质的人或物的后缀 -n 就成了现代蒙古语中的“额布格”。用“额布格”表示祖父或祖先也印证了古代蒙古人对祖先的崇拜心理。

（二）火神信仰

火被引进人类的居住空间是一个划时代的进步。火进入人类居所后，火神这一自然崇拜的产物也就随着火一起进入民宅。火神登堂入室后，与灶发生了密不可分的关系，灶成为其居所。久而久之，火神就逐渐演化为灶神。这些灶神都是在古代火崇拜和饮食崇拜的基础上产生的。由于中国各民族有形状各异的灶，因而也就有了各自不同的灶神。并且随着各民族社会历史和文化发展差异性的增大，各民族的灶神在其形象、神性、职司上都出现了较大的差异。包括灶神在内的一切神祇都打上了属于本民族的传统印记。

由于汉族与蒙古族在生活方式及文化特性上有较大的差异，因此，从灶神形象上来看，汉族灶神与蒙古族灶神是完全不同的。可以说，神灵的形象是窥探一个民族观念内涵的重要窗口，神灵形象的演变与神灵观在特定民族的特定社会历史中的发展进程有着密切的关系。在许多古籍中和近现代各地所绘汉族灶神的形象，大多是方面大耳，留三绺长须，身着古代汉式官服，头戴官帽或身着道袍道冠，俨然是封建社会时代的官员或道士的形象。他们与汉文古籍中所记的“著赤衣，状如美女”，[9]或“衣黄衣，披发”等尚有火崇拜外观形状的早期灶神已相去甚远，更无从寻觅具有火之形、光之义的早期灶神炎帝、黄帝和祝融的状貌和灶神曾为“蝉”、[10]“蛀”[11]或“兽面人身”[12]等古代灵物信仰及动物崇拜的痕迹。对于汉族来讲，已经将火神与灶神加以分化，那充满后世人间世俗气息的官员形象已了无灶神最初从太阳神和火神演化而来时那种神秘而令人炫目的神态。[13]这与汉族长期处于等级社会有极大关系。同时，汉族对于火神（灶神）的态度应该说是既敬又畏的。

图2-30 “呼图克沁”结束仪式——跳火烧面具
（1989年，由内蒙古赤峰市敖汉旗政协主席韩殿琮先生提供。）

对于包括蒙古族在内的许多少数民族来讲，灶神的形象依然保持着最初与日月崇拜和火崇拜密切相关的特点。蒙古族与哈萨克族、鄂伦春族、满族、鄂温克族等民族都把火神视为灶神，对于他们而言，火神与灶神是没有发生分化的。他们对于火神与灶神有如尊重祖先一般，是一种自然的真实的崇拜。

许多北方少数民族并没有固定的像汉族灶神那样的火神崇拜对象，往往将燃烧的火焰视为火神的化身。满族把火堆的火视为火神的象征，每年除夕要在院中架柴点火，迎接火神“突思都里”，[14]鄂伦春族的火神也没有神像，他们认为燃烧闪耀的火焰就是火神“透欧博如坎”的化身或象征；[15]“呼图克沁”中跳火烧面具“送神”也是将火焰视为火神化身的体现。在中国绝大多数少数民族中，都有火神与灶神不分这一信仰特点。许多少数民族视火为生命之本、衣食之源，他们的祭灶神礼大都围绕其司火的神性而展开。如云南彝族于火把节前在各家火塘灶边举行祭灶礼，咏诵祭火词。这一点与“呼图克沁”在正月十六晚上于村外寺庙附近举行的跳火烧面具“送神”及演唱《祭火歌》有异曲同工之妙。

《祭火歌》是至今艺人们依然在“呼图克沁”仪式中演唱的为数不多的几首仪式歌曲之一。从歌词内容来看，《祭火歌》反映了蒙古民族的“火神崇拜”和“祖先崇拜”以及对成吉思汗的歌颂，即“英雄崇拜”，是蒙古族民歌中最常见的题材，也是在“呼图克沁”仪式表演比较重要的一个环节——跳火烧面具“送神”中必须要演唱的主打歌曲，是“呼图克沁”源于宗教歌舞的例证，在整个仪式表演中居于很重要的地位。《祭火歌》曲调优美流畅，深受艺人们的喜爱，这也是它能得以流传下来的重要原因。

蒙古人的火神同世界上大多数民族的火神一样，是具有繁殖能力的女性神。蒙古萨满跳神中总要祭火，虔诚地表示要子孙接续。[16]笔者认为，“呼图克沁”仪式结束环节——跳火烧面具送神，不仅仅是利用火神之威力将白老头神仙一家人送走，还兼有蒙古族萨满祭火时所具有的招子、招福、招财等功能。蒙古人自古以来认为火意味着子孙繁衍，人丁兴旺。

采访中，鲍海杰为笔者演唱了《祭火歌》（谱例 2-1，见附录第 176 页《祭火歌》Ⅰ）。他说：

> 这个《祭火歌》除了在跳火的时候演唱之外，在屋内祝福时，当主人把钱给了之后，坐在炕上也可以唱。而且《祭火歌》也体现了蒙古民族的火崇拜。这个崇拜火是因为蒙古民族属于游牧民族，游牧的生活使得他们对于火有着强烈的依赖，再加上自古以来蒙古人就是火葬，蒙古人不讲究水葬，也不讲埋葬。

鲍海杰为笔者演唱的《祭火歌》Ⅰ一共是 5 段歌词，曲调缓慢、悠长，带有某种祈求的音调，大约演唱了 2 分钟。鲍海杰认为“祭火”的活动源于成吉思汗，《祭火歌》里唱到了成吉思汗，歌词中唱到要遵循成吉思汗的意愿，反映了蒙古人祖先崇拜与火神崇拜的思想。鲍海杰为笔者解释了歌词大意：

1. 细细的小河升起了太阳，腊月那个二十三祭祀呀王爷，遵照呀那个成吉思汗喇嘛的法规，在幸福生活啊我们。

2. 百年那个时辰啊，糯米饭已做好。穿礼袍呀带王冠啊，遵照那个成吉思汗圣贤的法规，在幸福生活啊我们。

3. 黄昏那个时候啊，点起了黄蒿柴奶油呀脂肪油渣，祭祀那个灶爷。遵照那个教皇成吉思汗的法规，在幸福生活啊我们。

4. 断黑那个时候啊，点起了锦鸡柴火，美酒啊脂肪油渣，祭祀那个灶王爷。遵照呀那个成吉思汗法规，在幸福生活啊我们。

5. 到晚间那个时候呀，煮起了牛腱骨，零星那个碎肉呀，发给孩子媳妇们，遵照呀长老成吉思汗法规，在幸福生活啊我们。

老艺人李维峰也为笔者演唱了《祭火歌》（谱例 2–2，见附录第 177 页《祭火歌》Ⅱ）根据老艺人李维峰的说法，《祭火歌》原本只能在“呼图克沁”仪式结束前跳火烧面具“送神”环节演唱。但是据现在“呼图克沁”艺人李福山介绍说，当前某些仪式歌曲演唱环节放宽了禁忌，不像以前规定那么严格，使用场合没有太多禁忌了。究其原因，笔者认为是现在“呼图克沁”艺人会演唱的仪式歌曲数量有限造成的。这种流传过程中出现的随意性变化是可以理解的，这也是民间艺术的普遍现象。

笔者于 2005 年到乌兰召村采访时，艺人李福山为笔者讲述“呼图克沁”中有《祭火歌》的原因时为笔者讲了成吉思汗与《祭火歌》的故事，根据他的说法，蒙古人的祭火习俗源于成吉思汗，采访中他说：

“好德格沁”烧脸儿的时候必须唱《祭火歌》，这个歌的调儿好听，我们都爱唱。听老人们讲，为什么非得腊月二十三烧脸儿呢，这里边还有故事呢，这个《祭火歌》跟成吉思汗有关系。

《祭火歌》里唱成吉思汗，是因为成吉思汗的时候才开始有祭火。据说成吉思汗在行军打仗的时候遇到困难，气得病倒了。后来正好是白胡子老头救驾来了。手下人跟成吉思汗说来了这么个白胡子老头，人看着他长得吓人，他说要见一见你。成吉思汗就说，不管他长得什么样子，只要他不吃人、不打人就行，我见见他。这个白胡子老头长得确实是吓人的，衣服也不穿，浑身都是毛，那什么人看了也得害怕一点儿吧。成吉思汗看了他也有点毛得溜的。成吉思汗问他：“你想见我有什么事吗？”白胡子老头说：“我早就算出你到此地会有一灾。我知道这是你的必经之路，所以特意来救你。只有这样你明天才能起程，否则你根本走不了。”成吉思汗就问白胡子老头有什么解救之法，白胡子老头说：“今天晚上你就在各个山头都点着一把火。山头跟前把八棍埋上，围着火，拿草系一个人造花似的东西再绑上。把这些火都点着以后你再睡觉，明天一切都能化解。”后来，追兵赶上一看，漫山遍野的火把，吓了一跳，原来成吉思汗有这么多的兵马，那咱们可别跟他打了，惹不起，赶紧撤退吧。这把火救了成吉思汗。那天正好是腊月二十三，就是过小年那天。从那天以后，成吉思汗不但自己到这一天要祭火，还要求所有的人也祭火。他到蒙古包外边祭火，小门小户的就在自己家里火盆祭火。点上柴火，把好吃的东西放进去。从那以后蒙古族人就有了腊月二十三祭火的习俗。

艺人李福山演唱《祭火歌》（谱例 2–3，见附录第 177 页《祭火歌》Ⅲ）时一共演唱了六段歌词，他解释说歌词大意是：

把孩子爪子[17]的都聚到一堆儿了，把咱们什么黄油了、糖了，这些个玩意儿都预备到跟前，把火点着了，人们就着火跟前还得磕个头，就是享这个福。赶到最后那段儿呢，祭火祭完了，人们把牛肉拉哄的也都煮了，它得有个东家主吧，这个东家主就把祭火的东西分给儿女吃，说是好。

由于李福山蒙汉翻译能力有限，所以，他对于自己用蒙古语演唱的《祭火歌》Ⅲ用汉语进行解释的时候不够通顺，但是基本大意能够明白，与《敖汉旗志》等文献中记载的《祭火歌》歌词大意基本一致，说明这首歌传唱至今歌词含义并没有发生太大的改变，其中蕴藏着蒙古民族对于祖先成吉思汗的崇拜之情和对于火神、灶王爷和喇嘛教的信奉心理。既带有明显的祈求口吻，也充满了自豪的幸福感。

附带说一下两代艺人所唱《祭火歌》的区别。因为李维峰只演唱一段歌词，所以谱例 2–2 与谱例 2–3 的音译歌词的发音并不能完全对应上，这种情况大概有两种可能性：

其一，两人演唱的不是同一段歌词。按照艺人李福山的说法，此歌有多段歌词，很可能在演出中歌词演唱顺序渐渐没有严格规定，往往大家跟随白老头进行唱和，白老头起头唱哪段歌词，大家就跟着唱下去，所以，尽管两人演唱同一首歌曲，但是却并非同一段歌词，所以汉字音译的发音不相同。

其二，很有可能在两人之中有一个艺人的蒙古语发音不够准确，因而造成汉字音译的差异。关于这一点，敖汉旗政协主席曾经说过，老艺人李维峰在年轻的时候因为嗓子好，善于演唱又精通蒙古语，曾经是 20 世纪 80 年代协助敖汉旗文化馆整理“呼图克沁”时的主力军。而艺人李福山据他自己说，他原本会说蒙古语，但是渐渐地大家都用汉语交流，他也不怎么说蒙古语了，但是他能听懂别人说蒙古语。他自己对于“呼图克沁”仪式歌曲的学习就是因为自己性格爱红火热闹，所以从年轻的时候就一直跟随当时的“呼图克沁”老艺人、如今已经去世的赵树廷学的，由于蒙古语水平所限，有许多歌曲他自己是凭借赵树廷老人的口传心授而死记硬背的。如按照此说法，则笔者不得不得出一个结论，即艺人李福山因为蒙古语水平有限，其演唱的发音并不十分准确。这是笔者所不愿意看到的结果。艺人李福山正值 50 多岁，是现在乌兰召村里跳“呼图克沁”的主力军，他的儿子李海波尽管不会说蒙古语，但在他的带动下参与了“呼图克沁”活动，在 2005 年春节曾经扮演过猪八戒，并跟随他学唱仪式歌曲。“呼图克沁”仪式歌曲是以蒙古语进行传唱的，就是说，以后学唱“呼图克沁”仪式歌曲的年轻人同样需要死记硬背并向本身蒙古语发音并不十分标准的李福山学习。这样一来，笔者认为，如果现在不抓紧规范仪式歌曲的蒙古语发音，不对尚健在的老艺人进行抢救性整理挖掘的话，以后恐怕“呼图克沁”仪式歌曲也只能成为一个象征符号了。

通过对两代“呼图克沁”艺人演唱《祭火歌》的谱例进行比较可知，两个人演唱的《祭火歌》旋律骨架基本相同，都是商调式歌曲，由四个乐句 12 个小节构成。基本旋律与 20 年前敖汉旗文化馆出面整理“呼图克沁”时差异不大，说明尽管“呼图克沁”在演唱中存在即兴演唱的情况，但“呼图克沁”毕竟是具有宗教色彩的民俗活动，宗教信仰的本性决定了它具有相对稳定的特征。不影响主旋律的小小加花处理或即兴处理是允许的，也是它拥有生机与活力的体现。其中，第一、第二两个乐句分别有四个小节，第三、第四乐句分别有两个小节，属于不规整结构。歌曲第一至第七小节是 4/4 拍，第八小节转为 2/4 拍，第九至第十二小节又转回至 4/4 拍结束，属于一首变换拍子的歌曲。歌曲悠长悦耳，曲调缓慢，速度适中。

三、“呼图克沁”信仰的意义：崇尚功利的神灵观

作为一种文化现象的“呼图克沁”信仰，它的产生与存在并不是孤立与偶然的，而是与社会文化的大背景密不可分的，是在特定的历史时期必然要被人们创造出来的。而一旦被创造出来，就有了文化、伦理和心理等方面的功能，以满足社会的需要。正如人类学家马林诺夫斯基所认为的那样，在一定社会中，各种文化特质和文化现象的结合是“一种理性的历程”，它们之间“有必然的关系存在”，“每一个活生生的文化都是有效力功能的，而且整合成一个整体，就像是个生物有机体”。[18] 因此，必须将文化特质与文化现象置于文化整体之中加以考察，才能真正理解其发生缘由、存在价值和社会功能。我们倘能运用人类学的文化整体观与文化功能论的有关原理和方法，透过现象看本质，“呼图克沁”被神化且香火兴盛的问题就迎刃而解。本节从“呼图克沁”信仰的历史文化功能方面进行论述，以探究“呼图克沁”信仰的文化根源。

（一）“呼图克沁”信仰的传统功利神灵观：求子与驱邪

正统宗教的世俗化、功利性早已有之，它可以理解为部分宗教功能逐渐被非宗教性的社会功能所取代的过程，或宗教与社会影响此消彼长的总体趋势。其世俗化倾向根本上表现为越来越多地关注世俗事务。但是，民间信仰的功利性并不是主动与社会调适的结果，而是它本身所固有的“灵验本位”和“实用实力”。民间信仰期望的是“现世现报和有求必应”，他们并不是把民间信仰作为拯救灵魂和对人生本位的追求和把握，而是将其作为改善个体生活状况和心理状态的工具。他们不讨论人与神的关系问题，而是着重于现世的人伦关系。他们平时并不特别关心神灵，只是在遇到了困难或进行抉择时才想到求拜处于心理、生理或家庭的多方面的原因，为寻求一定的个人利益满足而信仰。他们的要求很世俗：求福消灾、招财进宝、延年益寿、求婚送子、祈求风调雨顺等等。正如费孝通先生在评价我国乡村民间信仰时说：“我们对鬼神也很实际，信奉他们为的是风调雨顺，为的是免灾逃祸。我们的祭祀很有点像请客、疏通、贿赂，我们的祈祷是许愿、哀乞。”

1．"呼图克沁"的"求子"意义

老艺人李维峰说：

以前西庙（现在的村民十组）有个秋大夫，他哥哥 50 多岁了也没有小子，他就接"呼图克沁"，快 60 岁时，因为接"呼图克沁"得了两个小子，所以本村的、外营子（外村）的人都非常相信"呼图克沁"，都接"呼图克沁"来求子。大多数都是求儿子，也有求女儿的。

今年 71 岁的鲍凤兰是九组的蒙古族村民，她是老艺人李发的老伴儿，也是艺人李福山的母亲、李海波的奶奶。可以说她这一辈子跟"呼图克沁"结下了不解之缘。尽管年岁大了，但是依然健谈。她说：

我是从外村嫁过来的，原来我没见过这个玩意儿，嫁过来以后，他（指老艺人李发）信我就跟着信了。尤其是求子特别灵验。咱们村有个叫李宏瑞的，他就是求子求来的，他就长得像白老头。他是我嫁过来那年生的，今年 55 岁了。名字也是白老头给起的。他刚走，上山放牲口去了。他的脸面长得都跟那个白老头一样儿一样儿的，真怪呀。

48 岁的回族村民李园花是艺人李福山家的邻居，采访中她说：

我相信，一个是咋的呢，咱们这儿过去做绝育不是紧张吗，请蒙古秧歌意思就是把白胡子老头的胡子摘下点来，意思就是养小子，也信这个。二一个说吧，他们上谁家来呀，他给你蹦蹬蹦蹬就格外丰收。人们都想接这个福，所以就都接他们。蒙古秧歌在我们村儿威信很高。他们只要出，人们一般都请。

从以上访谈可知，"呼图克沁"的求子功能还在发挥作用，村民对此依然比较相信。

以下是笔者于 2005 年春节期间对于接"呼图克沁"仪式表演部分村民的采访记录：

①鲁彩荣（女主人）、王瑞卿（男主人）。两人均为 55 岁，蒙古族，乌兰召村东南方七道湾村的村民。当笔者问到她家接"呼图克沁"的目的时，她说：

1998 年我家接"呼图克沁"是因为我公公刚去世，心里不痛快，想为孩子们求个平安。以后他们就没有来过七道湾，听说今年又有"呼图克沁"表演，我就接到家里，想为老儿子求子，为自己再求一个孙子。只要他们办，我就接，年年接才好呢。

当笔者问到她如何看待"呼图克沁"时，她说：

我接“呼图克沁”主要是相信它是比较灵验的，是神的象征、是平安吉祥的象征，它比较适应我们蒙古族的风俗习惯，可以同情（她的意思是加强）民族感情，还能够增强节日欢乐气氛。

当笔者问她相信不相信“呼图克沁”时，她毫不犹豫地回答：

相信，咋不信呢，不相信我就不接了。

②高久成。蒙古族。49岁。中学毕业，依靠种地为生。性格外向、爽朗，健谈，在当地属于生活比较富裕殷实的人家。他精通蒙古语，对于仪式中演唱的蒙古语歌曲几乎都能够听懂。他承认自己对于仪式表演的灵验性还是比较相信的。当笔者问到他家接“呼图克沁”的目的时，他说：

我家2000年接过，当时是为我大儿子求子的，很灵验。今年接“呼图克沁”主要是为老儿子求子，他年前刚刚结婚。再有就是想为保佑我的孩子们都平平安安的，求我们全家生活红红火火的。

高久成还特别要求笔者为他们全家合影。他指着身边的小孙子满意地告诉笔者，这个小孙子就是几年前大儿子刚刚结婚时为他求子接“呼图克沁”求来的，男孩子很聪明伶俐，所以他今年就为小儿子求子再接一次“呼图克沁”。

2．“呼图克沁”的“驱邪”意义

45岁的八组蒙古族村民徐子义，家境贫困，全家三口人，依靠他一个人在家种地为生，年收入1000多元，到不了2000元。他说：

我接“呼图克沁”是因为我们家里的（指他妻子）常年闹病，不能干重活，平时家里家外只能我一个人干活。为了给她治病我才接的，那是2000年接的。今年（指2005年）家里挺困难的，就没接，实际上我是挺信仰它的。这么些年来，我的生活状态一直不很理想，我真的希望它能给我带来一些好的运气。帮助我改变一下目前的生活状况。我认为它带给我一种好感觉，主要就是让我觉得安全，有一种安宁的感觉。以前我家也请过，那时候主要是我父亲还活着呢，我父亲相信“呼图克沁”。我对它的了解主要是受我父亲的影响。只要它办我就会接的。我认为“呼图克沁”是我生活中很重要的一部分。

以上采访记录反映了村民对“呼图克沁”驱邪功能的认同。

从广义上说，“呼图克沁”信仰属于某种形式的宗教信仰，其功能更多地表现为一种精神慰藉和心灵寄托。由于“呼图克沁”信仰根植于重现实轻来世、重实用讲功利的中国传统社会，因而几乎不涉及对人生的探求和生命的终极关怀，而更多地带有世俗的功利色彩。对“呼图克沁”的信仰从本质上来说，是人类以神性力量替代其自身的微小力量，以满足自身需要的一种社会历史现象，其出发点和归宿点都是人的现实需求。

人类学家马林诺夫斯基曾说过：“宗教不是产生于思辨或反映，也并非主要地产生于幻觉或误解，而是产生于人类生活的真实悲剧，产生于人类的计划与现实的冲突。”[19]宗教的作用即在于建立和加强“有价值的精神观念，如对环境的协调、与困难作斗争时的勇气和信心，对死亡的态度等等”。作为一种宗教信仰形式的“呼图克沁”，正是源于人类的弱小力量与其需求的矛盾之中，它一旦为人们所创造，就相应地具有给人类以精神动力和心理慰藉的宗教信仰功能。正如本尼迪克特所说的，个人的生命史首先和最多也不过是对他的社会代代相传的模式和准则的适应而已。从诞生开始，他所生于其中的风俗就塑造了他的经验和行为，当他长大并能参加社会活动时，那种文化习惯就是他的习惯，那种文化信仰就是他的信仰。[20]

“呼图克沁”从产生起就在封建王朝的统治者王爷和平民百姓中发挥着它的功能。作为封建王朝的统治者王爷，无论如何自命不凡，也仍是凡人，同样有七情六欲，有心理的恐惧和焦虑，对于自身的地位与命运总有一种不踏实的感觉。因此，他们除了采取众多行政、军事和宗教手段以维护其统治地位外，也在精神上祈望“呼图克沁”等神灵的庇佑。至今在当地还流传着一种说法，认为“呼图克沁”是由外地传入，首先传到萨力巴村，后来随着海力王府的建立，传到了 20 里之外的乌兰召村。由此可见，作为王爷也非常重视“呼图克沁”的信仰。

与王爷相对的广大牧民等社会阶层是“呼图克沁”信仰的最广泛的基础。由于他们生活在社会基层，要亲自参加劳动生产以维持生计，他们最关心的自然莫过于自身的生存问题。而在旧时代，水、旱、瘟疫等，加上封建地主阶级的残酷剥削，常常使他们处于饥寒交迫乃至家破人亡的境地。他们在贫穷和无助之中只能以神灵信仰作为心理的寄托。正如胡适所描述的：“天旱了，只会求雨；河决了，只会拜金龙大王；风浪大了，只会祷告观音菩萨或天后娘娘；荒年了，只好逃荒去；瘟疫来了，只好闭门等死；病上身了，只好求神许愿。”[21]在他们看来，当人对现实无可奈何的时候，就只有求助于神灵了。在技术落后的时代，这种信仰虽然幼稚，但无疑也是一种精神的鼓励和心理的慰藉，是有一定作用的。因此，人们在盼望善神的急切心情下，创造了各式各样的神灵。“呼图克沁”就是在这种背景下，成为民间崇拜和信仰的对象。由于王爷等统治阶级的提倡，“呼图克沁”就成了广大民众的保护神。举凡生产、生活的方方面面，都仰赖“呼图克沁”神灵的庇佑。在遭遇自然灾害时，在遭受别人欺压时，“呼图克沁”神灵始终是他们心灵的寄托和解脱苦难的希望所在。据民间艺人们讲，“呼图克沁”有多种含意，但无论是为了红火热闹、祝福求子还是为了免灾辟邪，其中群众的自娱性和功利性是相互交织的，从它产生初衷来看应尤以功利性为重。因为它之所以得以产生并流传至今，是因为它有祝福消灾的功利功能。

总之，无论是作为统治者的王爷还是平民百姓都信仰“呼图克沁”。据“呼图克沁”老艺人李发口述，在多年的流传中，“呼图克沁”一直被当地的群众视为一种十分严格而神圣的文艺活动。早在海力王府时期，多罗郡王每年都请好多“呼图克沁”演出队到府上表演，并评定高低。规定王府的官员要手举羊头骨（被蒙古人视为贵重的东西）骑马绕王府三圈儿以示迎接。一般百姓也要手捧香烛和哈达出迎，并用“羊五叉”和哈达供奉在释迦牟尼像前，把好马、牛、羊都挂上彩带，以示虔诚。在流传中，人们又把它当作吉祥的使者、神的化身，并希望借助它的法力驱走邪恶、带来幸福。

艺人李福山说：

我们“好德格沁”不是非得正月出，不是死规定的东西。比如说，我的儿女新结婚，我想让他求个子，或谁家有病有灾儿的，祛病驱邪等，我想办办，那也可以办啊。但是一切费用全得你出，办多少天，吃喝、住宿都得在你们家。尤其是这两个老头（指白老头和黑老头）可必须得住在那儿，这一宿得成宿点香，不能断香。这个面具必须你得供着。

他还说，如果谁家屋里要是供着佛像或者有经堂，再或者谁家想压一压妖魔鬼怪什么的，白老头就演唱蒙古语歌名为《耨妈哈林恩刀》（谱例 2–4，见附录第 172 页）的仪式歌曲。

李维峰也为笔者演唱了一首与李福山演唱的《耨妈哈林恩刀》歌词相近的仪式歌曲，但他记不住歌曲的名字了。只记得此歌曲主要用于为接户驱邪、祛除不吉利、不顺利之事。他为笔者解释歌词大意时说：

这个歌就是盖房子遇到破烂的事儿（不吉利不顺利的事），就请来佛爷喇嘛给念一念经，压一压妖魔鬼怪，就这么个意思。

据艺人李福山介绍说，踩街歌曲唱完之后，通常是由白老头在户主家大门前有一段韵白表演，主要的目的是告诉村民自己是云游四方的神仙，特意到此地为老百姓驱邪赐福。得到户主认可之后“呼图克沁”艺人们才能进院子。这段韵白表演应该由白老头和接“呼图克沁”的村民共同表演，比如在 1989 年由敖汉旗文化馆出面组织“呼图克沁”表演时，出于录像的需要特意安排一户村民接待“呼图克沁”，在录像中就有白老头与户主在大门口互相寒暄、讲述身世等韵白表演。但是，由于一般村民除了简单的寒暄，基本上不会配合白老头的韵白，再加上“呼图克沁”在乌兰召村已经是众人皆知的地方文化特色了，所以多数情况下这段表演是省略的。在采访中李福山说：

道上的歌唱完了，还有许多道白。其实这个白胡子老头上我们这个营子来的时候，一开始谁也不知道他是谁，人们看到他一身白毛，还觉得害怕呢。往屋接之前，你得在外边大门口放上桌子，摆上果碟，点上香，然后问白胡子老头上这儿来是干啥来了，白老头就回答说自己出来是干什么的，怎么怎么回事。然后人家老百姓相信了，哎呀！这个真是对咱老百姓有好处啊，然后才往屋里请呢。东家认为他们确实挺好的，确实能让老百姓风调雨顺、雨水调和，就请他们进院子。

根据李福山的说法，“呼图克沁”艺人们一边进院子一边演唱一首镇压牛魔鬼怪的歌，歌的名字叫《搭热哩根刀》（谱例 2–5，见附录第 169 页）意思就是在这个时候一唱这么个歌，有什么牛魔鬼怪的都能赶跑了。唱完这个歌以后才跳“盘肠舞”。李福山解释歌词大意说：这个歌那就是镇压妖魔鬼怪的意思。不让那些个破烂玩意儿在院子里，因为人家请的意思就是这个。比如说人家院子里总闹一些个邪了，有的孩子、爪子有点不合适了。白老头就把孩子叫过来，摸索摸索他脑袋瓜，又给说一些个话，听说也有好的，反正这玩意儿也说不清楚。艺人李维峰也演唱了一首与此类似的仪式歌曲《搭热哩根歌》（又名《招财迎祥歌》，谱例 2–6，见附录第 168 页）。

（二）“呼图克沁”信仰的现代功利神灵观：娱乐、认同与安慰

“呼图克沁”信仰的传统“求子”和“驱邪”功能，在现代社会还继续存在，但不像传统社会那样强烈，它的功能主要已演变为“娱乐”和“心理寄托”等等。对它传统的“求子”和“驱邪”功能，很多村民并不认同。从下面的访谈中可以看出这一点。

60 岁的九组蒙古族村民乌兰召医院退休的医生吴国庆说：

反正“好德格沁”就跟一般汉族大秧歌的伞头一样，总是赞美啥事似的，尽是说好听的话。关于它历史上是有记载的，我认为它是一个挺有价值的民间艺术。但是我本人对于它能够求子啥的有些半信半疑。

尽管许多人都承认“呼图克沁”是蒙古族的民族信仰习惯，但是也有的村民对其并不信仰。52 岁的九组蒙古族村民侗海泉说：

说是“好德格沁”能求子，我认为这个没啥道理，我对“好德格沁”是不信仰的，它对我的生活也无所谓影响不影响，我只是觉得看到他们跳一跳、唱一唱挺愉快的，所以别人家接的时候我也就接了，到家里热闹热闹挺好的。我就觉得过年接一接它挺热闹的，一种欢乐的事儿吧。头几年他们办的时候我都接了，去年我没接是因为我出去打工了。不过我认为，不管现在“好德格沁”是不是有人信仰，这也并不会影响它的继续存在，因为它毕竟是一种民族习惯，是不会轻易消失的。

“呼图克沁”信仰的传统功能与现代功能具有密不可分的关系。传统功能是“呼图克沁”信仰得以产生与发展的大众心理基础，而其现代功能则从实用的角度强化了“呼图克沁”信仰的存在与进一步发展。

1. 娱乐功能

到今天，它的文化认同功能和娱乐功能更加突出，这也是它继续存活的重要原因。在政府部门和学者心目中，它的文化象征功能比较受重视，而在广大村民的心目中，它的娱乐功能更加突出。

2005 年 8 月在赤峰文化艺术研究所对扎戈米的采访中他说：

“好德格沁”中的滑稽表演有很多，比如说上炕这段表演中，白老头要表现出神仙不认识炕的样子，问黑老头：“这叫什么呀？在我们北方叫八仙桌，到这儿是啥玩意儿啊。”（因为蒙古包里有四条腿的桌子，所以，白老头觉得这个炕跟八仙桌一样。）白老头又问黑老头：“这怎么上去啊？”黑老头说：“从上边上。”白老头故意打岔说：“从天上上？”黑老头说：“从地下上。”白老头又说：“啊，从龙王爷那过去啊。”黑老头又说：“也不是，从中间上。”白老头就说：“啊，那我就上一个试一试。等着，你拽我的衣服边儿。”结果白老头就这儿跳一下、那儿跳一下，“啪”一下子上去了。这不就是滑稽逗趣嘛。所以说，“呼图克沁”的影子到民间以后一点儿都没有了，它只是一个称呼。我认为它的戏剧因素也就在这儿呢，这里边有好多戏呢。

不但学者这样认为，村民也是这样理解的。在完全不懂蒙古语的人中给笔者印象最深的是乌兰召村七组 65 岁的乡村兽医国宝祥。他本人是满族，完全不懂蒙古语，但是几乎每次“呼图克沁”举办活动的时候他家里都会接。按照他的话来说：

我们村是一个蒙汉杂居的村子，“呼图克沁”虽说原本是蒙古人的民间信仰，但是我们在这个村子里居住，最好是入乡随俗，对于“呼图克沁”我们应该给予尊重。我本人虽然听不懂蒙古语，但是我相信他们（指“呼图克沁”艺人）唱的都是吉祥话，就跟汉族秧歌里的伞头给人拜年的时候唱的是一个意思，我就爱个热闹红火、爱听歌，尽管歌词完全听不懂，但是我喜欢听曲调，也相信这个“呼图克沁”能够给人带来好运。所以我就挺信仰它的，每次他们办我都会接。而且我本人体会到，信仰这个“呼图克沁”确实对人们有好处，别的不说，就是当成一个娱乐活动的话也是好的啊，毕竟春节的时候农村娱乐活动比起城市来说是很少的，这个“呼图克沁”不仅给人们带来了歌声、送来了吉祥，也带来了欢乐、祥和的气氛。我认为“呼图克沁”作为一个民族信仰，作为一个能给人送来吉祥、寄托希望的活动，对于平日乡村中枯燥的生活具有积极的调剂作用。

2．文化认同功能

对广大蒙古族来说，他们对“呼图克沁”的信仰不仅仅是一种对保护神的崇拜，而且是对民族传统文化的缅怀。在他们的心目中，“呼图克沁”信仰已成为民族传统文化的一种象征，是民族文化观念超越时空和文化环境的特殊表现。简单地说，就是基于文化上的认同。文化亦即文明和教化。人也是文化的产物，人对某种文化的认同感，是一种强烈而持久的心理现象，具有巨大的凝聚力。

以下是笔者于 2005 年春节期间对于接“呼图克沁”仪式表演部分村民的采访记录：

①王国峰，62 岁，蒙古族。中专毕业，是乌兰召村中有名的医生，开了一间诊

所。有两个儿子均已结婚单独生活，妻子董玉颜今年58岁，两人生活比较富裕。王国峰性格外向，健谈。当笔者问他是否了解“呼图克沁”仪式表演时，他说很了解，而且能听懂所有的唱词。

笔者问他接“呼图克沁”仪式表演的原因时，他说：

“呼图克沁”是作为传统文化现象而存在的，能够起到民族认同的作用。我本人对它还是比较有感情，比较相信的。我接“呼图克沁”是为了让蒙古族的传统文化流传下去，保持蒙古族人的传统习俗。新春吉祥如意，增强春节喜庆气氛，只要他们办，我就年年接。

他是笔者接触到的文化修养、学历最高的一位接“呼图克沁”的蒙古族村民。他接“呼图克沁”的目的与他人稍有不同，他这份自觉保护本民族传统文化的责任感，令笔者很感动。

②郑国军，42岁，小学五年级毕业，没有什么明确的信仰，他是接“呼图克沁”仪式表演的村民中最特殊的一位，因为他本人就是仪式表演的一位艺人。性格外向热情、健谈。

当笔者问他接“呼图克沁”的目的时，他说：

一是因为我自己好胜，二是为了传承我们蒙古族的民族文化，三是为了我的日子过得更红火。作为我们蒙古族的民族风俗习惯，我是很相信它的。

上述接“呼图克沁”的村民中除了乌兰召本村的村民，还有距离乌兰召村比较近的周边村落的村民。另外，郑国军本人就是仪式表演的艺人，年年举办的时候都要接。笔者认为，这些充分说明了，即使是现如今在电视等现代文化冲击下，“呼图克沁”在乌兰召村及其附近周边村民中依然是具有一定的信仰基础的。

3．心理安慰功能

以下是笔者于2005年春节期间对于接“呼图克沁”仪式表演部分村民的采访记录：

莫然，27岁，5年前嫁到乌兰召村，娘家在萨力巴乡。丈夫李爱民是部队转业军人，在部队上学的医，转业回村后，在村中最热闹的十字路口（村里逢每月的1、5、9日都会在此有集市）开了一家诊所带药店，平日里莫然负责卖药，生活比较富裕。她性格内向含蓄、热情、善良，没有什么信仰。当笔者问她接“呼图克沁”仪式表演的原因时，她不好意思地说：

是我丈夫让我接的，主要就是想讨个吉利。我在娘家时就听说过“呼图克沁”，是很有名的，但我们家是汉族人，我也听不懂他们在唱什么，我自己对于这个仪式也不太了解，今年我家是第一年接，以后只要他们办，我就想年年接，还可以增添点儿春节过年的喜庆气氛，反正就是入乡随俗吧。

鲍彩莲，64 岁，蒙古族。没上过学，也不认识字，信佛。家里生活比较贫困，旧土房、低矮的土墙，院子东墙边儿堆着高高的玉米堆。鲍彩莲的丈夫叫王久洲，老两口靠种地为生，孩子们都在新惠县城打工。笔者问她是否了解“呼图克沁”时，老人告诉笔者：

炕上唱歌的这四个人就是扮的四个神仙，保佑人们年年得好，就是一年风调雨顺吧。哎！这就是蒙古人留下的习惯吧，我七八岁刚记事儿的时候就见到村里有人出这“蒙秧歌”（指“呼图克沁”仪式表演），那工夫年年都出，这是蒙古人的习惯。

笔者问她家今年接“呼图克沁”仪式表演的原因时，她说：

这就是一个奉承的事儿，就和那个汉秧歌一个样。我有三个儿子两个女儿。我也想保佑我的几个孩子都能平安，顺利。他们都在外边打工呢。今年过年都没有回来，就只有我们老两口儿在家。我家，只要他们办就接。

4．祝福吉祥的功能

根据鲍海杰的说法，进屋之后的祝福歌曲演唱在曲目选择上与踩街歌曲和进院子时的歌曲稍稍不同，应该说以表达祝福内容的歌曲为主，有一些仪式歌曲是只能在屋内演唱的，如艺人李维峰为笔者演唱的《进屋奉献歌》（谱例 2–7，见附录第 170 页）。有些歌曲如《敖汉赞歌》原本应用于踩街时演唱，后来应用场合拓宽了，也可以应用于进屋演唱，现在艺人们主要将其用于屋内演唱，如李维峰演唱的《乌恩巴克扫乃》（谱例 2–8，见附录第 166 页）。也就是说，在何种环节演唱哪首歌曲即使有规定，也不是完全不能改变的，基本上以约定俗成为主，也具有随意性。而且在屋内演唱的祝福歌曲数量也没有一定之规，完全取决于艺人们自己时间的多少，如果时间紧张就可以少唱几首歌曲。

据鲍海杰所说，进屋时唱歌数量多少完全取决于艺人自己时间的紧张程度，有时间可多唱点，没时间可少唱点。而且除了《祭火歌》之外，还有一首赞美主人的歌是去谁家都可以在屋内演唱的，也是应该唱的。在采访中鲍海杰说：进屋之后，如果下家人多，有人等着，他们就少唱几首歌；如果下家人少，时间宽裕，就可以多唱几首歌，比较自由、随意。这个时候一般唱《祭火歌》，还唱赞扬主人的歌。这个赞美主人的歌去谁家都可以唱。

鲍海杰演唱的进屋后赞扬主人的歌是一首曲调优美、速度较快，简短、精练的短调歌曲，鲍海杰说此歌没有名字，笔者在此先以《赞扬主人歌》（谱例 2–9，见附录第 170 页）为题。鲍海杰一共用蒙古语演唱了七段歌词，用了 2 分 34 秒。据鲍海杰解释，歌词大意是：赞美主人家金银满柜了，绫罗绸缎满箱了，在甸子上种的庄稼怎么怎么丰收了，在河滩子上种的庄稼怎么怎么丰收了，等等，尽这些个东西。反正就是吉祥话。

敖汉旗文化馆苏日图先生记谱的“好德格沁”油印本资料中的《参佳利》（也叫

《参佳利》(《祝福歌》)

谱例 2–10
热情、祝福地、中速

演唱：李维峰、李发
记谱：苏日图

《祝福歌》，谱例 2–10，见正文第 61 页)，在旋律上除了前面三个小节与鲍海杰演唱的《赞扬主人歌》(谱例 2–9，见附录第 170 页）有所不同之外，后面四个小节完全相同。“好德格沁”油印本资料中的《参佳利》(《祝福歌》)在歌词内容上更接近于《中国民间歌曲集成》“浩德格沁”歌曲中的《垂饰》(谱例 2–11，见正文第 62 页)。在《垂饰》中共记载了三段歌词，无论是从旋律上看还是从歌词内容上看，与鲍海杰演唱的《赞扬主人歌》应为同一首仪式歌曲。《垂饰》是一首由 14 个小节构成，曲式结构上属于上下、上下重复型四句体歌曲，与鲍海杰演唱的《赞扬主人歌》以及苏日图先生记谱的《参佳利》(《祝福歌》)属于上下句结构的不规整的两句体歌曲不同。在曲式结构上扩大了一倍。

从歌词上和旋律上分析，鲍海杰演唱的《赞扬主人歌》与敖汉旗文化馆苏日图记谱的“好德格沁”油印本资料中《参佳利》(《祝福歌》)、《中国民间歌曲集成》的“浩德格沁”歌曲中乌兰召“呼图克沁”仪式表演歌曲《垂饰》属于同一首歌。此三首歌曲应该是同一首歌曲的不同变体。从歌词内容上看，都是祝福和赞美主人家招财进宝的。其中《参佳利》和《垂饰》不仅在旋律上更为接近，而且在歌词上也都是通过对户主家里悬挂在躺柜、衣箱、衣橱上众多的钥匙的歌唱，祝福户主招财进宝。与此两者不同的是，鲍海杰演唱的《赞扬主人歌》在第一个乐句的旋律上与后二者稍有差异，而且有多达七段的歌词，除了《参佳利》和《垂饰》歌曲中的内容外，还有祝福主人家里庄稼丰产丰收等吉利话。所以笔者认为，鲍海杰演唱的《赞扬主人歌》应该是更为接近本源的歌曲。而《参佳利》和《垂饰》则是其后的变体。

在《敖汉旗志》中也收有一首“好德格沁”歌曲，歌名叫《祝福歌》(谱例 2–12，见正文第 63 页)，无论是从旋律上还是从歌词上，与《赞扬主人歌》、《参佳利》、《垂饰》都基本符合，笔者认为也是同一首歌曲的变体之一。

《敖汉旗志》中《祝福歌》也同样是一首由七个小节构成的商调式歌曲。

总之，无论是叫《赞扬主人歌》还是叫《参佳利》、《垂饰》或《祝福歌》，这是一首在“呼图克沁”仪式活动中很重要的仪式歌曲，主要应用于屋内为户主求财时演唱。正因为这首歌曲具有为户主求财的功能，所以在现在“呼图克沁”演出中是必须要演唱的。但是，如果说上述四种版本的变体在旋律上还是有某些接近之处的话，那么艺人李福山为笔者演唱的此歌在旋律上与上述四个版本相比发生了很大变化，而且他说不上来歌曲的名字，笔者暂以《屋内祝福歌》(谱例 2–13，见附录第 171 页）命名。总体说来，李福山为笔者演唱的这首《屋内祝福歌》节奏短促、曲调平稳，旋律

垂饰

谱例 2—11　　　　　　　　　　　　　　　　乌兰召仪式表演歌曲

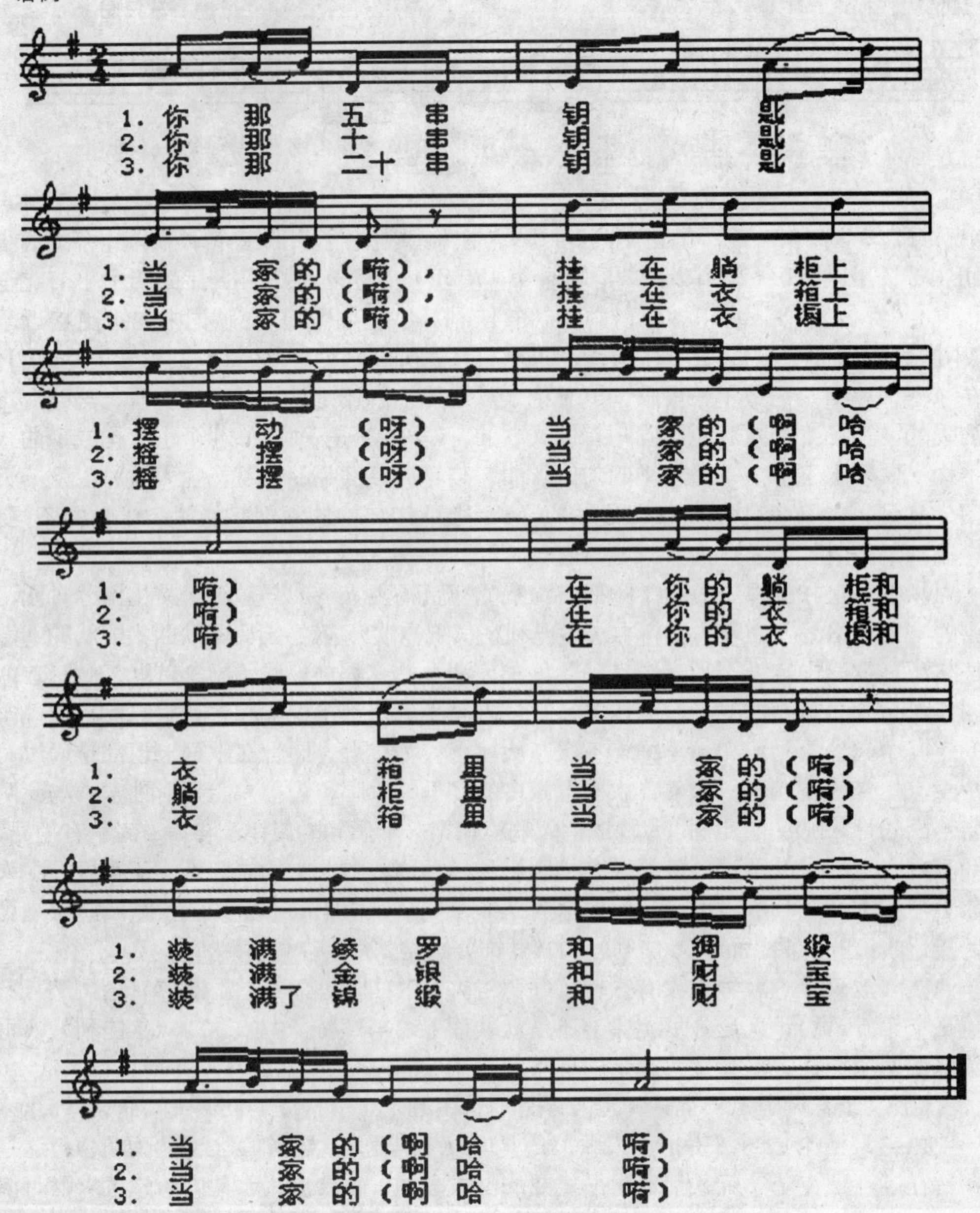

起伏不大，音程关系最远没有超过四度，基本上控制在同度、二度、三度之内，具有口语化特点，与蒙古族说唱音乐、蒙古说书及“好来宝”的音调类似。

这首《屋内祝福歌》李福山一共唱了 2 分 45 秒，共演唱了八段歌词，笔者在谱

祝福歌

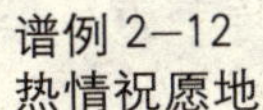
谱例 2–12
热情祝愿地

《敖汉旗志》

例中只列举了其中一段歌词的汉语音译。其中第三段和第五段歌词的第一乐句完全相同，第六段与第八段歌词的第二乐句完全相同。艺人李福山是现在乌兰召“呼图克沁”艺人中会演唱歌曲最多的艺人之一，他的演唱相对比其他艺人来说还要标准些，但是也经常出现上述反复演唱现象。比如在仪式歌曲《汤恩涩哥赛玻》（谱例 2–14，见附录第 171 页）中，除了第二乐句和第三乐句开头一句用不同的词以外，其后面的歌词和旋律都是完全相同的，在此笔者也不清楚究竟歌曲原本就是如此传授下来的，还是李福山的歌词记不清楚以后随意演唱的呢？但是有一点是清楚的，由于李福山师傅的身份，今后乌兰召村“呼图克沁”艺人们恐怕就会如此演唱下去了。难怪有不爱看“呼图克沁”表演的村民说：

其实这个“呼图克沁”挺好的，但是现在他们唱的不行，蒙古语也说不准，谁知道唱了些啥玩意儿啊。

不过笔者采访中也出现汉族村民接“呼图克沁”的情况，他们说：

虽然我们听不懂，但是我们觉得他们唱的都是好话，吉祥话，接接挺好的。

笔者认为，事实上，现在乌兰召村对于“呼图克沁”的态度就是“懂行的人看门道，不懂行的人看热闹”。“呼图克沁”在现在乌兰召村民心目中以双重功能存在。一种为信仰象征功能，一种为娱乐审美功能。这就是说，现在的“呼图克沁”既是作为一种信仰象征而存在，也是作为一种娱乐审美而存在。甚至从某种意义上讲，当前“呼图克沁”的娱乐审美功能有超越传统的信仰象征功能的趋势。

笔者所说的懂行的人是指能听懂蒙古语的蒙古族，乌兰召村中以 60 岁以上的蒙古族老年人居多，对于这部分村民来说，“呼图克沁”依然以信仰象征功能为主，这部分村民因为信仰而接“呼图克沁”，又因为能听懂仪式歌曲而能够理解其中隐含的吉祥祝福的象征意义。同时，也因为他们能够听懂仪式歌曲而在信仰的同时又得到审美愉悦的享受，因而，这一部分精通蒙古语的村民是“呼图克沁”忠实的信奉者，是“呼图克沁”能够得以存续的中坚力量。

同时，据精通蒙古语的蒙古族老人说，由于现在“呼图克沁”艺人们蒙古语水平有限，演唱蒙古语仪式歌曲的数量、质量都打了折扣，所以，“呼图克沁”无论是对于能够听懂的村民还是对于不能够听懂的村民来说，其传统的信仰意义都在减弱。现在“呼图克沁”在大多数乌兰召村民心中仅仅作为一种吉祥的象征而存在，人们也许并不在意他们在唱些什么或说些什么，也就是说，以往作为仪式主体的仪式歌曲、仪式舞蹈在这里都渐渐演变成一种仪式符号，人们所关注的不再是他们的歌声本身是否悦耳动听、舞蹈本身是否优美动人，关键人们在乎的是“呼图克沁”这种仪式本身隐含的吉祥象征。

随着村里精通蒙古语的蒙古族村民数量不断减少，人们不会体味仪式歌曲唱词中蕴涵的吉祥祝福的深意，“呼图克沁”原有的信仰功能因年轻人听不懂蒙古语而失去意义。“呼图克沁”原有的信仰象征功能在逐渐减弱，人们渐渐把它当成一种与汉族大秧歌一样的农村正月里的一个热闹，因而突出了它的娱乐审美功能。

注释

[1] 金辉：《论萨满装束的文化符号意义》，《民间文化论坛》（1988：5/6，137页）

[2] 萧兵：《傩蜡之风——长江流域宗教戏剧论》，江苏人民出版社1992年版。

[3] 《中国民族民间舞蹈集成·内蒙古卷》编辑部 1993：14。

[4] 这里所谓“会房”是指在“呼图克沁”仪式表演期间，“呼图克沁”艺人存放和更换服装、燃香摆放面具以及商量各种活动事宜的场所。目前一般在村民家里，通常由喜好“呼图克沁”的村民自愿提供。2005年会房定于村民于长和家，他多才多艺，虽然不会演唱仪式歌曲，但是他为2005年“呼图克沁”艺人制作了面具，除了将自己家提供做会房以外，还兼任仪式表演中的打鼓者及账房先生，负责整理财务收支。据说在“呼图克沁”仪式表演结束的时候担任会房及面具制作者的于长和也可以相应分得一定报酬。在笔者的采访中，现任村长王忠文主任的父亲73岁的老村长王学凤老人为笔者介绍了“文革”前“呼图克沁”基本上是村里出面组织，会房通常定在村委会。

[5] 据说于长和的儿子“乌嫩夫”在读初中和高中时曾经多次在春节期间参与“呼图克沁”仪式活动。如今于长和的儿子在内蒙古工业大学读大二（2005年）。

[6] 老艺人李维峰口中的“蒙秧歌”就是指“呼图克沁”。笔者采访中发现，很多“呼图克沁”老艺人都称自己从事的这项仪式表演活动为“蒙秧歌”。与乌兰召村其他村民一样，艺人们自己并不知道自己这一仪式表演与汉族大秧歌有什么区别，就直接从民族角度加以区分，将这两种外在表现形式有某些相似之处的文化现象约定俗成地称为“蒙秧歌”和“汉秧歌”。

[7] 此处“呼图克沁”六个角色的服装素描图片均来自敖汉旗政协主席韩殿琮先生提供的1985年由敖汉旗文化馆内部油印的《浩德格沁》一书，特此感谢。

[8] [意] 图齐、[德] 海西希 :《西藏和蒙古族的宗教》，耿升译，天津古籍出版社 1989 年版。

[9] 司马彪注《庄子·达生篇》。

[10] 袁珂 :《漫话灶神和祭灶》，载袁珂《神话论文集》，上海古籍出版社。

[11] 杨堃 :《灶神考》，载杨堃《民族研究文集》，民族出版社 1991 年版。

[12] 孔颖达注《礼记·礼器》:“颛顼氏有子曰黎，为祝融，祀以为灶神。”《山海经·海外南经》:“南方祝融，兽身人面，乘两龙。”

[13] 上海民间文艺家协会、上海民俗学会编 :《中国民间文化——民间俗神信仰》，学林出版社 1994 年版，第 105—123 页。

[14] 徐山 :《雷神崇拜》，三联书店上海分店 1992 年版，第 112 页。

[15] 富育光 :《满族火祭习俗与神话》，载《民间文学论坛》1986 年第 4 期。

[16] 尼玛 :《蒙古族萨满教招子仪式》，载《中央民族学院学报Ⅱ》，1993 年。

[17] 当地土语，指说话人的直系血亲或旁系血亲们。

[18] 黄淑娉、龚佩华 :《文化人类学理论方法研究》，广东教育出版社 1998 年版，第 118—119 页。

[19] 转引自史宗主编《20 世纪西方宗教人类学文选》(上册)，第 82 页。

[20] [美] R. 本尼迪克特著 :《文化模式》，王炜等译，生活·读书·新知三联书店 1988 年版，第 2 页。

[21] 胡适 :《胡适论学近著》，山东人民出版社 1998 年版，第 502 页。

第三章　社群、剧场与仪式

越是深入地了解一个地区的文化现象，解析这一特定环境下生成的艺术组织，就越能深切地体会到社会和自然环境对文化的深刻影响。乡土文化、村落文化，更是如此。牧民命脉，深系草原，与游牧经济相适应的生活方式以及由此派生的民俗，熔铸了牧民的性格。欲析“呼图克沁”，就需要考察它的生存背景、社群区域和剧场空间。

一、社群区域与剧场空间

（一）历史沿革与社会变迁：敖汉部

乌兰召村“呼图克沁”仪式表演的产生和流传与历史上敖汉部蒙古族的产生、发展关系密切，尤其与敖汉右旗多罗郡王府（海力王府）的扶持有直接关系。因此，要想了解“呼图克沁”必须了解敖汉部蒙古族的源流、历史演变与迁徙过程以及其他民族的迁入及其文化对敖汉部蒙古族文化的影响。

1．敖汉部蒙古源流

敖汉部并非原来以血缘关系为纽带的氏族部落，而是以地缘关系为基础、以部落领主为代表的新结合起来的共同体。这一部落特点表明了15世纪以来蒙古社会封建化程度正在日益加深。

敖汉部形成的确切时间很难断定。据蒙古史料记载，在15世纪中叶，即蒙古岱总汗（《明史》称为脱脱不花）在位期间（1439—1452）就有了敖汉部。当时北元蒙古社会由于汗权之争，政治不稳定，突出表现为蒙古瓦剌部同蒙古大汗和其他封建主之间的相互攻杀。这时的敖汉部游牧于察哈尔境内，其领主世系无考，仅知该部重要成员桑德歌勒斯钦曾在汗廷供职，是岱总汗的支持者。巴图蒙克达延汗在位期间（1470—1543），敖汉部依然存在。当时，蒙古社会政治趋于稳定，达延汗为了强化大汗的统治地位，把大漠南北许多旧封建领地重新组合为左、右两翼6个万户，每个万户下面又设置若干鄂托克（地域集团部落），由其诸子分领。这时的敖汉部和奈曼部同属于左翼三万户之一的察哈尔万户，由达延汗第八子领有。察哈尔万户世为大汗驻帐之地，由达延汗亲领。达延汗死后，按长子继承法理应由其长子图鲁博罗特继承汗位并兼领察哈尔万户，但图鲁博罗特先其父而死。图鲁博罗特遗有二子：长子布希（《明史》作卜苏），次子纳密克。布希以达延汗长孙的资格成为大汗合法继承人，于嘉靖二十二年（1543年）继承蒙古大汗位，号称博迪阿拉克汗，仍亲领察哈尔万户。纳密克则仅保有贵族封建主。这样，纳密克的子嗣分别成为察哈尔万户各属部的领主。纳密克之子贝玛土谢图有五子，长子、次子各领有一部，长子岱青杜棱，号所部曰敖汉；次子额森伟征，号所部曰奈曼。从此，敖汉和奈曼两部领主由原来达延汗第八子一系转入长子图鲁博罗特一系，此后一直未变，沿袭至清代，敖汉各旗王公贵族无不出此一系。他们与奈曼、乌珠穆沁、浩齐特、苏尼特诸部领主同祖，都是成吉思汗十六世孙图鲁博罗特的后裔，姓博尔济吉特氏。其世系见表3-1。[1]

2．敖汉部迁徙过程

敖汉为察哈尔属部之一，原驻牧于宣府、大同塞外（今锡林郭勒盟境内）。至博迪汗之子达赉逊库登汗执政时，北元蒙古社会又重新出现割据趋势，各部领主互争雄长，不服大汗节制。右翼大封建主巴尔斯博罗特次子阿勒坦汗（《明史》作俺答汗）势力最强，他凭借从大汗那里取得的“索多汗”称号、身居“阿巴亥”（叔父）的地位，不仅控制了整个右翼三万户，而且势力日益东渐。达赉逊库登汗深恐为阿勒坦汗的势力所兼并，试图通过兀良哈与明朝互市关系改变自己的经济困境，遂率领察哈尔所属的敖汉、奈曼、翁牛特、克什克腾等部从兴安岭西迁至西拉沐沦河流域，进而于16世纪中叶东迁于兀良哈三卫，“收属东夷而居其地”。这时敖汉和奈曼两部由达赉逊库登汗的从弟贝玛土谢图（《明史》作卑麻）率领，敖汉部据义州（今辽宁省义县）大康堡四百里而牧，拥众五千余人；奈曼部据义州西北边五百里而牧，拥众五千。此后，他们在达赉逊库登汗和图门汗的控制下，经常联合内喀尔喀所属的巴林、扎鲁特、巴约特（伯腰）、乌济叶特（兀者）、翁吉剌惕等部，同明朝在辽东发生冲突。至林丹汗在位期间，敖汉部一直活动在义州边外，仍服属于察哈尔林丹汗节制。

后金天命元年（1616年），努尔哈赤统一女真诸部并建立大金，对明朝的统治构成威胁。从此，后金与明朝开始了争夺蒙古的斗争。这时，林丹汗力图继承达延汗的事业，再度统一蒙古，采取了联明抗金的政策。他以蒙古正统大汗的合法地位号令蒙古诸部与后金抗衡。而后金统治者则利用蒙古各部封建主与林丹汗的矛盾，采取拉打结合的策略，对归顺者联姻、封爵、赐官、给民，对反抗者进行武力征服。在这种形势下，敖汉部领主不愿忍受林丹汗的暴虐统治，遂于天聪元年（1627年）四月，遣使向后金纳款通好，七月正式归降。敖汉附金后，皇太极将开原一带地方封赐给敖汉领主索诺木杜棱，命其弟塞臣卓里克图仍据原地。此后，索诺木杜棱曾一度率其领户驻牧开原，后因“私猎哈达叶赫山罪”，开原牧地被夺，复归原地。

天聪八年（1634年）冬十月，皇太极遣大臣赴硕翁科尔，为归顺的蒙古诸部划分牧地，始将敖汉部定居今地，同时分给 1800 户。当时划定的游牧境界为“敖汉部与正黄旗蒙古，以扎噶苏台、囊家台为界”。从此，敖汉部基本固定。

清代中前期，敖汉部蒙古族人口渐多，居民遍及敖汉各地，以游牧生活为主，兼出地收租。清末，居地逐渐北移，人口锐减。宣统二年（1910 年）仅有 411 户。此后，人口流动频繁，数量忽多忽少。民国三年（1914 年）达 7500 户，而到民国十九年（1930 年）却减至 513 户。中华人民共和国成立以后，敖汉之蒙古族主要居住在

表 3-1　成吉思汗十六世孙图鲁博罗特后裔世系表

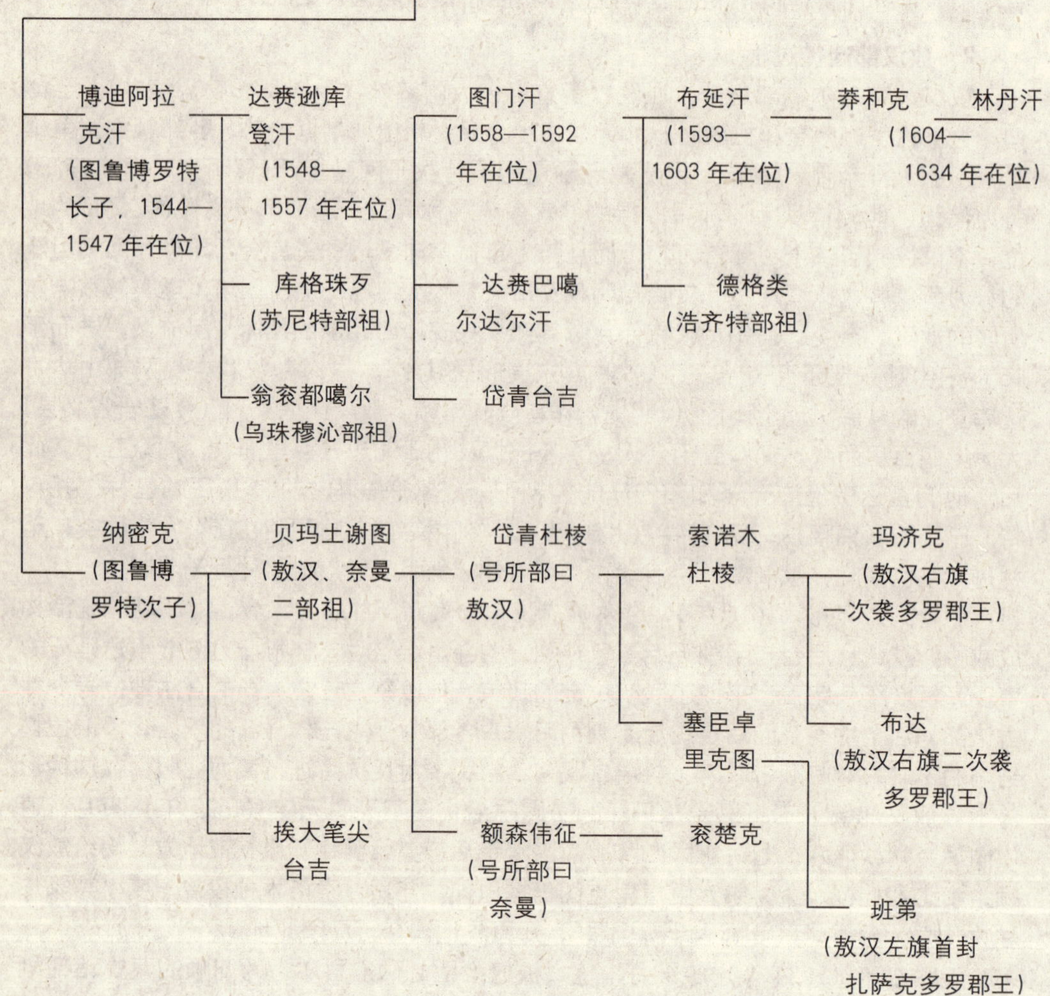

敖润苏莫苏木、萨力巴乡、双井乡、敖吉乡、新窝铺乡等地。其中敖润苏莫苏木蒙民较多，占苏木总人口的52.6%，占全旗蒙古族总数的23.3%。

3．其他民族的迁入

（1）汉族的迁入

宋辽时期，敖汉地区就有汉民居住，但为数较少，流动频繁。

康熙末年，中原连年灾荒，清廷实行“借地养民”政策，遂将山东、山西、河北、河南、陕西等地的大批汉民移居关外，使敖汉地区的汉民数量激增。这些移民最初以租垦蒙地为业，居住分散，分布不匀。后人口增多并一跃成为人口最多、遍布敖汉各地的民族。1946年，汉族人口225932人，1985年增加到493751人，占全旗人口总数的96.19%。39年增加267819人。[2]

（2）满族的迁入

敖汉满族由后金、清下嫁公主的随侍繁衍而来。最早来敖汉的满族是后金天聪三年（1629年）随努尔哈赤第三女莽古济公主下嫁而来的侍从。此后的天聪七年（1633年）、雍正十三年（1735年）以及乾隆年间都有随嫁的满族侍从、工匠来敖汉，并在这里繁衍生息。1946年，旗境内共有满族330人，1985年发展到2666人，占全旗总人口的0.52%。主要分布在贝子府、王家营子、长胜、金厂沟梁、新惠等地。[3]

（3）回族的迁入

旗内回族主要是由清咸丰年间（1851—1861）从河北来金厂沟梁淘金并定居下来的张、韩、李、杨四姓回民繁衍而来的。发展到1985年，全旗共有回民1322人，其中金厂沟梁镇回民1015人，此外的300余人散居在新惠、四家子、玛尼罕、牛古吐、长胜等地。[4]

敖汉部蒙古族的由来始于成吉思汗第十八世孙贝玛土谢图。成吉思汗第十九世孙贝玛土谢图的长子岱青杜棱是敖汉部蒙古族首领。关于“呼图克沁”起源的诸多传说之一中就提到，成吉思汗第二十世孙索诺木杜棱继承父亲岱青杜棱担任敖汉部蒙古族首领（1543年），由于遇到天灾瘟疫，人难繁衍，牛羊绝迹。当时著名的喇嘛嘎拉德恩到西天拜佛求方，经弥勒佛指点，他找来阿尔泰山白音查干老人（白胡子老头）来到草原为百姓祛灾降福，使吉祥幸福之光重新普照人间。此后，遵照仙翁留言，每年的正月十三至十六，村民们装扮成仙翁模样依照仙翁的所为去做，即可消灾除难。此种固定时间、固定情节、有角色化装扮演的仪式表演形式就是“呼图克沁”的由来。

清朝乾隆年间，开始实行“移民实边”政策，不断迁移内地汉人到草原定居。特别是雍正以后，由于中原一带灾情不断，“借地养民”政策使得大批汉人定居草原（也有回族和满族），大规模的农业生产严重破坏了草原的生态环境，因此，内蒙古草原尤其敖汉部一带频频发生天灾瘟疫。“呼图克沁”的出现应该说是当时人们出于寻求精神寄托的需要，同时也与当时社会历史背景相适应的。可以说，正是由于敖汉旗历史上频繁发生的天灾人祸使得人们急切需要一种精神安慰，再加上大量汉族、藏族文化的传入出现的文化交融背景，才最终促使“呼图克沁”这一“佛巫合流”文化现象的产生。关于这一历史背景可以从下面敖汉旗的历史沿革与社会变迁中进一步得到了解。

（二）历史沿革与社会变迁：敖汉旗

明嘉靖二十九年（1550 年），敖汉部始入居敖汉本地，当时归属于明朝察哈尔管辖。 1627 年 7 月，后金天聪元年（明天启七年），敖汉部归后金。1636 年，清崇德元年，清廷编定敖汉部为 55 佐领，封任扎萨克，始建敖汉旗。清朝入主中原后，敖汉旗隶属昭乌达盟。

1．地理位置

敖汉旗位于内蒙古自治区赤峰市东南部努鲁儿虎山脉之阴，老哈河下游之南。地理坐标为东经 119°30'—120°53'，北纬 41°42'—43°02'。

东、东南与哲里木盟奈曼旗和辽宁省北票市接壤，南与辽宁省朝阳县、建平县为界，西南与辽宁省建平县和内蒙古自治区赤峰市市郊相邻，北、西北隔老哈河与赤峰市郊区和翁牛特旗相望，东北与哲里木盟奈曼旗毗邻。

旗境南北最长处为 176 公里，东西最宽处为 122 公里，总面积为 8294.14 平方公里。

2．四季特征

敖汉旗地处中温带，属于大陆性季风气候区，其特点是四季分明，太阳辐射强烈，日照丰富，气温日差较大。冬季漫长而寒冷；春季回暖快，夏季短而酷热，降水集中；秋季气温骤降。雨热同季，积温有效性高。

全旗各地年平均气温 5℃—7℃。春季（3—5 月）气候干燥，气温回升快，平均气温 7.4℃，个别年份有不同程度的倒春寒。夏季（6—8 月）全旗大部气温在 20℃—23℃，由于地形和下垫面的差异，南部和北部平均气温比中部稍高。最热的 7 月份，平均气温为 23.7℃，极端最高气温达 39.7℃。全旗大部地区 6 月底至 8 月初日平均气温稳定在 20℃左右。秋季（9—10 月）气温骤降，天气凉爽，温差较大，各地日平均气温为 10℃—13℃。冬季（11—2 月）寒冷而干燥，各地日平均气温在 -9℃—-13℃，1 月份最冷，月平均气温一般在 -11℃—-13℃，极端最低气温达 -30.7℃。冷空气活动频繁，平均 7 日就有一次冷空气活动，24 小时降温 6℃以上平均为 15—18 次；24 小时降温 10℃以上的强寒潮天气平均为 4—6 次。

清雍正五年（1727 年）夏，敖汉等地大旱，秋粮歉收，清廷对灾区进行了赈济。

清光绪十七年（1891 年）至十九年（1893 年），敖汉连续春旱。

民国十七年（1928 年）昭盟大旱，粮价上涨 10 倍。

1947 年，春旱秋涝及其他原因造成 1948 年灾荒；5 月底 2.9 万灾民以吃树叶、树皮为生，并有饿死、自杀现象；7 月底，灾民发展到 15.33 万人，其中有 40 天未见粒米者，饿死 24 人，逃荒外县 470 户 1700 人。

3．境域

敖汉旗建旗时的境域为天聪八年（1634 年）划定的牧地：以扎萨克驻地固尔班

图勒噶山（今木头营子青山）为中心，东至哈喇鄂罗爱 30 公里接奈曼旗；南至哈禄噶岭 100 公里接土默特右旗界；西至阿里木图岭 50 公里接喀喇沁右翼界；北至岳罗岭 40 公里接翁牛特旗左翼界；东南至古尔巴勒什那噶阿达尔 60 公里至土默特右旗界；西南至霍普塔图哈喇 100 公里接喀喇沁右翼界；东北至得起图 45 公里接翁牛特右翼界；西北至红庙 75 公里接翁牛特右旗界。

宣统三年（1911 年）四月，从敖汉旗析置敖汉右翼扎萨克旗。原敖汉扎萨克多罗郡王旗称左旗。右旗界定为：东至牛力皋川的上台子、哈沙吐；北自莲花山、九道湾子沿老哈河向西；南以捣格朗营子、白塔子、四家子为界。

民国十一年（1922 年）2 月从敖汉左旗析置敖汉南旗。其旗界定为：孟克河以东（以西为右旗界）；野猪沟、玛尼罕、迷力营子（今梅林营子）、岗岗营子、牛古吐 、下洼以南。

民国二十一年（1932 年），伪满政权建立。伪康德四年（1937 年）3 月，新惠县从建平县析出，治所菜园子（今新惠镇）。实行蒙汉分治，敖汉左、右、南三旗合并为敖汉旗，并在菜园子街建伪敖汉旗公署，伪敖汉旗公署与伪新惠县公署并存。伪康德七年（1940 年）废县存旗，直到日本投降。

伪康德四年（1937 年）3 月，原敖汉左、右、南三旗合为敖汉旗。并于敖汉旗内增设新惠县，从建平县分出。伪新惠县公署与伪敖汉旗公署同驻于菜园子街，实行蒙汉分治。敖汉旗与新惠县无边界之分，为属人政治。当时的境域为：东南、南、西南、西与建平县接，界点与今同；西北以哈拉道口、头牌子、郎郡哈拉、波罗和硕、八坎中为界定点与赤峰县接界；以北高鲁斯庙、五十家子、高日罕、阿什罕为界点与翁牛特旗接；东与今同。

4．沿革

考古证明，距今 20 万年至 1 万年间敖汉地区已有人类生存。约 7000 年前的新石器时代，这里的古代先民已经过着渔猎和耕牧结合的原始生活。

西周、春秋到战国初期为东胡地，后为燕北境。秦朝前、中期属秦之辽西郡。秦末汉初，属匈奴左地。

汉武帝至三国初，本地属乌桓，汉于柳城置护乌桓校尉监领之。

曹魏统一北方后，乌桓内迁。本地为鲜卑段部所据。

东晋十六国时期属后赵营州（治令支，今滦河南）。前燕时属昌黎郡。前秦时属平州昌黎郡。后燕、北燕因之。

北魏之北齐，敖汉均为契丹地。

隋属辽西郡。

唐初属河北道营州总管府（治所在柳州，今辽宁省朝阳），贞观后，属松漠都督府徒河州，隶于营州东夷督护府。

辽时敖汉地分属上京、中京道。

元朝敖汉南部为成吉思汗幼弟帖木格斡赤斤后裔辽王辖地，属辽阳行省大宁路。大宁路元初为北京路总管府，领兴中府（治所在今朝阳）之十州，至元十七年（1280

年），改北京路为大宁路。至元二十五年（1288年）改为武平路。后复为大宁路，其领司一、县七、州九。其金源县（辽、金金源县地）、惠和县（辽、金惠州地）、武平县（辽武安州地），均在敖汉旗境内。

敖汉北部属中书省全宁路（今乌丹镇地），为薛禅后裔鲁王分地。

明初（1387—1403），敖汉地属大宁卫，隶于北平行都指挥使司。永乐十二年（1414年），明在老哈河中游建老哈河卫，敖汉地属之。

永乐元年，明成祖徙大宁于南昌，此地遂虚。天顺（1457年）以后，入于朵颜卫。嘉靖二十九年（1550年），敖汉部始入居本地，归属于察哈尔。

明天启七年，后金天聪元年（1627年）七月，敖汉部归后金。

清崇德元年（1636年），清廷编定敖汉部为55佐领，封任扎萨克，始建敖汉旗。清朝入主中原后，敖汉旗隶属昭乌达盟。

雍正初年设热河厅、八沟厅（今平泉），敖汉属八沟厅。乾隆三年（1738年）设塔子沟厅（今凌源县），敖汉旗归塔子沟厅。乾隆四十三年（1778年），塔子沟厅改为建昌县，敖汉归建昌县。

"呼图克沁"歌词中唱到"打下的粮食拉也拉不完，拉到八沟、塔子沟厅"，说明至少在乾隆三年（1738年）敖汉旗归塔子沟厅以后，乾隆四十三年（1778年）塔子沟厅改为建昌县，敖汉归建昌县之前，就有了"呼图克沁"这一活动。如果说"呼图克沁"产生的上限目前尚无法准确确定的话，那么，根据歌词中出现"塔子沟厅"来推测，最保守的说法是，至少在乾隆四十三年（1778年）之前就一定存在"呼图克沁"活动了。也就是说，"呼图克沁"出现于18世纪中叶左右。由敖汉右旗历代多罗郡王世袭表推算，此时海力王府的王爷应该是敖汉右旗第十代多罗郡王鄂勒斋图长子——喇什喇布坦[封袭年代：乾隆十三年（1748年），卒年：乾隆四十四年（1779年）]。

光绪二十九年（1903年）设建平县，敖汉归建平县辖。光绪三十年（1904年）升朝阳县为朝阳府。敖汉随建平县归属朝阳府。

宣统三年（1911年），敖汉分左、右两旗。民国初，敖汉旗随建平县划入热河特别区。

民国十一年（1922年），敖汉南旗从敖汉左旗分出。自此敖汉左、右、南三旗各领旗政。其权属仍归建平县。

民国二十一年（1932年），伪满政权建立。伪康德四年（1937年）三月，新惠县从建平县析出，治所菜园子（今新惠镇）。实行蒙汉分治，敖汉左、右、南三旗合并为敖汉旗，并在菜园子街建伪敖汉旗公署，伪敖汉旗公署与伪新惠县公署并存。伪康德七年（1940年）废县存旗，直到日本投降。

在采访中，现资历最老的"呼图克沁"艺人李维峰[5]老人说：

我最早是在民国的时候见有人出过"好德格沁"。当时很小，七八岁刚记事的时候（1931年左右）就见过有人跳。当时六个人在跳。主要有赵树原（白老头、黑老头轮班当）、六十七（白老头、黑老头轮班当），都唱。剩下的几个角色就是临时请来的。也是戴面具跳。我跳这个没有师傅教。看着别人跳就学会了。就是三个点儿跳舞，歌也是跟着学会的。我二十几岁开始跳的。我从二十七八就唱这个玩意儿，应该跳了有 50 年左右，从 1951 年左右一直到 2000 年。整个是三起三落啊。这个不跳的原因有啊：满洲国一进来它也限制一回。后来国家又让唱的。先头也不知咋回事儿不让唱。这是一个阶段，再接下来又往下扔个十年二十年了。八路军进来了[6]又限制了，又不让唱了，他们说是迷信。后来又让唱了，哈哈哈！国家就是这么个，原因我们也不知道咋回事儿。还说让往下再传达传达呢。

笔者认为，老艺人李维峰口中的“呼图克沁”的三起三落，自然是跟政府的政策有关系了。他说“满洲国一进来它也限制一回”应该指的上述民国二十一年（1932 年）伪满政权建立，一直到伪康德七年（1940 年）废县存旗，直到日本投降。这一时间段里，“呼图克沁”活动曾经受到压制。

1945 年 9 月，新惠县政府建立，属中共热中地区委员会领导。1946 年 3 月底，新东县和分管蒙民事务的敖汉旗政府建立，同属中共热辽地委领导。

1948 年 3 月，新东、新惠两县合并为新惠县，治所在新惠街，县旗仍并存。同年 6 月，敖汉旗、新惠县改为敖汉旗—新惠县联合政府。1948 年 12 月中共热辽地委撤销。敖汉—新惠县直属热河省。1949 年 3 月，取消旗、县联合形式，改为敖汉旗政府。5 月 1 日，敖汉旗政府改为敖汉人民政府。1955 年 4 月，敖汉旗人民政府改为敖汉人民委员会。1956 年 1 月，热河省撤销，敖汉旗划归内蒙古自治区，属昭乌达盟。1968 年 3 月，敖汉旗革命委员会成立，取代了中共敖汉旗委员会和敖汉旗人民委员会职能。1969 年 8 月 1 日，敖汉旗随昭乌达盟划归辽宁省。1979 年 7 月 1 日，敖汉旗随昭乌达盟划归内蒙古自治区。1981 年 6 月，复建敖汉旗人民政府，取代了原敖汉旗革命委员会职能。

5. 宗教

（1）汉传佛教

佛教传入敖汉可溯至辽代，距今已有千年的历史。辽太祖耶律阿保机自中原掳掠汉人来此，佛教即随之传入。其明显的标志是辽代早期建于武安州城（今南塔乡白塔子村）的佛塔和稍后建于降圣州城（今玛尼罕乡五十家子村）的佛塔。佛塔上佛龛密布，佛像栩栩如生，说明这时期敖汉地区的佛教文化已十分发达。

元、明时代，佛教仍占一席之地，直到清朝喇嘛教勃兴后，这里的佛教才逐渐衰落下去。

现有寺庙遗迹可寻的多系清朝建筑的寺庵，其中以寺为最多，庵仅 1 处（祥云庵），后来亦改为寺了。

敖汉佛寺大多分布在中南部。其布局一般为三重院：第一重，马王殿（代作天门），供奉马王；第二重，老爷殿，主供老爷、释迦牟尼（如来佛）、地藏菩萨等；第三重，娘娘殿，供奉三霄女、子孙娘娘、痘疹娘娘等。马王殿两侧设角门、钟楼、鼓楼。老爷殿两侧设廊房，供和尚居住。建筑形式多为硬山博封式砖木结构，也有歇山转角或二层楼式建筑，但为数不多。

旗内出家信徒不多，每个寺庙一般住有 1 人，至多 4—5 人。这些和尚并非虔诚的信徒，大多是为摆脱生活的困境，少部分则是为了摆脱尘世的烦恼而到庙上过清净生活的。

伪康德七年（1940 年），敖汉境内有佛寺 20 座，住庙和尚 29 人，民间信徒 9919 人。1947 年，土改运动前后，由群众扒掉寺庙 14 座，和尚全部还俗。中华人民共和国成立后，旗内尚存 6 座寺庙，后经“大跃进”、“文化大革命”运动，残存的寺庙亦荡然无存了。

（2）藏传佛教

公元 7 世纪，印度佛教之密宗传入西藏后，掺入了当地苯教的神祇、仪规，为区别一般的佛教而称喇嘛教。

喇嘛是汉族对蒙古族僧人的统称。喇嘛教为佛爷喇嘛（活佛）、达喇嘛、一般喇嘛 3 个级别。佛爷喇嘛中又有达赖、班禅、呼图克图、葛根、呼毕勒罕之分。不论哪级喇嘛，均无妻室。活佛不世袭，也不师徒承传，按活佛入寂前的遗言或死后由高级活佛认知，到一定地域寻找“灵童”，逐渐培养成活佛。

喇嘛教有红教、黄教之分。敖汉地区的喇嘛教属甘丹僧宗喀巴于公元 15 世纪创立的黄教（格鲁派）。

喇嘛以寺庙为传教诵经处所。寺内供奉各种安息佛——释迦牟尼、弥陀、弥勒、观音、莲花生、宗喀巴、达赖、班禅，各种愤怒佛——淫欲相、勇猛相、凶恶相及老爷（关羽）、娘娘等。这些佛像在寺内的排列顺序大抵是阿弥陀佛或释迦牟尼佛居中，地藏菩萨在左，观音菩萨在右。其他如宗喀巴、弥勒、千手观音、罗汉等依次分列于两侧。

每座寺庙都由当地政府拨给庙产、牲畜、领地和庙丁等。上层喇嘛在寺庙领地内享有行政、司法权力，可以参与俗界政治事务，享受特殊待遇。除此之外，持有度牒的喇嘛按月领取钱粮，并通过募化捐征、施主的施舍、信徒的奉纳、念经作法等渠道获取经济补偿。因此，喇嘛的物质生活比较富裕。

敖汉地区的喇嘛教兴于明末，盛于清中叶。经清朝各代皇帝尤其是康熙、雍正、乾隆的弘扬，使喇嘛教活跃起来，敕建寺庙遍及各地，今木头营子乡的弘慈寺即是康熙四十六年（1707 年）敕建的。同时，皇帝鼓励蒙民男子出家当喇嘛。规定蒙民家除长子外，其他男子皆应出家。而一人出家，九族荣耀。出家人不负担国家摊派的兵役、租赋等义务，使之成为特权阶级，社会地位较高，活佛凌驾于王公之上。所以，旗内蒙民子弟纷纷出家。一些大户则创建家庙，招收喇嘛从事佛事，并不断扩大规模。康家营子乡的得洛苏套海庙即是白大将军（传为康熙义女之婿）修的家庙。国家也拨专款帮助地方建庙，今萨力巴乡乌兰召村的延寿寺即属此类。但旗内绝大多数喇嘛庙是由当地蒙民集资兴建的。

据史料记载，清中叶敖汉地区共有喇嘛庙 72 座，喇嘛千人以上，香火极盛。清光绪十七年（1891 年），金丹道教起事后，部分寺庙被焚。到民国初年，部分寺庙虽有所修复，但规模、数量远不及从前。宣统三年（1911 年），敖汉境（含今翁牛特旗一部分）内共有喇嘛庙 29 座，喇嘛 457 人。其中葛根 1 人，呼毕勒罕 10 人。

伪满时期，敖汉旗的蒙古族人对喇嘛教的信仰远不如从前虔诚了。喇嘛还俗者日渐增多。伪康德七年（1940 年），旗内有庙宇 27 座，喇嘛 543 人。民间信徒 3614 人，其中男 1922 人，女 1692 人。1945 年上半年，旗内尚有喇嘛庙 26 座，住庙喇嘛 380 余人。

1947 年，土地改革运动中，农牧民拆除喇嘛庙 15 座，其余寺庙的佛像被砸毁，喇嘛除一部分参政参军外，多数还俗参加生产劳动，停止了宗教活动。

中华人民共和国成立以后，中国共产党逐步对喇嘛进行了改造，按党的宗教政策允许回庙从事宗教活动的喇嘛，也都成了自食其力的劳动者。

“文化大革命”期间，除四家子牛夕河屯村的青城寺尚有一座殿宇幸存外，其余全部扒除，喇嘛也被彻底遣散。

1976 年以后，宗教政策重新得以落实，有喇嘛被选为各级人大代表、政协委员，开始参政议政，社会地位明显提高。但随着蒙古族人民科学文化水平的提高，青年已无人出家。到 1985 年，全旗尚有老年喇嘛 13 人，除西拉布钦仍在青城寺从事宗教活动外，其余均在自家安度晚年。

敖汉旗有蒙古、汉、回、满、朝鲜、苗、黎、壮、锡伯、达斡尔 10 个民族。

蒙古族自元朝以后久居敖汉。其始，女人“刺韦纹绣”，男人“作弓矢鞍勒，游牧畋猎”，在敖汉这块土地上“畜牧寻水草丛生之处，行以车为室，止以毡为庭……迁易无定所，流雪清泉以解渴，畜肉马酪以充饥”（《蒙古志》）。养成了雄健剽悍、豪爽仗义的性格，同时，在与大自然的抗争中，也形成了长于骑射、能歌善舞的民族素质。衣、食、住、行、婚、丧、礼、仪等方面都有自己独特的习惯。

回族信仰伊斯兰教，称“穆斯林”，其风俗礼仪多受该教教仪影响。另外，由于共同的经济生活，也养成了回民喜清洁、尚俭朴、善经商、乐助施的民族素质。回民移居敖汉近 150 年，一些带有宗教色彩的风俗习惯仍未有多大的改变。自辽代特别是清雍正以来，汉族从山东、山西、河北等地移入敖汉，同生活在这里的其他民族人民共同创造了敖汉地区的文明，使敖汉地区的民族风俗文化更加绚烂多彩。

(3) 历史沿革与社会变迁：乌兰召村

萨力巴乡位于旗境西北部，乡政府驻地萨力巴村距新惠镇 23 公里。全乡海拔为 480—570 米，属低山丘陵区。总面积 378.09 平方公里。萨力巴乡为半农半牧区。

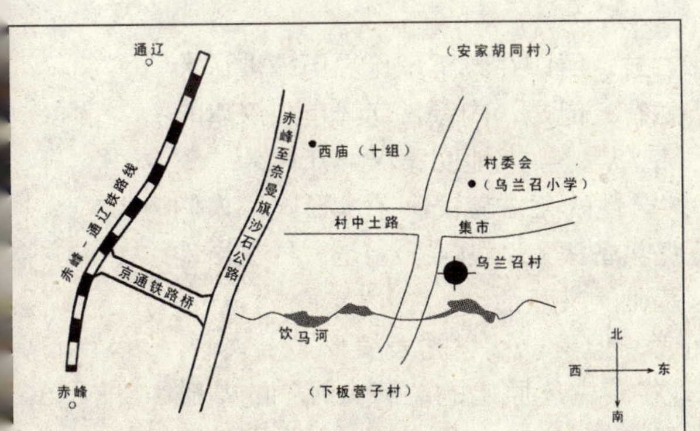

图3-1　乌兰召村平面图

光绪二十九年（1903 年），属敖汉扎萨克多罗郡王旗地。南部为三官营子乡菜园子牌地；北部为小河沿乡小河沿牌地。民国八年（1919 年），属建平县中区。民国十九年（1930 年），北部属建平县五区六道湾子乡地；南部属二区老牛槽沟乡地。伪康德四年（1937 年），属伪敖汉旗公署海力王府村地。1946 年 3 月，属敖汉旗海力王府苏木会辖地。1948 年 3 月，属新惠县第二努图克辖地。1956 年 9 月，属敖汉旗小河沿区，境内建乌兰召乡、萨力巴乡。1958 年 10 月，属乌兰召人民公社。1966 年 9 月改乌兰召人民公社为乌兰人民公社。1972 年，复称乌兰召人民公社。1984 年 2 月，建萨力巴乡。乡党政机关、企事业单位均驻萨力巴村。

全乡辖 12 个村委会，116 个村民小组，50 个自然村，有 4086 户，19187 人，其中蒙古族 3255 人，回族 122 人，满族 2 人。赤（峰）通（辽）线、锦（州）乌（丹）线公路均经由乡驻地。

乌兰召是内蒙古赤峰市敖汉旗萨力巴乡境内的一座普通的蒙汉两族杂居的村落。关于乌兰召村的情况没有任何文字记载可参考，笔者是从徐子龙村长、王忠文村长及村里老人们的口述中了解到乌兰召村的有关情况。

乌兰召村有 630 多户，2600 多口人，是该乡乃至该旗较大的一个自然村。在历史上是天灾人祸（鼠疫）频繁发生的地区，也是民间信仰——萨满教与官方信仰——佛教冲突融合的地区。民族以蒙汉为主，约各占一半儿，此外还有一些满族、回族和几十户朝鲜族。敖汉旗位于赤峰市东部偏南约 110 公里处，萨力巴乡位于赤峰—敖汉中部，乌兰召村则位于萨力巴乡北约 10 公里处。乌兰召的交通并不发达，可以说是比较闭塞的。由于地理位置、交通条件、生产方式以及气候条件等因素的影响，村民除了个别人搞副业和外出打工以外，大多数村民还是以种植庄稼为主要经济来源，仍然是传统的耕作方式。按照王忠文村长的介绍，村民每户年平均收入 20 世纪 50—60 年代为 500 元；60—80 年代为 1000 元；80—90 年代为 3000 元，从 1990 年以后，特别是从 2000 年才开始有明显的提高，能达到 5000 元左右。苏联人种学家阿尼西莫夫认为："原始巫术信仰和仪式就是企图把愿望当作现实。"[7] 乌兰召"呼图克沁"仪式表演无疑正是村民们想要改善自身生活质量的精神寄托，这里面既有物质层面的需要也有精神层面的追求。

上文对乌兰召村的历史沿革与社会变迁、敖汉部蒙古人的族源与职能、乌兰召村的经济与宗教等方面做了描述与分析。从生产方式看，乌兰召村的经济是半农半牧类型，本村人在历史上主要是蒙古人。本书的研究对象——"呼图克沁"是在这样一个特定区域和这样一个特定群体的实际生活中历史地形成并至今一直发挥着作用。

二、"呼图克沁"：一个独特的仪式剧

因蒙古族自古以来特定的逐水草而居的生存方式，所以在舞蹈理论界历来被认为是没有秧歌这种艺术形式的，认为秧歌是汉族所独有。但是，内蒙古赤峰市敖汉旗的萨力巴乡及乌兰召一带的蒙古族民间歌舞"呼图克沁"，被当地的蒙汉群众称为"蒙古秧歌"，是一种融歌、舞、乐和说唱于一体的综合性的蒙古族民间艺术形式。人们于春节期间自发地组织起来，戴上面具而舞，已经具备蒙古戏的雏形，是一种在当地流传甚久，蒙汉群众喜闻乐见的，有着广泛群众基础的文艺活动。

"呼图克沁"的产生虽然没有确切的文字可考，但是，从它的表演形式上来看，它是多种文化互相影响、相互交融的产物。它是在蒙古族原始的"萨满教"的基础上，吸收了藏传佛教（喇嘛教）的有益因素，并且在蒙古族传统歌舞之中融合了汉族

的大秧歌的某些特点，而形成的一种以民间艺人为主的歌舞表演形式。它是在“查玛”影响下形成的，是宗教艺术发展到民间的产物，主要是驱邪消灾、祈福、送子等内容，既有世俗性的插科逗趣，同时也充满了浓重的宗教色彩。

在“呼图克沁”仪式表演中，每户人家接“呼图克沁”的时间，依主人的目的和表演者即兴发挥的不同而稍有差异，大约每户从进院到辞行需要1个小时左右。

（一）表演场合与演剧意义

1．调查对象和方法

在针对“呼图克沁”的采访过程中，笔者深入走访了当地有名的学者、旗文化局领导、文化馆的领导、艺人、村长和村民共计71人次。除了深入乌兰召村亲身感受“呼图克沁”仪式活动之外，还采取发放调查表、电话采访、登门拜访等方式，广泛采访“呼图克沁”现任艺人、老艺人、乌兰召村村民以及挖掘整理过“呼图克沁”的文化工作者等。选择的调查对象主要有：赤峰市艺术研究所的研究员李宝祥、敖汉旗文化馆馆长吴谡、敖汉旗文化馆前任馆长韩殿琮、乌兰召村村长徐子龙以及14位参与仪式表演的艺人等。

笔者对于乌兰召村“呼图克沁”的采访前后共四次，每次时间不等，前后加起来总共历时三个月。

第一次采访在2004年8月，采访了赤峰市艺术研究所的研究员李宝祥，李宝祥研究员为笔者提供了大量有关“呼图克沁”的文字资料。

第二次采访正值2005年农历正月初六“呼图克沁”举行仪式表演期间。此次调查从2005年2月14日开始至2月24日结束（农历正月初六至十六），为期11天。笔者直接追踪采访了“呼图克沁”仪式表演的全过程，真实记录了“呼图克沁”现实存在状态。采访了“接请”和观看“呼图克沁”的相关村民以及乌兰召村的正副村长徐子龙、王忠文。

第三次采访在2005年7月，笔者除了深入乌兰召村调查走访村民和“呼图克沁”艺人外，还到敖汉旗新惠镇采访了敖汉旗文体广电局局长于海永、敖汉旗文化馆前任馆长韩殿琮、敖汉旗新惠镇文化馆敖汉旗文化馆馆长吴谡。韩殿琮先生和吴谡将笔者领到82岁的老艺人李维峰家里采访。特别是韩殿琮先生还为笔者提供了当年他自己拍摄的“呼图克沁”图片和相关的“呼图克沁”文字资料。

第四次采访在2005年9月，在赤峰市艺术研究所李宝祥研究员的引荐下，结识并采访了20世纪50—60年代曾经将“呼图克沁”搬上舞台并扮演“呼图克沁”中主角白老头的原赤峰市歌舞团舞蹈演员——扎戈米先生。

笔者第二次采访正值2005年农历正月初六“呼图克沁”举行仪式表演期间，此次调查从2005年2月14日开始至2月24日结束（农历正月初六至十六）为期11天，笔者亲身参与了整个“呼图克沁”仪式表演过程，主要通过实地参与观察、入户访谈、文献资料搜集、座谈会等方式方法进行了考察。

笔者从2005年春节期间接“呼图克沁”仪式表演的村民中选择了8位有代表性

的村民进行了全程追踪录像和访谈。

调查行程时间表：

2005 年 2 月 14 日（农历正月初六）：笔者与父亲和赤峰市文化馆研究员李宝祥老师一行 3 人，乘坐长途汽车赶往赤峰市敖汉旗新惠镇。

2 月 15 日：采访敖汉旗文化馆馆长吴谡、前任馆长韩殿琮、敖汉旗文化馆研究员苏日图等。

2 月 16 日：笔者和父亲在李宝祥老师、韩殿琮老师的陪同下来到仪式表演地——新惠镇萨力巴乡乌兰召村，采访村长徐子龙和艺人代表李福山。

2 月 17—23 日：在仪式表演过程中对"呼图克沁"进行现场追踪采访，包括仪式表演过程中的录像、拍照、艺人和村民访谈。

2 月 24 日（正月十六）：晚上六点至七点举行"呼图克沁"仪式表演最后一个仪式程序——跳火烧面具送神。整个调查和考察工作圆满结束后，艺人们为笔者开欢迎会兼欢送会。

2. 调查过程

（1）初识艺人李福山

2005 年 2 月 16 日，笔者到乌兰召村的当天晚上，韩殿琮老师带笔者去了原来与他很熟悉的一位跳"呼图克沁"的老艺人李福山家，商量第二天跟随他们的仪式表演队进行追踪采访的事宜。52 岁的李福山是乌兰召村七组蒙古族村民，上到小学四年级就回家以种地为生。他的父亲李发是"呼图克沁"第四代传人，他属于第五代艺人。结识以后才知道，李福山是他的小名，他的大名叫李青龙。对于李青龙这个名字，笔者在 80 年代敖汉旗文化馆整理的关于"好德格沁"的油印本里见过，所以虽然与他初次相见，却多少有几分熟悉的感觉。稍微熟悉之后，他建议笔者将大名、小名一并记下来，因为他自己认为自己的小名在周边这一带很是叫得响，知道小名的人多于知道他大号的人。初次相识，他给笔者的感觉就是，性格外向、健谈，很适合搞表演专业。他的身材清瘦，大概不到一米七的个头，说话的嗓门极大，总让人感到他在喊着说似的。后来听他女儿说，他的左耳朵失聪，自己听不清，就以为别人也听不清，所以说话嗓门特别大。据李福山介绍：

"呼图克沁"仪式表演目前村里只有今年金生（会首）他们组建的这一支，周边一些村落有些蒙古人也喜欢和相信呼图克沁，如果路程不太远的话，为了多挣一些钱，可以离开本村到外村去表演，因为村里接的人家有限，组织一次演出所有开销都得靠大家共同收入来支付，演出机会越多才不会白忙活。由于从前村里人都比较穷，以前出一次仪式基本上收不到钱，那时候钱好（指值钱），有钱的人家会给 2 元钱。一般是派一名不参与仪式表演的人背着一个褡裢，将仪式表演中农户家中桌子上摆放的食物，一般是黏豆包、瓜子等装在褡裢里，等到正月十六仪式结束时大家平分。即使现在也收不上多少钱，一个正月忙下来除了饭钱（从前路远的时候，一般是接仪式的村民管饭，现在只能自理），每个人顶多分上个三五十的。因为"狼多肉少"

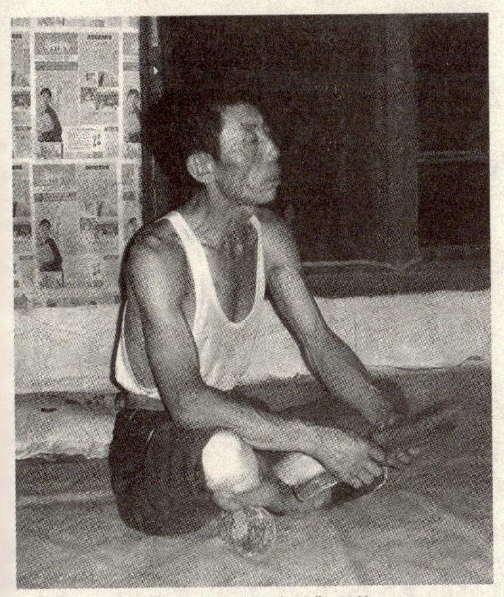

图3-2 艺人李福山谈“呼图克沁”现状
（笔者摄于2005年8月）

啊，虽然只有六个角色，但是一个人跳不动那么长时间，基本上需要一个角色配上两个艺人，轮流上场。像今年配了13个人。角色中的主唱白老头和黑老头需要功力，不是谁都能够胜任的。除主唱人员以外经常是大家一起合唱，其他四个角色是所有艺人都可以交换扮演的，当然也有的人喜欢扮演符合自己的固定角色。今年会首是十组的金生，我今年没有主办，太操心费力又挣不上几个钱儿。但是我会唱的歌多，所以他叫我给他帮忙，我跟他两个人扮演主唱白老头。如果今年办的效果好的话，明年我也想自己单独组织一个队伍。

（2）一段小插曲

笔者到乌兰召村后，专门拜访了2005年乌兰召“呼图克沁”仪式表演的会首金生。“会首”是指“呼图克沁”仪式表演的操办组织者，艺人们也称自己组织“呼图克沁”仪式活动的行为为“办会”。笔者认为此种说法可能受同村汉秧歌称组织活动为“办会”说的影响。就“呼图克沁”仪式表演而言，会首的人选往往不是固定不变的，一般是由有威望的、能够出面召集参与仪式活动人员、并负责整个活动期间各种事宜的人担当，往往由有经验、表演技艺高超的艺人轮流担任，通常情况下是由“呼图克沁”仪式表演的主角白老头担任会首。

金生本人没有上过学，也不认识字，平时以种地为主要经济来源，是第四代“呼图克沁”老艺人赵树廷的徒弟，属于第五代传人。在采访中他告诉笔者：

为了我们“呼图克沁”仪式活动能够顺利进行，今年除了我出面组织“呼图克沁”仪式表演以外，还有一个叫郑国华的乌兰召村民也参与了。他是一个能言善辩、头脑灵活的人，平时就老往下跑，到各家各户收购猪啊、羊之类的牲畜贩卖，认识人比较广，人也比较厉害，到哪儿都能说得上话去。他本人不直接参与“呼图克沁”仪式表演，但是他负责打前站（指负责提前联系承接“呼图克沁”仪式表演的村民），负责安排今年“呼图克沁”仪式活动的时间和地点。

按照金生的说法，如今，在“呼图克沁”仪式表演之前需要提前联系承接的村民，然后根据接户的多少安排演出日期和行程。这个提前联系接户的任务在2005年“呼图克沁”仪式活动期间就由不会唱“呼图克沁”歌曲也不参与“呼图克沁”演出的乌兰召村38岁的以贩卖牲畜为生的九组蒙古族村民郑国华主动担任，在仪式表演期间他负责提前去村民家联系承接事宜、负责为“呼图克沁”仪式表演队提供交通工具，据说通常在需要出村演出时由他驾驶他自己平日里下乡收购牲畜的敞篷三轮车运送艺人，在仪式表演结束后他也参与酬金分配。根据金生的说法，笔者头脑中闪现出一个词——经纪人。也就是说，“呼图克沁”这个拥有近200年历史的仪式表演队，如今在市场经济的影响下，居然也出现了经纪人。起初笔者跟经纪人郑国华的相处一直很不愉快，似乎他极不愿意笔者的追踪拍摄，也不愿意笔者接近“呼图克沁”仪式艺人进行访谈。据说他最初听说笔者来村里打算采访“呼图克沁”仪式表演时，还曾经私下里跟艺人们商量打算让笔者出3000元钱呢，否则不允许笔者跟随录像和采访。后来渐渐熟悉后才知道，原来笔者是一个深受前面学者影响的人。据村长徐子龙村长介绍说：

年前也有好几拨专家、学者来村里观看过演出，都不是仪式活动期间，甚至是农忙时节，是他们放下手里农活特意为他们表演的。乡里派下的任务让接待，村里经济又困难，不管又不行。无论是赤峰的，还是自治区首府的都来过。中央电视台《走遍中国》栏目就是夏天六七月份那工夫来了那么一帮人，必须让（艺人们）穿衣裳，要录像。那工夫人家（指艺人们）不是忙吗，他们在那儿录像倒不要紧，他们一走了这边儿整一大堆麻烦了。一帮人盯着坑儿就和村子要钱，他们（指艺人）说“那上边的人（指记者、学者们）是你们整来的，我们就那个意思不能白干”。就是那工夫来人的时候，光招待上边来人的吃喝，村里就花了四五百，你看来人了，乡里管饭，让村里掏钱，村里你整不过人家（指乡政府），你就得掏钱啊。你掏了，但是你这个钱从哪儿出啊，当官儿的就难办，你反过来之后，他们（指艺人）又在那儿盯着坑儿要工钱，你就得两千，这两千就那么容易来的吗？哎！所以说，这村官儿就难了，这一老来人采访，这干啥呢。村里也给不起呀。我只好告诉他们上边以后再来人你们别朝村子说，你们愿意接受采访你们就和他们要钱。

听了村长的话，笔者也深感忧虑，也很理解他的苦衷。学者的推动、媒体频繁的报道引起艺人们对于自身价值的重新认识，有利于对濒临灭绝的传统文化的保护，这固然是一件好事，令笔者感到困惑的是，这种伴随而来的纠缠不清的金钱利益难道就是文化保护的后遗症吗？笔者是以学生的身份追踪采访，不是什么记者或者电视台的人为了工作来录制节目，尤其是笔者不需要艺人们为笔者特意演出，笔者是想在“呼图克沁”仪式表演期间跟随他们的仪式表演队伍，了解他们在现实生活中的真实存在状态，而且即使笔者不采访，他们也要到农民家里去表演，尽管如此，由于前面众多学者及媒体的影响，最终为了笔者调查得以顺利进行，笔者也还是“入乡随俗”花钱买了方便，但是支付的数额毕竟远没有当初经纪人设想的那么高。后来熟悉以后，笔者和艺人们还交上了朋友，仿佛笔者也成为“呼图克沁”一员的时候，笔者渐渐理解了他们。他们还是很善良淳朴的乡民，由于贫困的生活，许多做法是可以理解的。令笔者心碎的是，他们对于许多专家学者的许诺怀着那么高的期盼，又以深深的失望而告终。他们曾经是无私地、热情地奉献自己的辛勤劳动，但是，不要说是在电视上能够看到自己的表演，就连一张小小的照片都得不到。他们对于后来的学者怀有敌意又有何不能理解？有着经济头脑的经纪人郑国华想让笔者帮忙给他们联系到外边去演出的机会，还主动向笔者出示了他的经纪人证书，那是1992年他参加敖汉旗组织的经纪人考试时颁发的，他说自己是乌兰召村唯一的一个有经纪人证书的人。可见郑国华这个新型农民，这位新时代的农村经纪人确实投入角色了，他已经把自己的民族文化当成了文化商品。笔者真希望自己不会让他们再失望了，但是笔者有些困惑，对于民族艺术应该怎样做才能使它得到更好的保护呢？

（3）仪式禁忌的随意性变化

虽然从表面程序上看，“呼图克沁”仪式表演没有发生多少改变（原因与此仪式的宗教色彩带来的稳定性有关），依然是五个程序：请神、敬神、求子、驱邪祝福（娱人）、送神，依然是全部由蒙古族男性组成的有角色扮演、戴面具化装表演、载歌载舞以演唱蒙古语歌曲为主的仪式表演形式，但是已经不像文献记载的那样有着严格的禁忌了。

据文献记载，以往“呼图克沁”仪式表演者要提前沐浴更衣请神。具体操作过程是将做好的面具拿到庙里供奉，而且需要喇嘛诵经，到正月十三，戴上面具神灵附体之后才能开始仪式表演。如今这些程序虽然存在，但是具体操作的过程、时间、地点等均有了改变，有了很多随意性。由于“文革”中村庙被毁，仪式表演中需要到庙上去请神戴面具的环节也就简化了，不再需要到庙上去了。采访中，73岁的原村长王学凤老人告诉笔者说：

村里没有庙以后那就是在哪儿出就在哪儿戴“脸儿”了。如果就在村里出的话，他们就在村里戴“脸儿”了。因为村里没有庙了，也就不用上庙了，但是得拜庙。就是上原来有庙的原址去拜庙。正月里，尤其是十二、十三的，就到那儿拜一拜去。

今年就改为在指定的村民家中供奉。在谁家中并没有严格规定，今年是在面具制作者、仪式表演中担任打鼓任务的于长和家，于长和家也就成了此次办会的会房。[8]没有了喇嘛颂经就改为在家中衣柜上摆放面具燃香拜祭。由于天气寒冷（零下27度），笔者注意到许多艺人在去“七道湾”的路上为了御寒早就将仪式表演中的服装穿上了，也没有沐浴更衣的过程。

另外，现在一方面由于艺人们会演唱的仪式歌曲数量有限，另一方面为了在有限的时间内多走几家多获得一些经济利益，所以，在每一家的演出时间都比以往缩短了。由原来在每家表演一个多小时缩短至四五十分钟，演唱的仪式歌曲的数量也减少了，由原来在每家演唱十几首变为只反复演唱五六首，或者原本有五六段歌词的只演唱其中的两三段，甚至有些应有严格演唱场合的仪式歌曲在现如今的表演中也没有严格禁忌了，可以在原本不能演唱的时候演唱。

仪式表演的时间也有变化。这次仪式表演一共跳了10天（正月初七至正月十六），因为每天接的人家数量不等，最多的时候一天跳四家，少的时候一天跳一家。比以前举行仪式表演的时间提前了6天。笔者问到提前的原因时，艺人郑国玉说：

以前村里人少，接的人也少，跳三天就够了，现在村里人也多了，接的人也多了，光三天就不够用了，当然要提前了。如果接的人再多有可能还会推后结束呢。这个就比较随意了。其实这个咋说呢，这就是夏天人家没人儿接，要是有人接的话，我们也跳呢。没有那么多规定。

图3-3　艺人在七道湾村口戴面具换服装（左一为于长和）

图3-4　艺人李福山为笔者介绍2005年“呼图克沁”仪式活动期间使用的面具（于长和制作）

可见艺人们心中遵循从前传统规则的想法已经荡然无存了，如果要说今天还存在某种规则的话，那就是完全取决于能够有多大的经济效益。

以往关于“呼图克沁”仪式表演还有个要跳就必须连跳三年不可间断的规定。这一点和内蒙古赤峰地区汉族秧歌“有会必办三年”的习惯是相一致的，而且在当地群众中也流传着“不办三年心不诚、不吉利，必遭神的惩罚”的说法。当笔者问起现在是否依然如此时，会首金生有些无奈地对笔者说：

那都是以前老人们说的，现在根本没那么办。这个“好德格沁”现在也就是第三代了（按照李发说法应为第四代）。头一代的都没有了。二一代（按李发的说法应为第三代）的剩下一个人也都稀里糊涂了（指年事已高又有病在身的李维峰）。这就到我们这儿就是第三代（按李发的说法应为第四代）。我呢，就是为了这个东西它不能失传了。有几次都是我张罗的，哎！要是我不张罗就没有人张罗了，就扔了，哎！就是这么个事儿。我是从1998年出了一回，赶完了出了一回，也就又没有人张罗了，这不也扔了有五六年了呗，今年这不中央（指中央电视台《走遍中国》栏目）又来录像嘛。后来（他们）就说你们最好别让它失传了，最好就这么继续着往下办，就这么着，我一想今年办就办吧，要不今年也没有人操办了。

以往文献中还有关于演出期间的一些禁忌规定。如，在演出的三天中，表演者被请到哪里就在哪里食宿，晚上睡觉时要把面具端端正正摆放在桌子上或后柜子上，焚香供奉，演出期间不准回家，避免沾染尘俗，如有人违反，在烧面具跳火时，会遭到火神的惩罚等等。事实上这些规定早已经不存在了。接“呼图克沁”的村民不负责仪式艺人的吃饭，更不管住宿的问题。笔者认为，这一改变本身大概有三个原因：

其一，出于信奉程度的深浅。因为以前村民对于“呼图克沁”仪式表演信奉程度深，自然像招待“神仙”一样对待艺人们，会管饭，个别还有给钱的人家；而如今仪式艺人与村民之间的关系变成纯粹的利益关系，虽然个别村民依然信奉，但是也不如从前老人们那么虔诚，基本上是抱着试一试或者“宁可信其有”的态度，更多的村民是为了讨个吉利图个红火热闹。村民支付了劳务费，自然不会管吃饭问题了。

其二，出于经济利益的考虑，可谓“时间就是金钱”。仪式艺人们没有时间停留在某一家吃饭，他们需要多赶出些时间多跳几家来增加收入。为了能多分点儿钱，大家都回自己家吃饭（如果大家一起吃饭，就要从集体收入中扣除后再均分）。“呼图克沁”没有汉族秧歌有挨门逐户去送祝福的所谓“沿门子”的习惯，完全是有明确目标的，到事先联系好了需要他们去跳的村民家中表演。虽然尽量是将路线提前安排好，遵循着距离最短原则，但有时候难免出现家与家之间相距甚远的情况，而且，通常还要一路唱着跳着走到下一家去，这里面蕴涵着聚众引人的类似广告的作用，以吸引其他更多村民的注意。在笔者追踪采访的过程中，他们最多的时候一天能跳四家，基本上是这家进那家出，时间比较紧张，因为虽说是跳一天，但是笔者发现今年接“呼图克沁”的村民基本上是上午多，下午几乎没有，大家认为上午接“呼图克沁”似乎更为灵验。笔者觉得“呼图克沁”仪式表演的艺人们在仪式表演期间的奔波，很似现代城市中穿梭于各个夜总会等娱乐场所中“跑场子”的演员，赶的场子越多挣的钱越多。比如，正月初八在七道湾出“呼图克沁”仪式表演的时候，一上午跳了三家（从9：30开始跳，每家需要1小时左右），笔者跟随艺人们从第三家出来的时候已经是中午12：40了。

其三，如今交通比以往便利。以前跳得很晚的时候，艺人们会在最后的那家住宿吃饭，这与交通不方便有关。如今交通工具比较方便，艺人们基本上是回家住宿，更不会考虑到什么“沾染凡俗”之类的问题，更何况如今“呼图克沁”仪式表演的时间又比从前延长很多天，当然也会打破这一规矩。

（4）亲历“呼图克沁”仪式表演

“呼图克沁”的仪式表演平衡和整合了演员、观众、助演者和承接者之间的关系场域。它显示出以下三个层面的结合：一是肉体性存在，即人的身体；二是作为关系结合的社会性存在；三是人的灵魂，即观念性存在。这三种存在紧密结合在一起。肉体存在是感性的，是人存在的物质基础。社会性存在体现的是艺人、观众、承接者之间的社会互动和交往。观念性存在是一种神灵观的建构。“呼图克沁”仪式表演是由生物性、社会性、观念性三个层面建构而成的。这三个层面在“呼图克沁”仪式表演中虽然总体上互有交叉与重叠，但各项程序的重点还是清晰可辨的。接神之前的沐浴环节处理的是生物性的层面；村民对于“呼图克沁”的承接体现的是社会性的层面；而艺人们请神、着装表演主要体现的是观念性的层面。在整个“呼图克沁”仪式表演中，演出者、观众、助演者、承接者之间的关系不断地建构、均衡或重新建构。

2005年2月17日，“呼图克沁”仪式表演在七道湾村共跳了3家，由于仪式表演基本程序的相似性（接仪式的原因因各家而异，列表于后），笔者选定一户接“呼图克沁”仪式表演的村民家做现场追踪记述：

时间：2005年2月17日，农历正月初八。

天气状况：小雪。零下27度。

地点：内蒙古赤峰市敖汉旗萨力巴乡乌兰召村东南15华里的七道湾村

人物：

A. 七道湾村接“呼图克沁”仪式表演的村民：男主人王瑞卿，女主人鲁彩荣，两人今年都55岁。有两个儿子。蒙古族。

B.“呼图克沁”仪式表演的13名艺人（以下艺人如没有特别说明，全部都是蒙古族，名字后面的角色是此次仪式表演中扮演的角色，实际上每个艺人至少扮演过两个角色）

金生（会首，62岁）——白老头（主角）

郑国华（经纪人，38岁）

李福山（也叫李青龙，老艺人李发的儿子，52岁）——白老头（主角）

李海波（李发的孙子、李福山的儿子，24岁）——孙悟空

武政权（68岁）——曹门代

郑国玉（武政权的外甥，53岁）——黑老头

郑国峰（武政权的外甥、郑国玉的弟弟，50岁）——花日

郑国军（经纪人的哥哥，42岁）——击镲

于长和（也叫于学龙，57岁）——“鼓道儿上”（打鼓，一般秧歌队常用的大鼓）

白明玉（46岁）——猪八戒

邱永胜（22岁）——孙悟空

梁海艳（25岁）——猪八戒

孟召华（38岁，汉族，临时帮忙）——用自行车推鼓（以往用庙里跳查玛用的扁鼓）

村口请神

2005年农历正月初八，“呼图克沁”应邀到乌兰召村西南约七八里地远的村庄——七道湾去进行仪式表演。2005年正月初八早晨8：30分，顶着零下27度的严寒和扑面而来的飘雪，经纪人郑国华驾驶着他的敞篷农用三轮车把“呼图克沁”艺人连同笔者父女带向“呼图克沁”仪式表演的目的地——七道湾村。

图3-5 艺人们在七道湾村口敲鼓击镲招揽观众（2005年正月笔者摄于七道湾村村口）

三轮车停在七道湾村村口，艺人们下车着手准备仪式表演事宜，省略了以往沐浴更衣、活佛念经等环节，一边穿服装、戴面具、拿道具，一边敲鼓、击镲，召集吸引村民（见图3–5）。[9]郑国玉和李福山聚集村民的响亮锣鼓声在旷野中回荡，一股神圣之感油然而生。虽然由于天气很冷，零下27度的温度使笔者拿摄像机的手早已经没有了知觉，但是，笔者也拿起鼓槌，在艺人李福山的指导下敲了起来，仿佛自己就是仪式表演队伍中的一员。每看到增加一个闻声而来的村民，笔者的心中好像就多了一分成就感。在乡村中自生自灭的民族民间文化艺术还是有其顽强生命力的，毕竟一方

图3-6　李福山在仪式表演前指导年轻艺人（2005年正月笔者摄于七道湾村村口）

水土养一方人啊！李福山作为老一代“呼图克沁”民间艺人，看得出来，他对于自己所从事的“事业”是打心眼儿里热爱的。这不，在正式仪式开始之前，他还自觉地肩负起辅导年轻艺人的职责。（见图 3–6）[10]

笔者注意到今天扮演金生的白老头只穿了一件白色的蒙古袍，因为穿的时间长了，略显发黄。黑老头郑国玉也只穿了一件普通的黑色蒙古袍。他们穿的都不是文献中记载的白皮袄和黑皮袄。笔者问金生这是什么原因时，他黯然地说：

没有钱买啊！现在旗里虽然总来人录像啊、采访的，但是没有一个人真正支持我们，没有给过一分钱。今年我是会首，我牵头组织的。如果我不组织的话，恐怕也就没有人演了。我们演出的费用包括服装啊、道具啊、交通工具啊、吃饭啊都是自己负责的。交通不便，我们也只能到离家比较近的地方演出。以前还有人家管饭，现在也没有了。现在敲的这个鼓还是我自己掏 200 多元钱新买的呢。[11]

仪式表演

2005 年 2 月 17 日上午 9：30 分左右，按照经纪人事先联系好的路线，换好服装、戴好面具完成请神程序的“呼图克沁”艺人们，敲鼓击镲，一路唱着《敖汉赞歌》（又名《乌木苏》，谱例 3–1，见附录第 166 页）载歌载舞、热热闹闹地从七道湾村口向着第一户接“呼图克沁”仪式表演的鲁彩荣家走去（见图 3–7）。[12] 孙悟空、猪八戒在前边跳跃开路，其余的人横排在后。白老头居中，踱着方步边走边唱。所以“呼图克沁”歌曲的速度一般都是比较慢的，以适合于行进中演唱的速度为准。这种外在表现形式确实与汉族秧歌的“踩街”或“行街”类似，再加上汉族秧歌里也有孙悟空、猪八戒两个角色，笔者想这大概是村民将其称为“蒙古秧歌”的原因吧。关于踩街仪式歌曲，以前记载中还有《鸭鸡庙之歌》，如今大多数艺人已经不会演唱此歌了。采访中艺人李福山为笔者演唱了此歌（谱例 3–2，见附录第 167 页）。采访中艺人李维峰演唱的《哈拉奔糯猜哥欺》（又名《四个杭盖》，谱例3-3，见附录第165页）和李福山演唱的《八拉恩胎杭乃》（谱例3-4，见附录第165页）都属于踩街时演唱的仪式歌曲。

大约上午9：40分，仪式表演队伍进入第一户接"呼图克沁"仪式表演的村民王瑞卿（男主人）和鲁彩荣（女主人）家。从外表来看，这是一户殷实的人家，房子是新盖的，红红的砖房在本村众多的小土房中孑然独立，尤其是将门窗漆成纯白色，红的砖、白的窗分外醒目，同时也给人以格外干净之感。院门朝南，有正房四间，是红砖房，坐北朝南。房屋的正门对着宽敞的厨房，东西各有两间套房。[13] 院子的东西两侧是凉房和柴堆，最醒目的是院子里堆放的如小山包一般金黄金黄的玉米棒子。现在回想起来，来到乌兰召村这一带，给笔者留下印象最深的就是家家户户院里堆积如山的玉米棒子了，这是当地人的一项主要经济来源。

男主人王瑞卿不善言谈，看到"呼图克沁"一路跳着唱着进了院子，连忙接二连三地燃放起早已准备好的"二踢脚"来迎接，声音极响，这大大出乎笔者的预料，因为按照以往的记载，迎接"呼图克沁"仪式表演多数是由户主人手捧奶茶和哈达来迎接的。从前，王府接"呼图克沁"时，王爷还让属下官员手捧羊骨杈和哈达，骑上高头大马，用绕府三周的隆重礼节来迎接呢。如今，随着人们生产、生活方式的改变，出现这样的变迁也是可以理解的。小钢炮似的"二踢脚"和喧闹的鼓镲歌舞之声，立刻惊醒了原本十分安静的北方小村庄，不一会儿，主人家的大门口就堆满了前来看热闹的村民，小孩子们更是高兴地跟着"呼图克沁"，围前围后的。有的孩子个子小，怕自己看不到，还爬到了王家的院墙上。

进院以后，宾主一番寒暄，艺人们就在

图3-7　艺人们从村口载歌载舞地向接户鲁彩荣家走去（2005年正月笔者摄于七道湾村村口）

图3-8　驱邪纳福的"盘肠舞"（2005年正月笔者摄于鲁彩荣家）

图3-9　为艺人们准备的炕桌（2005年正月笔者摄于鲁彩荣家屋内）

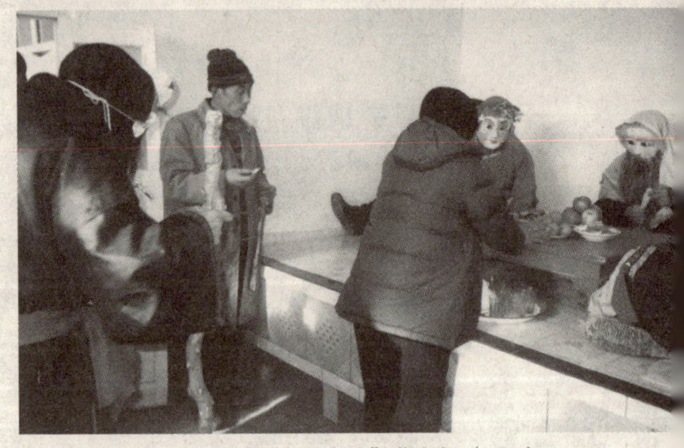

图3-10　女主人热情接待"呼图克沁"艺人们（2005年正月笔者摄于鲁彩荣家）

图3-11　进入鲁家屋内观看的村民（2005年正月笔者摄于鲁彩荣家屋内）

图3-12　室内祝福（送子）（2005年正月笔者摄于鲁彩荣家屋内）

图3-13　鲁彩荣率儿子、儿媳及小孙子与曹门代合影以保证自己所求灵验（据说此孙是为大儿子求子而得来的，今特为二儿子求子）

王家院子里跳起了免灾辟邪的舞蹈，由于跳舞的路线类似缠绕的羊肠子，所以称为“盘肠舞”。这种舞蹈路线在汉族秧歌中也能见到，寓意是给主人带来吉祥如意，驱邪消灾。扮演白老头的会首金生一边跳舞一边不停地向四面八方挥舞着宝杖，到处指指点点，为主人驱邪、祝福，祈祷幸福美好的生活。

“盘肠舞”在院子里跳了大约 20 分钟后，艺人们按照以往“呼图克沁”仪式戏剧表演的程序，留下孙悟空、猪八戒在院中，其余的人进入主人家的正房演唱吉祥赐福歌。优美的旋律吸引了众多的同村人纷纷挤进王家的屋子里来观看，这种面对面的仪式戏剧表演，单纯从演技上来看固然拙劣，很不成熟，没法与电视节目相比，甚至有的时候表演的演员似乎也不如从前的艺人技艺纯熟，还出现忘记歌词的现象，但是，对于平日十分平淡安静的小村庄来说，这仍然是十分难得的，欢歌笑语为小村庄增添了浓浓的春节味儿。在王瑞卿和鲁彩荣家正房东屋靠近北墙的一面，是呈长方形的土炕。炕上铺着以前城市中的市民用来铺在地上的“地板革”。炕的正中摆放着中国北方农村常见的小方桌，桌子上摆放好了各种水果、点心、糖、茶水、瓜子和香烟，而且在果盘中间放着早就准备好的赏给“呼图克沁”表演队的 50 元钱。据艺人李福山说：

现在生活比以前好了许多，基本上不拿桌子上的食物了，怕人家笑话。当然，如果有好烟的话也会拿的，主要就是拿钱。虽然没有一个固定的价格，但是大家基本上给的也都差不多一样，给得太少了也拿不出手啊。

在采访中，艺人李福山为笔者演唱了两首几乎要失传的其他艺人不会演唱的屋内祝福仪式歌曲《八任胎包如》（谱例 3–5，见附录第 172 页）和《屋内仪式歌》（谱例 3–6，见附录第 173 页）。

有许多村民也跟着仪式队伍进了王家的正房。大家虽然人多，却个个表情都很认真、虔诚。如今，随着市场经济观念的深化，使得人与人之间越来越冷漠和疏远了，这种情况在现今的城市里早就已经非常普遍了。大家虽同住在一座楼房，同住在一个单元，甚至是邻居，也许都会“老死不相往来”，但是在这块土地上，这几位“神仙”的到来，他们载歌载舞的表演却像一剂良药，确实在客观上给人们的生活带来了希望，哪怕它仅仅只是一个美丽的谎言，至少它能够给人们平淡而沉重的生活带来一线缥缈的希望和一丝快乐。同时，它也的确起到了融洽乡民关系、增强民族认同感以及加深对民族文化理解的机会。笔者想，平日里即使大家同样生活在一个村庄里，但是各自都在为生计而奔忙，彼此之间缺少交往，因此也就会少了许多宽容和理解，更多的是以自我为中心去考虑问题和处理问题，使得邻里之间很少有机会来往和沟通。笔者认为，在乡民社会中，“呼图克沁”一方面是乡民关系的润滑剂，另一方面，也是主人家个人生活状况和实力的一个展示机会吧。

据记载，白老头一行四人进屋就座后，被留在院子里的孙悟空和猪八戒，应该分别被主人带到马棚和猪圈，用自己手中的金箍棒和钉耙，四处指一指，到处捅一捅，寓意是消灾辟邪，同时又可以和院子里观看的群众戏耍逗趣。但是，笔者见到如今这个程序只剩下一个形式了，扮演孙悟空和猪八戒的艺人被留在院子里以后，并没有接着表演，两个人坐在院子中停放的一个马车上闲聊，主人家不知道是不懂还是不在意呢，并没有表现出丝毫的不快。后来在艺人郑国军本人也接“呼图克沁”时，笔者问起了这个问题，他说：

是应该有这个程序的，但是现在有的人家里已经没有马棚和猪圈了，所以慢慢地也就给省略了，要是有的人家明白的，要求的话，我们也还是做的。

后来为了让笔者录像，艺人郑国军家接“呼图克沁”的时候，他还特意让扮演孙悟空的邱永胜到马棚里（空的，他家没有养马）转了一圈儿，又爬上屋顶跳舞驱邪，让扮演猪八戒的李海波到猪圈里转了一圈。看来大家并不是不知道以前应该有的某些程序，只是由于时代的变迁，由于人们生产、生活方式的改变，似乎有些程序中隐含的意义已经改变了或者不存在了。

解放以前，乌兰召村都是蒙古族，没有汉族。村民以牧业生产为主，自然希望能够有神灵保佑自己家牛羊肥壮、牲畜成群了，所以孙悟空和猪八戒分别到马棚和猪圈消灾辟邪的仪式自然很受重视。现如今，基本上以农业生产为主，有的人家不喂养牲畜，这个环节就容易被忽视，以至于被省略了。

精明好客、性格外向的女主人鲁彩荣是蒙古族人，当她见到笔者手拿摄像机在录像、拍照的时候，马上主动过来用蒙古语与笔者交谈，她以为笔者是电视台的记者，以为自己家接“呼图克沁”能够有上电视播出的机会呢。笔者很抱歉地示意她笔者听不懂蒙古语时，她豪爽地笑笑，又用汉语与笔者攀谈起来。当笔者问到她今天接“呼图克沁”的目的时，她马上兴致十足地告诉笔者，是为了自己的儿子求子，也就是求孙子。笔者问她对于“呼图克沁”的灵验程度是否相信时，她很肯定很认真地说：“信，咋不信呢！不信我就不接了。”

屋内的白老头等人坐在鲁彩荣家的炕上又说又唱，主人招待得越热情，唱得越起劲儿。所有的歌他们都是用蒙古语来演唱的。女主人蒙古语讲得不错，她说能够听得懂。但是，笔者问到围观的村民时，有的说能听懂一点儿，而有的完全听不懂，只是来看热闹而已。尽管笔者听不懂他们演唱的蒙古语歌词，但是笔者能听懂曲调。笔者注意到他们中的几个年轻艺人会唱的歌比较少，除领唱的白老头外，其他人都是合唱，整个仪式表演过程中演唱最多的是他们自己比较熟悉的五首歌《乌木苏》[14]（《敖汉赞歌》，谱例 3-1，见附录第 166 页）、《八拉恩胎杭乃》（《四个杭盖》，谱例 3-4，见附录第 165 页）、《求情歌》（谱例 3-7 至 3-10，见附录第 175—176 页）、《青鸟歌》（谱例 3-11，见附录第 173 页）、《祭火歌》（谱例 2-1 至 2-3，见附录第 176—177 页）。

女主人鲁彩荣向白老头提出了“求子”的愿望，她说自己有两个儿子，大儿子早已经结婚了，有了一个可爱的孙子。年前二儿子刚刚结婚，她想为二儿子求一个儿子，由于二儿媳妇回娘家了（年轻人根本不相信），她就代替二儿媳妇来求子了。她没有像文献记载那样跪下来，只是由扮演白老头的金生从自己面具的白胡子上拽下一根儿，上面还系上一个铜钱，说着祝词送给鲁彩荣，预示着她家第二年就会生下贵子。看到这个原本应由求子夫妇跪地陈诉愿望的仪式演变成为由奶奶一个人代替儿子媳妇求孙子的貌似游戏的场面，笔者感到民间仪式存在的根基和生命力，它是作为一种民间信仰而存活于老百姓的生活中，它的生命力依赖于它不断地自我调整，以适应现实中人们不断改变着的各种需求。

按照以前表演的惯例，屋中祝福唱完以后，白老头的老伴儿曹门代应该被主人家挽留下来，然后白老头走出门后返回头在门口向主人唱《求情歌》，再由孙悟空进屋将曹门代接走。但是这一次，曹门代的扮演者武政权不知是忘记了这一环节，还是现在大家表演得比较随意，有意想省事儿，他跟着大家一起从屋里走了出来。笔者急忙向艺人李福山请教，李福山今天没有扮演角色，他是被请来帮忙提词、唱歌的。以前根本没有帮唱、帮提词的人，这次是因为有的队员唱不好而特意请他来帮忙的。他说：

> 有的村民不懂，也没有人过问，这段儿有的时候就省略了。这是你知道，不知道也就过去了。我们有的时候在不同的人家演出的时候，有时程序上完整一点儿，有时可能有些程序就省略了。

图3-14　欣赏求情歌的女主人（2005年正月笔者摄于鲁彩荣家屋门口）

为了让笔者看到完整的表演，李福山跟女主人鲁彩荣说明情况之后，将早已经走出家门的扮演曹门代的武政权重新推回屋里，白老头和黑老头这才在屋门口又唱起了《求情歌》。主人家对于他们在表演中随意缩减程序的疏忽似乎并不在意，也不挑剔，没表现出任何的不快，表现得很是宽容。以往，女主人本应该留在屋子里配合表演的，意思是对给她家带来吉祥的白老头的妻子曹门代恋恋不舍地挽留，等白老头的《求情歌》唱完以后，孙悟空进屋接出曹门代以后再跟着出来，但是这位性格开朗的女主人鲁彩荣却一直兴致十足地跟着白老头站在门口欣赏《求情歌》。

经过一番请求，最后由孙悟空进屋将曹门代接出来，鲁彩荣家的仪式表演也就即将结束了。要回自己的老伴儿后，演出队唱起了《四个杭盖》，准备把祝福带给另一户接“呼图克沁”表演的村民。“呼图克沁”在鲁彩荣家表演了大约50分钟，上午10：30分左右，一边唱着曲调悠长的《青鸟歌》，一边起身告辞。从院子里一路唱着跳着，离开鲁彩荣家向下一家走去。男主人王瑞卿又在院子里点燃了响亮的爆竹，以示对“呼图克沁”的欢送。鲁彩荣家“呼图克沁”仪式表演正式结束。

到此时为止，仪式表演中的“踩街”、“盘肠舞”、“送子”、“求情歌”、“青鸟歌”辞行等程序全部表演完毕，唯独剩下最后一项——跳火送神没有表演。就仪式表演结束之前关于跳火烧面具送神的问题笔者特意请教了会首金生，他说：

面具是要烧的，但是时间和地点没有以前那么讲究了。以前有庙的时候我们都到村西边庙前烧，现在就在村外空地上烧，按理儿应该正月十六晚上七八点钟烧，但是现在也没有规定，如果实在没有人接了，我们就按时烧，要是接的人多了跳不完，就晚几天烧也行，反正面具是一定要烧的。否则你没有把神送走，人们的愿望就不能实现了。

关于仪式中烧面具时间不再遵循严格规范、为了多一些收入可能推后举行，说明“呼图克沁”仪式表演正在向纯粹的文化商品转化，尽管目前由于村民们都并不富裕，收入微薄，但是，至少这种对于经济效益的追求是“呼图克沁”仪式表演市场化运作中必然要出现的现象，也是“呼图克沁”仪式表演今后得以继续存在的根本原因。

文献中记载，“呼图克沁”仪式表演每年正月十六的晚上是送神灵归位的日子。第一、第二年在村子的西南方向，第三年在村子的西北方向，等到满天星斗之时，选一适当的地方，用秫秸为火把，相对交叉架起点燃，在紧密的鼓、铙钹伴奏声中，表演者在火堆旁一边跳舞一边唱起“祭火歌”，在火燃烧略小时，在火上跳来跳去并顺势将面具丢在火堆里烧化。至此，送神仪式结束，整个“呼图克沁”的表演也就结束了。

由于近年来的“呼图克沁”仪式表演并非是按照连办三年的规定去做，自然谈不到第一年、第二年和第三年跳火的地点和方向的规定等问题。不过，艺人金生说：

如果我们有条件接着办的话，我们是会按照规定去做的，只是村里的西庙被拆掉了，我们只能到村外跳火。

2005年2月24日（农历正月十六）晚上六点钟，在乌兰召村外空地上举行了本年度“呼图克沁”仪式表演的最后一项仪式表演内容——跳火送神烧面具仪式。事先

图3-15　跳火送神（此图片由敖汉旗政协主席韩殿琮先生提供）

由李海波、邱永胜、梁海艳等几个年轻的艺人提前到村外用当地常见的燃料（玉米秸）架起了一个柴火堆。晚上六点，全体“呼图克沁”仪式表演艺人（缺李福山）按照前几天去村民家表演时的惯例，来到艺人于长和家穿服装、戴面具（于长和负责保管服装、面具），然后敲起鼓镲一路唱着跳着向村外备好的柴火堆走去，准备跳火烧面具送神。北方冬天的夜晚是分外寒冷的，但是笔者看到的情景却令笔者大吃一惊，在听到喧闹的鼓镲声和悠长的歌声以后，居然有 100 多位村民跟随观看。整个仪式表演进行了大约 30 分钟。至此，2005 年乌兰召村“呼图克沁”仪式表演正式结束了。

（二）祷词分析

关于“呼图克沁”的祷词在文献上没有专门的记载，笔者在 2005 年正月的采访和考察中作了记录和统计。祷词常常是短短几句，结构简单，也极少粉饰，内容为以下 24 类：

（1）全家平安，不生病，心情舒畅。

（2）外出的亲人和孩子一切顺利，孩子学业有成。

（3）迁居新家事事顺心。

（4）五谷丰登，五畜繁育（农牧业双丰收）。

（5）病中的亲人早日康复。

（6）父母健康（若生病则祈祷他们早日康复）。

（7）全村（苏木）村民平安幸福，各行各业兴旺发达，农牧业年年双丰收。

（8）心想事成（事业发展、生意兴隆）。

（9）孩子顺利通过考试，取得好成绩。

（10）远离水火灾害，远离偷盗祸害。

（11）祈者身患重病，如果气数未尽，保佑使之早日康复；如果气数已尽，则使之尽早上路，免受病痛折磨，并让家人平安无事。

（12）一路顺风，人车平安。

（13）子女们成为有知识的人，将来找到工作。

（14）求子。

（15）子女健康成长。

（16）发家致富。

（17）长寿幸福。

（18）远离吵嘴和谗言。

（19）晚年幸福快乐，而且看到儿女们幸福快乐。

（20）外出的孩子平安健康，满载而归（主要对外出打工者）。

（21）驱邪。

（22）孩子的智力早日开发。

（23）安度本命年。

（24）子女成家立业。

以上祷词主要是由白老头祷给“神”的。这些祷词，从某种意义上说，是展示本村民众心态或价值观念的一个文化平台。从这里不仅可以了解乌兰召村人所传承下来的传统民俗观念的重要方面，而且也可以了解当前人们在现实生活中受到困扰的切身问题的实际情况。因为人们正是在这些现实问题所形成的矛盾中，感到需要救助，所以才祈求神灵。

同时，这也表明了“呼图克沁”充满功利和实惠的祈求功能。其中有些功能是稳定的，是历史长河中沉淀下来的，有些是后来增加的。比如，祈求“五谷丰登，五畜繁育（农牧业双丰收）”、让“全家平安，不生病，心情舒畅”等祷词，应该表达着很早以前就已经稳定下来的传统功能。而祈求“外出的亲人和孩子一切顺利，孩子学业有成。孩子顺利通过考试，取得好成绩。子女们成为有知识的人，将来找到工作。外出的孩子平安健康，满载而归（主要对外出打工者）。孩子的智力早日开发。”分明就是表达着后来增加的功能。而且这后来增加的祷词比例，占了相当大的比例。

通过考察和访谈发现，“呼图克沁”并非是“遗俗”，而是一个活着的传统，在本村落的神祇体系中占据了重要地位，在村落认同的凝聚中发挥了很大的作用，使本村和附近村落寻回现时的行政关系之外更为根深蒂固的社会文化关系。“呼图克沁”今天更多的是作为一群具有共同信仰关系的人群为某一共同的信仰目的而认同的象征，不仅成为村民自由表达信仰意志的一个渠道，而且充分展示了这个村落内部的巨大凝聚力。它动员了几乎家家户户加入到公共活动的空间之中，同时还吸引着周边村落的村民。

注释

[1] 张乃夫主编：《敖汉旗志》(1991：172)，内蒙古人民出版社。

[2] 张乃夫主编：《敖汉旗志》(1991：177)，内蒙古人民出版社。

[3][4] 张乃夫主编：《敖汉旗志》(1991：179)，内蒙古人民出版社。

[5] 李维峰，生于1924年。乌兰召村人，蒙古族，蒙古名字叫阿兴嘎。

[6] 与笔者同去采访李维峰老人的敖汉旗政协主席韩殿琮先生解释说，李维峰老人口中的“八路军进来了”指的是“文革”期间。

[7] 乌格里诺维奇：《艺术与宗教》，三联书店1987年版，第43页。

[8] 2005年“呼图克沁”仪式表演中所用面具是艺人于长和制作的。他作为此次办会的会房，负责为艺人们保管服装、燃香供奉面具。每天早上艺人们都从他家

集合，拿上面具，意思是来请神，一天的表演结束时再送回他家，摆在衣柜上燃香祭拜。2005 年正月整个“呼图克沁”仪式表演期间，天天都是如此。

[9] 2005 年正月初九上午九点，在七道湾村村口，郑国玉在敲鼓、扮演猪八戒的白明玉在击镲招揽观众。高个子年轻人叫梁海艳，今天也扮演猪八戒。身后的女孩子叫李秀平，是李福山的女儿，在外地工作，回家过年，正好给笔者当了个好帮手，大冷天，一路上一直帮笔者背着包，陪着笔者采访。

[10] 图 3-6 照片中手拿猪八戒钉耙的人就是李福山。在演出开始之前，他抓紧时间教授扮演孙悟空的队员邱永胜动作要领。积雪的小土路由西向东延伸，右下角站着两个队员，手拿拐杖的就是会首金生。后边站着的是金生请来敲鼓的孟召华。两人站立的地方就是刚刚三轮车翻车的地方，是村口外一处收割之后仅剩苞米茬子的玉米地。

[11] 笔者曾经看过赤峰市文化馆研究员李宝祥研老师在 1985 年时来乌兰召拍摄“呼图克沁”表演实况。可以看得出来，当时的服装情况比现在好得多，而且用的是寺庙里跳查玛时敲的单面鼓。

[12] 图 3-7 中在前面奔跑的是今天接“呼图克沁”的村民鲁彩荣家的大儿媳和小孙子。

[13] 这里所说的套房，指东屋的东墙上开一个门，里面有个房间；西屋也如此。这与大多数村民传统的旧式房屋，只是在中间有一间厨房兼过道儿，东、西各有一间屋子的格局有所不同。

[14] 《乌木苏》是笔者采访时艺人们自己称谓的“呼图克沁”仪式歌曲蒙古语歌名，后面括号里的《敖汉赞歌》是相关文献记载中文化工作者对于《乌木苏》翻译的汉语歌名。《八拉恩胎杭乃》（《四个杭盖》）也与此相同。

第四章 “呼图克沁”艺术本体与特色

作为一种蒙古民族民间仪式剧，作为一种“复合型”的文化形态，“呼图克沁”的表现手段和表现方式也是综合性的，是一种具有人类社会早期歌、舞、乐“三位一体”特征的综合性的艺术形式。整个仪式表演由歌曲、舞蹈、说白和打击乐四部分组成。也正是由这四个既相互独立又彼此衔接的组成部分共同传达出“呼图克沁”作为一种民间驱邪纳福仪式的功能。其中，“呼图克沁”仪式歌曲是“呼图克沁”仪式表演最主要的构成要素，是“呼图克沁”仪式表演的灵魂和主要表现手段。在“呼图克沁”产生之初，白老头很可能原本就是一位演唱蒙古书的民间艺人。“呼图克沁”也正是在演唱蒙古书或蒙古古代英雄史诗的基础上，吸收借鉴汉族的、宗教查玛的、萨满教的等多种艺术形式，最终成为一种具有蒙古族风味的民间艺术，一种保留原始傩文化遗风、具有蒙古戏曲雏形的仪式表演。“呼图克沁”是蒙古音乐文化中独具特色的组成部分，以表演风格的地域特色、民族特性为其基本特征，是一种有歌有舞有说有诵的仪式表演。

一、“呼图克沁”仪式歌曲

“呼图克沁”仪式歌曲是指专门应用于“呼图克沁”仪式表演活动的歌曲。在题材上与敖汉民歌相近，甚至部分仪式歌曲直接源于敖汉民歌，多为赞美自然、家乡、高山、英雄、祖先、骏马及活佛等，可以说是一种源于蒙古民歌又独立于蒙古民歌的仪式歌曲。

据老艺人李发介绍说，以往仪式表演时演唱的歌曲数量比较多，甚至可以即兴演唱，但是由于一代一代传承的时候经常有所缺失，再加上如今村里年轻的艺人们也有蒙古语并不太精通的，所以一代比一代演唱得少。仪式歌曲中有的是古代民歌，也有的是近代民歌。原来他的老师辈的人经常演唱的是 24 首歌，而他本人只学会 14 首。

故现在的仪式表演艺人们只有两个人能够演唱得相对多一些，其他人或者会三四首，或者会一两首，或者不能单独演唱而只能跟大家合唱。所以，尽管从前有些歌曲是有固定演唱场合和时间限制的，而如今由于能够演唱的歌曲数量有限，这个禁忌也被打破了，有些歌曲在原本不可以演唱的时候也演唱，以弥补歌曲数量的不足。据艺人李福山说：

经常唱《青鸟歌》、《祭火歌》啥的。别的歌名字我也说不上来，但是我能唱给你听。现在大家会唱的歌与以前的老师傅比起来少得多了，也没有人家那种即兴的临时编唱吉祥话的本事。我们经常唱的歌有四首。说实在的，以前有许多比较长的歌曲，但是师傅往下传的时候都传得不全，再加上停了那么多年，大家都唱不太完整了，而且我们现在一般把稍长一点儿的歌也缩短了唱，不唱那么长，你如果唱得没完没了的，一来接的人家烦了也不愿意听了，二来我们也赶时间呢。

尽管如今新一代“呼图克沁”艺人会演唱的仪式歌曲与前几代艺人相比已经少了许多，但是，从如今尚在演唱的几首仪式歌曲中依然能够看出其蕴涵的鲜明的民族风格和独特的艺术魅力。通过对以往记谱的旋律和现在依然在演出的歌曲的分析，乌兰召仪式表演歌曲的艺术特色主要表现在旋律风格、歌词特色以及对于蒙古民歌的借鉴等方面。

（一）“呼图克沁”仪式歌曲短调、长调并存的旋律风格

蒙古族民歌从体裁上可以分为长调和短调两类。公元 7 世纪到公元 17 世纪，是蒙古族音乐文化风格形成的重要时期，在短调民歌的基础上逐渐以长调民歌占主导地位。从 18 世纪清朝中后期起，随着大规模移民，北方草原与中原内地联系比以往进一步加强了，中原农业文明渗透进北方草原，各民族融合的步伐加快，蒙汉文化交流频繁。各种汉族长篇小说如《西游记》、《三国演义》、《水浒传》等等，纷纷充实进了蒙古族民间艺人的演唱之中。这一背景促使短调叙事歌和长篇说唱歌曲的新发展，进入了蒙古族短调歌曲重获新生、长调歌曲保持特色的蒙古族半农半牧音乐文化时期。也就是说，17 世纪以前是蒙古族长调民歌占据主导地位，而“呼图克沁”仪式歌曲中长调与短调并存尤以短调为主的局面恰好与 18 世纪清朝中后期蒙古族半农半牧音乐文化时期长调、短调交相呼应的特征相符合。这也从一个侧面证实了“呼图克沁”仪式表演产生时间应在 18 世纪左右。

目前，蒙古族长调民歌主要流行于内蒙古东部牧区和阴山以北地区，其特点是音调嘹亮悠扬、节奏自由、字少腔长、富有装饰音，适合于反映草原辽阔的气势和牧民宽广的胸怀。牧歌、赞歌等都属于长调民歌，蒙古族短调民歌主要流行于内蒙古西部和南部半农半牧地区。其特点是结构短小、节奏规整，一般的叙事歌、情歌、婚礼歌曲等都属于短调民歌，著名的有《森吉德玛》等。包括《中国民间歌曲集成》在内，在以往记述“呼图克沁”的文献中均没有提到“呼图克沁”歌曲中有长调歌曲。事实上，笔者调查“呼图克沁”艺人演唱时发现，“呼图克沁”歌曲不仅有蒙古族短调歌

曲，还存在蒙古族长调歌曲。在采访中，艺人鲍海杰就为笔者演唱了“呼图克沁”艺人进入接户家院子时应该演唱的长调仪式歌曲——《吉祥的星来临》（谱例 4–1，见附录第 168 页）和《云中马》（谱例 4–2，见附录第 169 页）。《云中马》是以往关于“呼图克沁”的文献包括《中国民间歌曲集成》等书中均没有记录的首次发现。

除了鲍海杰演唱的上述两首已具有典型意义的“呼图克沁”长调仪式歌曲之外，在大多数现存的“呼图克沁”短调仪式歌曲中也能够同时领略到短调民歌鲜明的节拍特征、明确的周期性音乐律动和长调民歌散意悠长的韵味。在大多数短调仪式歌曲的句尾都有气息悠长、节奏自由的类似长调发音特色的拖腔，如采访中艺人李维峰老人为笔者演唱的《春歌》（谱例 4–3，也叫《往家送》、《四季歌》，见附录第 164 页），是一首缓慢悠长、充满自豪情感的重复型羽调式四句体歌曲，共由十个小节构成。第一、三乐句旋律完全相同，均由三小节构成，第二、四乐句旋律基本相同，均由两小节构成，从曲式上看属于不规整结构。一般结构规整的歌曲每个乐句的小节数多为偶数，常见的是四小节一个乐句。在第一、第三乐句的第二小节有一个三拍的拖腔音（商音），正是由于乐句中这个延长了的商音，使得整首歌曲充满长调意味，悠远飘逸。

（二）“呼图克沁”仪式歌曲的曲式结构

除了上述两首长调风格的仪式歌曲之外，如今留存下来的“呼图克沁”仪式歌曲主要是短调歌曲，有着复杂多变的曲式结构。通常情况下，民歌中四句体是最为普遍的一种结构形式，它是由四个乐句组成的乐段结构。根据四句体的各种不同结构，大体上可以分为三种类型：“起、承、转、合”型四句体、重复型四句体、并置型四句体。乌兰召“呼图克沁”仪式表演歌曲的曲式结构主要以重复型四句体为主，其中也有少量歌曲是二句体和上下句重复型三句体仪式歌曲。

（1）二句体

“呼图克沁”仪式歌曲中二句体歌曲比较少。以《赞扬主人歌》（谱例 2–9，见附录第 170 页）为例，此歌是一首上下句结构的不规整的二句体歌曲，由两个乐句七个小节构成，属于 G 宫之 A 商调式歌曲。第一个乐句三个小节，第二个乐句四个小节。

（2）“起、承、转、合”型四句体

仪式表演歌曲中也有采用“起、承、转、合”结构原则的。

在笔者采访中，艺人李维峰老人为笔者演唱的《八拉根玻哥今》（谱例 1–1，见附录第 174 页），旋律与鄂伦春民歌《勇敢的鄂伦春》极为相似。汉语意思就是“西边的北京”，《中国民间歌曲集成 · 内蒙古卷》（下）“浩德格沁”歌曲中和敖汉旗油印本中都称其为《西京》。

这首用于屋内祝福时演唱的歌，风格欢快、轻盈，速度比其他歌相对快一些，可能与艺人们坐在炕上唱歌不需要配合踩街时行进的脚步有关。从歌词中“祝陶哇活佛的经书兴旺”可以知道此歌传唱的时候正值藏传佛教鼎盛期，从“祝嘉庆君主的朝廷太平安宁”可以知道，“呼图克沁”仪式歌曲《西京》出现的年代当不会晚于清朝中叶。至于《西京》何以与鄂伦春民歌《勇敢的鄂伦春》旋律相近，两者是否有渊源关系，孰先孰后，还是各自独立成曲，有待进一步考证。

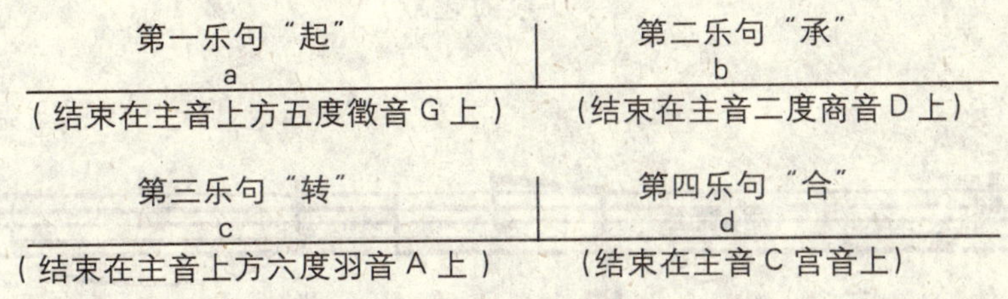

图4-1：《八拉根玻哥今》结构图示

（3）重复型四句体

这种结构形式在民歌中占有特别重要的地位。一般可以分为上、下句重复型四句体和乐句重复型四句体两大类型。上、下句重复型四句体，是在上、下句结构的基础上再进行各种不同方式重复而形成的四个乐句的乐段结构。其重复的组合方式有变化重复上句和下句的，也有只重复或变化重复上句或下句的等不同形态。上下、上下结构的重复型这种类型的四句体，实际上是上下句双句体的重复或变化重复。采访中鲍海杰为笔者演唱的仪式歌曲《吉祥的星来临》（谱例 4-1，见附录第 168 页）就是一首上下、上下结构的重复型四句体歌曲。其结构图式为：a+b+bl+a1。

艺人李维峰老人为笔者演唱的一首踩街时走道上演唱的仪式歌曲《八拉今肮啊哩待》（汉译《教诲之歌》，谱例 4-4，见正文第 98 页）也是这种类型。

这是一首两段歌词重复一首曲调的分节歌。共由 16 小节构成，是一个相当典型的方整性结构的歌曲。结构图示：a+b+a1+b，每一乐句由 4 个小节构成，其中每两个小节构成一个乐节。这首歌曲中第二乐句和第四乐句是两个完全相同的旋律 b，第一乐句第二乐节和第三乐句第二乐节相比，稍稍有所变化。每个乐段由 8 个小节构成，每个乐段又由两个乐句构成，每个乐句包括四个小节。属于 D 宫之 E 商调式。

图4-2：《教诲之歌》曲式结构

（三）“呼图克沁”仪式歌曲的节奏节拍

“呼图克沁”歌曲节奏比较简单、规整，节拍多为二拍子、四拍子，也有使用变换拍子的。除了八分音符、十六分音符、切分音符之外，还常用到附点音符，歌曲速度一般控制在每分钟 48—78 个四分音符，比较缓慢，适合于边走边唱，更接近于说唱和吟唱，尤其适合于表达赞美、祝福、祈祷等情绪。

八拉今肮啊哩待

（教诲之歌）

谱例 4-4 呼图克沁歌曲

“呼图克沁”仪式歌曲中四四拍歌曲比较常见，四二拍相对来说数量少些。在采访中，艺人李福山为笔者演唱了一首四二拍的用于屋内祝福的仪式歌曲《他奔欺都炉》(谱例 4–5，见附录第 172 页)。这首歌曲在旋律音程上主要使用了同度、二度、三度音程，最多没有超越四度音程，音调平和。

“呼图克沁”中四三拍歌曲也比较少见。在采访中，艺人李维峰老人为笔者演唱的《春歌》(谱例 4–3，见附录第 164 页）和《往家送》(谱例 4–6，见附录第 164 页）属于为数不多的几首四三拍仪式歌曲。从旋律上看，《春歌》和《往家送》是曲调、歌词均相同而歌名不同的两首仪式歌曲。此两首歌曲的曲调均源于昭乌达民歌《四季歌》，是采取依旧曲添新词的创作手法而成。这不仅丰富了“呼图克沁”仪式歌曲，而且也反映了民歌《四季歌》在“呼图克沁”中的重要地位和受欢迎的程度。

（四）“呼图克沁”仪式歌曲的调式调性

笔者将采访中三位艺人李维峰、鲍海杰和李福山演唱的“呼图克沁”仪式歌曲分别记写了下来。括号中的歌曲名称是艺人们演唱的蒙古语仪式歌曲的汉语称谓，通常见于以往关于“呼图克沁”的各种文献，如《中国民间歌曲集成》、《敖汉旗志》以及敖汉旗文化馆油印本资料《好德格沁》等中。

李维峰共为笔者演唱了 10 首仪式歌曲，其中：

羽调式 3 首：《春歌》、《往家送》和《哈拉奔糯猜哥欺》(《四个杭盖》)

商调式 6 首:《乌恩巴克扫乃》(《敖汉赞歌》)、《八拉今肮啊哩待》(《教诲之歌》)、《搭热哩根歌》(《招财迎祥歌》)、《进屋奉献歌》(《敖汉赞歌》)、《啊勒奔闹切其他》(《十种好》)、《祭火歌》

宫调式 1 首：《八拉根玻哥今》(《北京皇帝之歌》)

鲍海杰共为笔者演唱了 6 首仪式歌曲，其中：

羽调式 2 首：《求情歌》之三（白老头演唱)、《云中马》(首次发现这首仪式歌)

商调式 3 首：《吉祥的星来临》(首次发现此首仪式歌)、《赞扬主人歌》(《垂饰》、《祝福歌》)、《森家哩》

徵调式 1 首：《祭火歌》

李福山共为笔者演唱了 13 首仪式歌曲，其中：

羽调式 2 首：《八拉恩胎杭乃》、《求情歌》之一（白老头对曹门代)

商调式 5 首：《乌木苏》(《敖汉赞歌》)、《搭热哩根歌》(《招财迎祥歌》)、《屋内祝福歌》(《垂饰》)、《耨妈哈林恩刀》(《经王之歌》)、《祭火歌》

徵调式 3 首：《鸭鸡庙之歌》(《衙金庙之歌》)、《他奔欺都炉》(《五把钥匙》)、《青鸟歌》

角调式 3 首：《汤恩涩哥赛玻》(《比它更美》)、《八任胎包如》、《求情歌》之二（曹门代对白老头)

从上述统计可知，“呼图克沁”仪式歌曲中，数量最多的是商调式歌曲，共计 13 首，占总数的 52%，超过半数。其次是羽调式歌曲，共计有 6 首，占 24%，徵调式歌曲有 4 首，占 16%。数量最少的是角调式歌曲和宫调式歌曲，角调式歌曲只有李福山演唱了 3 首；而宫调式歌曲只有 1 首，是艺人李维峰演唱的《八拉根玻哥今》(《北京皇帝之歌》)。

根据艺人们的演唱记谱的“呼图克沁”仪式歌曲见表 4–1（正文第 101 页）。

从上述三位艺人的演唱情况来看，在“呼图克沁”仪式歌曲的掌握上，无论是数量上还是质量上均呈下降趋势。由于李维峰老人 82 岁（2005 年）高龄了，年事已高，记忆力减退，再加上有好几年没有参加“呼图克沁”演出，所以只为笔者演唱了 10 首。63 岁的村民鲍海杰为笔者演唱了 6 首，尽管他自从 30 多年前参与过“呼图克沁”活动之后再也没有参与过演出，但是他本人精通蒙古语又擅长歌唱，作为已经去世的老艺人赵树廷当年最欣赏的弟子，他的演唱具有重要意义。首先，从他的演唱中笔者了解到，原来传统的“呼图克沁”仪式歌曲不仅仅只有文献中和现在艺人们演唱着的蒙古族短调歌曲风格，还有《吉祥的星来临》、《云中马》等蒙古族长调民歌风格的歌曲，尤其是笔者根据他的演唱记谱的《云中马》属于首次发现。艺人李福山是现在活动着的“呼图克沁”艺人中最擅长演唱者，他为笔者演唱了 13 首“呼图克沁”仪式歌曲。由于蒙古语不精通，他对于自己的演唱无法做出解释。他直言不讳地说，自己学习这些歌曲时由于不太懂蒙古语，几乎是“死记硬背”学会的，最终还有 1 首歌曲没有学会。笔者注意到，在演唱过程中，李福山经常有歌词重复现象。但是，能做到这一点，对于一个只有小学文化程度、不精通蒙古语的普通村民来说已经非常难能可贵了。

（五）“呼图克沁”仪式歌曲的歌词特色

“呼图克沁”仪式歌曲气息宽广悠长，速度比较缓慢，情绪平和含蓄，祝福意味的歌曲带有明显的祈求口吻，多数是赞美家乡、自然景物及教化于人的内容。

1.“呼图克沁”仪式歌词的语言特色

“呼图克沁”仪式歌曲唱词大都采用比喻、夸张的手法，如《宴会酒歌》：

像（那）西边的泉水晶莹清凉，像（那）枫树叶儿般柔嫩芬芳，为情侣般朋友们的到来，献上（那）盘中美味佳肴的“德吉”；

像（那）北边的泉水晶莹清凉，像（那）桦树叶儿般柔嫩芬芳，为真诚的朋友的到来，献上（那）壶中酒的“德吉”。

唱词中另一重要特色是谚语、格言等哲理性语言的运用，结构严谨、韵味讲究。如《教诲之歌》：

流水翻卷波澜（嗬），全凭弯曲的两岸（嗬）。我们健康成长（嗬），全靠父母抚养（嗬）。

急流奔腾滚翻（嗬），全凭陡峭的两岸（嗬），我们欢快成长（嗬），全靠慈祥的爹娘。

表 4-1　笔者根据艺人的演唱记谱的“呼图克沁”仪式歌曲及调式一览表[1]

仪式歌曲及调式＼演唱者	李维峰	鲍海杰	李福山
踩街歌曲	《春歌》羽调式（《往家送》、《四季歌》）		
	《哈拉奔糯猜哥斯》羽调式（《四个杭盖》）		《八拉恩胎杭乃》羽调式
	《乌恩巴克扫乃》商调式（《敖汉赞歌》）		《乌木苏》商调式（《敖汉赞歌》）
			《鸭鸡庙之歌》徵调式（《衙金庙之歌》）
	《八拉今肮啊哩待》商调式（《教诲之歌》）		
进院歌曲	《搭热哩根歌》商调式（《招财迎祥歌》）	《吉祥的星来临》商调式	《搭热哩根歌》商调式（《招财迎祥歌》）
		《云中马》羽调式	
屋内祝福歌[2]	《进屋奉献歌》商调式（《敖汉赞歌》）		
		《赞扬主人歌》商调式（《垂饰》、《祝福歌》）	《屋内祝福歌》商调式（《垂饰》）
			《汤恩涩哥赛玻》角调式（《比它更美》）
			《他奔斯都炉》徵调式（《五把钥匙》）
			《耨妈哈林恩刀》商调式（《经王之歌》）
			《八任胎包如》角调式
			《青鸟歌》徵调式
	《啊勒奔闹切其他》商调式（《十种好》）		
	《八拉根玻哥今》宫调式（《北京皇帝之歌》）	《森家哩》商调式	
告别歌曲		《求情歌》之三（白老头演唱）羽调式	《求情歌》之一（白老头对曹门代）羽调式 《求情歌》之二（曹门代对白老头）角调式
仪式结束歌曲	《祭火歌》商调式	《祭火歌》徵调式	《祭火歌》商调式

“呼图克沁”仪式歌曲通常都有三段或四段歌词（据说以前有的歌曲有十几段歌词，现在已经失传）。歌词都是符合诗文韵律的，最常见的是七言四句体歌词，其中第一、二、四句有相同的韵脚，只有第三句单独成韵。如《衙金庙之歌》中唱道：

登上西山举目望，莲花朵朵正开放。
喇嘛经师云集（嗬），衙金庙的香火旺。

此外，为了特定情感的表达，有些歌曲在乐句或乐段的结束处经常有类似长调的拖腔，为了与之相合，在唱词中经常会使用一些没有语意的虚词，如“嗬、哈、嘿、啊哈、哟”等。

2.“呼图克沁”歌词简要分析

目前见到的相关文献中都有关于“呼图克沁”仪式歌曲的汉语翻译。除了各种版本中记录的歌曲数量多少不同之外，对于相同歌曲在汉语的翻译上也有差异。对于这个问题，扎戈米先生说：

其实“好德格沁”的歌词都应当是一样的，现在不同的书有不同的翻译方式那是与翻译人的理解和翻译水平有关系。如果不懂汉文诗的结构，不会写汉文诗的人，他翻译出来那就啥也不是，一个是符合歌词原意，一个是诗歌需要合辙押韵。这样汉族同志看了以后才能够深入理解。有的时候本来在蒙文里是很有韵律的押韵诗，结果翻译之后啥也不是了。因为蒙文是字头压韵而汉文是字尾压韵。所以说，既符合蒙文歌词原意又能够做到字尾押韵，那得需要一定的水平。

扎戈米先生还谈到“呼图克沁”歌曲的歌词有即兴变化，认为“呼图克沁”仪式歌曲经常在保持旋律不变的情况下，针对不同的场景即兴添词演唱，而且针对不同版本对于同一首仪式歌曲翻译上存在差异现象，他认为不管歌词是否有不同，但是其基本旋律应该是不变的，他说：

“呼图克沁”的歌词是有即兴变化的，可以这个地方我加进一点东西，那个地方我去掉点儿，但是基本的旋律它不会变的。一共有 25 首歌呢，我的书里都有。当然，实际表演的时候不一定 25 首歌都唱到。基本的歌是要唱的。它那歌里也有好多内容呢。比如，你要上茶的时候，你就根据茶的意思唱一个歌。上饭的时候，比如说上馒头，就针对馒头的形式再来一段儿；回答问题的时候、给钱的时候再来一段儿。我要走了，散席了，没有不散的筵席嘛，这些歌都是固定的。它的地方特色比较浓，临走的时候要唱《敖汉赞歌》等。

目前仅见的记载“呼图克沁”仪式歌曲的文献资料有三种。

(1) 敖汉油印本资料《好德格沁》中记载的“呼图克沁”仪式歌曲歌词

赤峰市文化局1988年3月内部发行的敖汉油印本资料《好德格沁》中共记载“呼图克沁”仪式歌曲歌词11首，包括：《供火歌》、《四个杭盖》、《经书皇帝》、《西京》、《四泉水歌》、《四季歌》、《迈德尔活佛歌》、《求情歌》、《班禅圣主歌》、《庆丰收》、《十相逢》。据现任敖汉旗政协主席韩殿琮先生介绍说，此书是由敖汉旗文化局、敖汉旗民族事务委员会发起并于1986年4月3日着手对“呼图克沁”歌曲进行记录后整理的。当时是由敖汉旗民委阿拉腾其木格负责主要整理工作，由敖汉旗蒙古文编辑部的同志负责将采录回来的蒙古语歌词翻译成汉语。由敖汉旗文化馆苏日图记歌谱，敖汉旗文化局韩殿琮担任演出照相，由孟庆华担任录音，是大家协同工作、共同努力的结果。当时参与演出的“呼图克沁”艺人有：

白老头——冬日布（赵树廷）

曹门代——哈日呼（李发）

黑老头（朋斯克）——阿青嘎（李维峰）

花日——阿拉达日太（武政权）

孙悟空——李福山

猪八戒——金生

打鼓——丹必斯楞

从这11首“呼图克沁”歌词来看，主要反映如下几方面内容：

其一，藏传佛教在内蒙古的传播，拥护佛教、颂扬活佛或喇嘛，共有《供火歌》、《经书皇帝》、《西京》、《四季歌》、《迈德尔活佛歌》、《班禅圣主歌》等6首，占该书中全部仪式歌曲的54%左右。

其二，以歌颂家乡美好景物为主，共有《四个杭盖》、《四泉水歌》、《四季歌》3首，占该书中全部仪式歌曲的27%左右。

其三，“呼图克沁”歌曲中《求情歌》和《十相逢》是2首教化于人的仪式歌曲，占18%。

笔者认为，由于民间艺术始终处于一种动态发展过程中，而且还有人为因素造成的增减损益等影响，上述11首“呼图克沁”仪式歌曲代表的只是20世纪80年代在“呼图克沁”仪式中演唱的仪式歌曲。

（2）《中国民歌集成·内蒙古卷》中记载的“呼图克沁”仪式歌曲歌词

韩殿琮先生介绍说，《中国民歌集成》中收录的《浩德格沁》歌曲是在上述油印本资料《好德格沁》基础上选择摘录的。但是笔者注意到，这两个不同版本在关于“呼图克沁”歌曲记录上存在差异，不仅在歌曲曲目上、数量上有差异，在具体同名歌曲的歌词翻译上，甚至在“好德格沁”与“浩德格沁”的称谓使用上都存在差异。笔者认为，这种差异应该是人为因素造成的。

《中国民歌集成·内蒙古卷》收录的《垂饰》这首仪式歌曲的歌词与《敖汉旗志》中《祝福歌》类似，笔者认为出现这种歌曲歌名不同而内容相同的情况，不排除翻译的原因。另外，乌兰杰老师《蒙古族音乐史》中引用的1982年版《昭乌达民歌》第96页《祝福歌》的曲调与《中国民间歌曲集成·内蒙古卷》中所收“浩德格沁”歌曲《垂饰》的曲调几乎完全相同，但是歌曲名称不同，歌词的内容也不同，如果不演唱旋律就会当成两首完全不同的歌曲。笔者认为这种情况的出现有两种可能性。其一，属于传承中或记载过程中出现误读造成的，其中也有蒙古语歌词转译为汉语的技巧性问题；其二，吸收了敖汉民歌。这种吸收既有原封不动的吸收，也有采取一曲多用的方式在保持原有歌曲旋律不变的情况下添加新歌词、起一个新名称、把它变成不同于原曲的另一首歌曲的情况，这也是民间歌曲创作过程中很重要的一种方式。

在谈到各地民歌的不同色彩时，乔建中先生提出了著名的"音地关系"理论。他认为不同的地理环境和生活环境会产生不同风格的歌曲。"呼图克沁"歌曲正是这样一种在特定地域中、为了特定目的而传唱着的仪式歌曲，是与"呼图克沁"仪式相伴随而存在的。在"呼图克沁"歌曲传唱过程中，除了艺人们自己的理解和演唱技艺等因素以外，不同时代演唱的民歌总或多或少与不同时代人们的欣赏习惯、生活状况和审美品位有直接的关系。不同的生活方式就会产生与之相适应的不同风格和内容的歌曲。所以，笔者注意到，"呼图克沁"歌曲的曲目并非固定不变的，而且笔者亲身参与"呼图克沁"仪式表演时发现，如今"呼图克沁"仪式歌曲流失较严重，在当前"呼图克沁"仪式表演中依然传唱的仪式歌曲只有五六首而已。

在《中国民歌集成·内蒙古卷》中共记载有关"浩德格沁"歌曲 14 首，分别为：《祭火歌》、《垂饰》、《招财曲》、《教诲之歌》、《十种机缘》、《求情歌》、《小鸟》、《衙金庙之歌》、《山梁上的多伦城》、《敖汉旗赞歌》、《西京》、《四季歌》、《比它更美》、《四个杭盖》。比敖汉旗文化馆油印本 11 首仪式歌曲数量多，而且个别歌曲曲目不同，相同的仪式歌曲如《西京》，在歌词翻译上也不同。笔者认为，《中国民歌集成·内蒙古卷》是继敖汉旗油印本资料以后又参考其他文献资料的总结。它反映的不一定是 20 世纪 90 年代存活的"呼图克沁"仪式歌曲的风貌，而是以往存在过的"呼图克沁"仪式歌曲的汇总。而且此书在仪式歌曲名称的使用上有人为加工的痕迹，因为有些仪式歌曲名称与艺人自已的称谓有差异，如《衙金庙之歌》在艺人自已的口中是《鸭鸡庙之歌》。

(3)《敖汉旗志》中记载的"呼图克沁"仪式歌曲歌词

据《敖汉旗志》记载，"呼图克沁"在整个仪式表演过程共有 17 首仪式歌曲，在旗志中提供了 6 首歌的词谱。《敖汉旗志》成书年代是 1992 年，从时间上看比敖汉旗文化馆整理油印本资料《好德格沁》要晚一些。笔者认为，此处记载的 6 首"呼图克沁"仪式歌曲应该属于成书时摘录的，并不代表当时表演中艺人们实际演唱的歌曲数目。

笔者在上述资料的基础上，对"呼图克沁"歌词进行了整理。

1. 供火歌（油印本）

(1) 细细的小河升起了太阳，腊月那个二十三祭祀呀灶王爷，遵照呀那个成吉思青喇嘛的法规，在幸福生活啊我们。

(2) 百年那个时辰啊，糯米饭已做好。穿礼袍呀戴王冠啊，遵照那个成吉思青圣贤的法规，在幸福生活啊我们。

(3) 黄昏那个时候啊，点起了黄蒿柴奶油呀脂肪油渣，祭祀那个灶爷。遵照那个教皇成吉思青的法规，在幸福生活啊我们。

(4) 断黑那个时候啊，点起了锦鸡柴禾，美酒啊脂肪油渣，祭祀那个灶王爷。遵照呀那个成吉思青法规，在幸福生活啊我们。

(5) 到晚间那个时候呀，煮起了牛荐骨，零星那个碎肉呀，发给孩子媳妇们，遵照呀长老成吉思青法规，在幸福生活啊我们。

据老艺人李维峰讲，《供火歌》就是《祭火歌》，从歌词“腊月那个二十三祭祀呀灶王爷”上可以看出蒙古人火神崇拜的印记。笔者对于此歌词有两点疑惑，需要在后续研究中加以解决，其一：歌词中的成吉思青喇嘛、成吉思青圣贤和教皇成吉思青是否指成吉思汗？是否是蒙古族人祖先崇拜的体现？其二：敖汉旗文化馆苏日图先生在20世纪80年代记歌谱时注明此歌是成吉思汗的义歌，并标明演唱时要坚强有力，用中音跳跃着演唱，此处的“义歌”是否指军歌呢？因为笔者采访苏日图先生时他不幸已经患上了老年痴呆，所以这个问题没有得到解决。

2．祭火歌（集成本）

(1) 纳林河的上游，太阳出山头，阴历腊月二十三哟，祭祀火神鼻祖。遵循喇嘛教的规矩，我们享清福。

(2) 正当中午的时候，粳米饭已熟；花翎顶带头上戴，身穿柞丝绸衣服。遵奉成吉思汗的法规，我们享清福。

(3) 正当黄昏的时候，点燃蒿草一株株；频频弹指洒醇酒，还有黄油和海里木。遵从宗教的法度，我们享清福。

（阿兴嘎、东日布、哈日夫、苏日图、李彩荣、额尔德尼、扎哈麦唱，顾宝太记词、记谱，楚伦巴根译词，额尔敦朝鲁配歌）

3．祭火歌（旗志本）

小溪的（哟）源头处（哟）升起了（哟）太阳，
腊月（那个）二十三（哟）把那火神供上，
遵着成吉思汗的章法我们把福享。

傍晚时（哟）点燃（哟）黄蒿子（哟）柴，
摆好（那个）食品（哟）和（那）奶油糕，
遵着成吉思汗的法典我们把福享。

天黑后（哟）燃起（哟）锦鸡儿的（哟）柴，
把（那个）油梭梭（哟）投向（哟）火堆，
遵着成吉思汗的规矩我们把福享。

午夜时（哟）做好（哟）粳（Jing）米（哟）饭，
穿戴好（那个）典雅的（哟）品级（哟）官服，

遵着成吉思汗的条律我们把福享。

此歌是“呼图克沁”仪式表演中的重要仪式歌曲，三个版本中都有记载，笔者2005年追踪“呼图克沁”仪式表演时艺人们也演唱了此歌。据艺人李福山说，此歌原本只能应用于“呼图克沁”仪式结束环节——跳火烧面具送神。后来，随着艺人们掌握的仪式歌曲数量的减少，此歌也可用于屋内祝福环节。

4．四个杭盖（油印本）

（1）西边的杭盖尔大山上，茂密的柳林在呼啸，忠诚的情侣你我两，定会叙述着古今在生活。

（2）北边的杭盖尔大山上，茂密的竹林在呼啸，姻缘情侣你我两，定会叙述着古今在生活。

（3）东边的杭盖尔大山上，茂密的果林在呼啸，有缘的情侣你和我，定会叙述着古今在生活。

（4）南边的杭盖大山上，茂密的杜字林子在呼啸，与美丽迷人的情侣两，定会叙述着古今在生活。

5．四座杭盖山（集成本）

（1）西面的那座杭盖山，茂密的柳条随风呼啸。亲密无间的友人们，想念的时刻来到。

（2）北面的那座杭盖山，茂密的榆树在呼啸。有缘相见的朋友们，想念的时刻来到。

（阿兴嘎、东日布、哈日夫、苏日图唱，李彩荣记词、记谱，楚伦巴根译词，额尔敦朝鲁配歌）

此歌属于“呼图克沁”重要的仪式歌曲之一，歌词内容既是对于自己家乡的赞美，也应用比兴手法表达了对于亲人朋友的思念。通常应用于“呼图克沁”仪式表演的踩街环节。歌中“西面的那座杭盖山”反映了蒙古族人自古以来就一直有高山崇拜情结。而“茂密的柳条随风呼啸”、“茂密的榆树在呼啸”则反映了蒙古人对于高大树木的崇拜情结。在以往北方少数民族信奉的萨满教中，除了信奉“万物有灵”之外，还以祖先崇拜为主要特征。他们认为祖灵居住于高山、高树之上，因而有对于高山、高树的崇拜情结。另外，萨满教生殖崇拜中，有将柳树叶象征女阴加以崇拜的习俗，因此，此歌中“茂密的柳条随风呼啸”应该也带有生殖崇拜的印记。这一点与“呼图克沁”重要仪式功能“求子”相吻合。

6．经书皇帝（油印本）

（1）小土岗上建的，有刀仓湖苏木啊。七个旗县汇集起来，建造起了大佛寺。

（2）在崖坎上建的哟，有君主的黄色苏木哟！九个旗县汇集起来，建造起了大佛寺。

(3) 在岩峰上建的哟，有皇帝的黄色苏木啊！所有旗县汇集起来，建造起了大佛寺。

(4) 在四条腿的桌子上，摆好了四个圣洁的祭祀，四月那个初二，邀请了经书皇帝哟！

(5) 在八条腿的桌子上，摆好了八个圣洁的祭祀，八月那个初二，邀请了经书那个皇帝哟！

(6) 打起了旗，念起了经，捧上了厚礼，平息了地域。

(7) 敲起了锣，念起了经，捧上了厚礼，平息了地域。

(8) 在金色的大净壶里，做成了神灵，为了给亿万个百姓发放了泉水。

(9) 在银色的大净壶里，做成了永恒的神泉，为了给亿万个朝拜者，发放了永恒的泉水。

歌词中明显反映了藏传佛教在蒙古的广泛传播。

7. 西京（油印本）

(1) 有富丽的堂皇生活，西京是他的故乡，有一心呀修炼的甘甘珠尔经书多。

(2) 查嘎图身有常峰法木，常峰法木有张大人，看守有验证时军师太师，我们的君主在西京。

(3) 在蒙古旗他骑马打猎，打猎时有喀喇沁王陪同，有监督蒙古旗的张大人，我们的君主在西京。

(4) 有祭祀时辰佛的白塔，在雍和宫立法定了规，有验证时辰的军师太师，我们的君主在西京。

(5) 北边有法轮马尼经，看守法轮马尼经的有两个格布惠，有依法建立起来的白玉牌楼，我们的君主在西京。

(6) 祝张杰活佛学的兴旺，祝嘉庆君主的朝廷太平安宁。愿参领官吏的差税轻些，望大家永远幸福欢乐。

(7) 祝陶哇活佛的经书兴旺，统治君主的朝廷太平安宁。愿亿万百姓喜获丰收，祝大家永远幸福欢乐。

8. 西京（集成本）

(1) 福禄常在吉祥如意，安居的家乡就是西京。手捧着一颗虔诚的心，诵读时有那甘珠尔丹珠尔经。

(2) 嘉庆圣主朝政安宁。张迦活佛把佛教振兴。削弱了官吏们的蛮横，万众欢乐天下太平。

(3) 道光尊主皇朝安宁，图旺活佛把佛教振兴。民众的苦役已被减轻，万众欢乐共享安宁。

* 西京：指北京。

甘珠尔：蒙藏文大藏经的两个组成部分之一，意为佛语部。

丹珠尔：蒙藏文大藏经的两个组成部分之一，意为经论部。

（阿兴嘎、东日布、哈日夫、额尔德尼、扎哈麦唱，顾宝太记词、记谱，白·呼和牧骑译词，乌力吉昌配歌）

此歌作为“呼图克沁”主打仪式歌曲之一，至今一直在仪式表演中演唱。此歌歌词为我们提供了三个信息：其一，歌中唱到“嘉庆”和“道光”，说明此歌传唱时正值清嘉庆、道光年间。其二，歌中唱到“佛学的兴旺”、“张迦活佛把佛教振兴”、“图旺活佛把佛教振兴”以及“诵读时有那甘珠尔丹珠尔经”等，说明此时正值清朝藏传佛教鼎盛时期。其三，歌中还唱道“削弱了官吏们的蛮横”、“民众的苦役已被减轻”等，是对于特定历史背景、历史事件的侧面记述，既为我们在“呼图克沁”传唱、传承时间的把握上提供依据，也为我们提供了推测此歌传唱具体时代的依据。

9. 四泉水歌（油印本）

（1）就像那西边的泉水一样清澈，就像那芭蕉树叶子一样嫩绿，因为你来了啊我的情侣，献上美酒德吉请你尝。

（2）就像那北边的泉水一样清澈，就像那桦树叶子一样嫩绿，因为你来了啊我的情侣，献上美酒德吉请你尝。

（3）就像那东边的泉水一样清澈，就像那桦树叶子一样嫩绿，因为你来了啊姻缘情侣，献上美酒德吉请你尝。

（4）就像那南边的泉水一样清澈，就像那果树叶子一样嫩绿，因为你来了我的姻缘情侣，献上美酒德吉请你尝。

10. 四泉水歌（旗志本）

像（那）西边的泉水晶莹清凉，像（那）枫树叶儿般柔嫩芬芳，为情侣般朋友们的到来，献上（那）盘中美味佳肴的“德吉”。哲黑珠嗨，哲黑珠嗨，哲黑珠，咱大家共同品尝齐分享。

像（那）北边的泉水晶莹清凉，像（那）桦树叶儿般柔嫩芬芳，为真诚的朋友的到来，献上（那）壶中酒的“德吉”。哲黑珠嗨，哲黑珠嗨，哲黑珠，咱们大家共同品尝齐分享。

像（那）东边的泉水一样晶莹清凉，像（那）果树叶儿一样般柔嫩芬芳，为彬彬有礼朋友们的到来，献上杯中酒的“德吉”。哲黑珠嗨，哲黑珠嗨，哲黑珠，咱们大家共同品尝齐分享。

像（那）南边的泉水一样晶莹清凉，像（那）葡萄树叶儿一样般柔嫩芬芳，为有缘的朋友的到来，献上盘中鲜果的“德吉”。哲黑珠嗨，哲黑珠嗨，哲黑珠，咱们大家共同品尝齐分享。

这首仪式歌曲原本是一首敖汉民歌，就是《昭乌达民歌》中收录的《四泉》。后来被吸收进“呼图克沁”仪式表演。笔者2005年追踪采访“呼图克沁”仪式表演时，“呼图克沁”艺人没有在仪式中演唱此歌。

11. 四季歌（油印本）

（1）春回的大雁，鸣的嘹亮又动听啊，与你呀姻缘情侣咱们幸福生活在一起。

（2）盛夏的草坪，阵阵嫩绿又秀美，与你呀同代情侣，咱们永远幸福生活在一起。

（3）秋季的那个谷子，阵阵金黄又好看啊，与你呀同代情侣咱们永远幸福生活在一起。

（4）冬季里的花鹿，阵阵歇息时真好看啊，与你呀同代情侣咱们幸福生活在一起。

（5）天上的风吹而吹不平，出生的人不永世，永生的圣水谁吸收，我们就在这间享福哟。

（6）大地的风而流的不均，落世的身不永世，永生的圣水谁吸收，我们就在这间享福哟。

（7）好好过，好好过，要孝敬神和喇嘛，忠厚老实过呀，要孝敬神和喇嘛。

从敖汉油印本《好德格沁》中收录的《四季歌》歌词来看，“秋季的那个谷子”说明已经出现了农耕生产，“好好过，好好过，要孝敬神和喇嘛，忠厚老实过呀”说明清政府当时在蒙古草原推行喇嘛教，施行“政教合一”。

12. 四季歌（集成本）

（1）春风伴着雁群来，雁群高歌激心怀。有缘有分今相会，你我二人情常在。

（2）夏日炎炎青草绿，层层绿浪开心怀。我们相亲又相爱，今生今世不分开。

（3）秋高气爽天晴朗，谷穗垂头随风摆。同龄同辈心贴心，我们情意深似海。

（4）冬雪纷飞山川白，花鹿奔跑更添彩。情深意切友谊重，我们永世不分开。

（阿兴嘎、东日布、哈日夫、苏日图唱，李彩荣记词、记谱，魏·巴特儿译词，达·布和朝鲁配歌）

《四季歌》是对于四季景物的描绘，此歌在“呼图克沁”仪式表演中原本主要应用于踩街仪式之中，后来应用范围渐渐拓宽了，也可以应用于仪式表演的其他环节。笔者发现，只有像李福山这样50多岁的或者更为年轻的艺人对于此歌以《四季歌》相称，而像李维峰等80多岁的老艺人则称之为《春歌》。这大概是由于他们这个年龄段的艺人与敖汉旗文化馆等文艺工作者接触比较多，受到他们影响的原因。笔者在2005年采访时发现，此歌基本上可以归属于一曲多用或者依旧曲添新词。采访中老艺人李维峰为笔者演唱了两首歌曲旋律和歌词都完全相同的仪式歌曲：《春歌》和《往家送》。李维峰老人针对笔者的提问说：

《春歌》就是《四季歌》，也叫《往家送》，在跳火的时候演唱，人家都要走了，[3] 咱们送一送呗。

笔者认为，出现此种一曲多用或依旧曲添新词现象，当与一代又一代艺人在传承中为了弥补逐渐出现的仪式歌曲流失导致歌曲数量减少而采取的补救措施有关。

13．迈德尔活佛歌（油印本）

（1）从寺庙十三人中啊哈，耿直的都统却吉格呀，他们探究迈德尔活佛啊哈，所有弟兄们那“商卓特巴”啊哈嘿。

（2）你们故乡是西藏地方啊哈嘿，□□世的地方是张法□啊哈嘿，你亲兄弟们“商卓特巴”迈德尔活佛啊哈嘿，在北哈拉哈旗你驾临啊哈嘿。

（3）巴□布是你右手拿呀，禳祸的地方是巴林旗迈德尔活佛啊哈嘿，还是那个地方建起了瓦庙呀啊哈嘿，你呀在降妖魔呀啊哈嘿。

（4）菩提庙那个右旗哟啊哈嘿，在巴林王那个旗王府旧址啊哈嘿，迈德尔那个活佛哟啊哈嘿，你又建起了瓦庙啊哈嘿。

（5）有那个搬木头的海灯和尚啊哈嘿，有木匠和画匠精心建造的龙和蓝天啊哈嘿，迈德尔那个活佛啊哈嘿，你呀在这地方建起了玉柱大厦啊哈嘿。

（6）黄水水那个彼岸哟啊哈嘿，建起了黄瓦那个庙哟啊哈嘿，迈德尔那个活佛啊哈嘿，降黄妖在那个地方啊哈嘿。

（7）红山河那个彼岸哟啊哈嘿，建起了红瓦庙哟啊哈嘿，迈德尔那个活佛啊哈嘿，降红妖在那个地方啊哈嘿。

（8）要让那活佛骑上花走马哟啊哈嘿，五尺哈达献活佛哟啊哈嘿，迈德尔那个活佛啊哈嘿，在北哈拉哈旗邀请你哟啊哈嘿。

（9）黑水那个彼岸哟啊哈嘿，建起了黑色的那个庙哟啊哈嘿，迈德尔那个活佛啊哈嘿，降黑妖在那个地方啊哈嘿。

（10）蓝水河那个彼岸哟啊哈嘿，建起了蓝瓦那个庙哟啊哈嘿，迈德尔那个活佛啊哈嘿，降蓝妖在那个地方啊哈嘿。

（11）要让那个活佛骑上骒马哟啊哈嘿，三两个哈达献给活佛呀啊哈嘿，迈德尔那个活佛啊哈嘿，在北哈拉哈旗邀请你哟啊哈嘿。

从《迈德尔活佛歌》的歌名和歌词内容来看，均反映的是藏传佛教在内蒙古的传播。

14．求情歌（油印本）

（1）挤上呀梨花毛的奶牛呀！供养那我的部落啊！来到异乡他旗，为何把我抛弃。

（2）挤上呀花奶牛呀！供养我的部落啊！来到异乡他旗，为何要抛弃年迈的我。

（3）长满荆刺的地方，是我把你护送到这里。来到异乡他旗，为何抛弃年迈的我。

（4）从那长满苍耳蒺藜的地方，是我把你护送到这里，来到异乡他旗，为何抛弃年迈的我。

(5) 雪白的蒙古袍，是你给我亲手做，虽然我已白发苍苍，对你毕竟是个伴儿吧。

(6) 蓝色的布袍，是你给我亲手做。虽然我已年迈，对你毕竟是个伴儿吧。

(7) 鞋底湿的厉害呀，泥泞小泡子多有害啊！让恋人两人要分开，你们青年真害人啊！

(8) 鞋底湿的厉害呀，河水的害有多大，让恋人的两人要分开，你们青年真害人啊！

15. 求情歌（集成本）

(1) 这件白布长褂哟，本来早先就做好啦，如今虽然年纪老，还不是你的老伴吗？

(2) 这件蓝布长褂，本来早就做成啦。如今虽然年纪老，难道不是你老伴吗？

(3) 从前在家挤牛奶，养活全家不发愁。如今来到这生地方，难道要抛弃你的老头？

(4) 花乳牛的奶汁好，养活一家老和少。来到这遥远的外旗，难道就要把我抛弃？

（阿兴嘎、东日布、哈日夫、苏日图唱，李彩荣记词、记谱，楚伦巴根译词，额尔敦朝鲁配歌）

《求情歌》也是“呼图克沁”仪式歌曲中必不可少的重要仪式歌曲，主要使用于屋内祝福仪式歌曲演唱完毕、“神仙”们离炕出屋准备离去的环节。2005年笔者追踪采访时发现，如今艺人表演时并不严格遵循以往传统“呼图克沁”的仪式表演程序，因为艺人们为了节省时间，这首《求情歌》在许多接户家里没有演唱。

16. 班禅圣主歌（油印本）

(1) 稳坐八抬轿呀，你上驾程，博格多。有刘宝都统等跟随呀扎嘿，因你不在君主京城下榻呀扎嘿，在热河博北把你邀请啊！博格多。

(2) 在谷北口那个城门哟！毫不退让你驾到啊！博格多。短命那个奴才仆人，改变方向败退而逃。

(3) 从西北口那个城门，确定不移驾到啊，博格多。短命那个下贱奴仆，改变方向败退而逃。

从歌曲名称来看，此歌与藏传佛教关系密切，从歌词内容来看，反映了历史上特定时间段的历史事件和社会状况，这一点与蒙古传统说唱音乐《英雄史诗》作用相同，是蒙古族人习惯用口承文化方式保存民族历史文化和民族记忆的体现。

17. 庆丰收（油印本）

(1) 五串那个钥匙哟哈嘿，垂摆在小箱柜上啊！垂摆在小箱柜上户主啊哈嘿，蟒缎丝绸装满箱啊哈嘿。

(2) 十串那个钥匙哟，垂摆在箱柜上哟！垂摆在箱柜上户主哟，金银财宝装满箱啊哈哟。

(3) 你撒下的种子啊户主嘿，祝收万石粮户主啊哈嘿，收呀万石粮户主啊哈哟，永远吃不完啊哈嘿。

(4) 你撒下的籽啊户主嘿，祝收万石粮啊哈嘿。在三塔这个地方户主啊哈嘿，祝你美名扬啊哈嘿。

(5) 甸子上种的庄稼啊户主嘿，祝收五万石粮哈嘿，满街胡同堆满仓啊哈，扛不完的粮食啊哈嗬。

(6) 沙丘上种的庄稼啊户主啊，祝收九万石粮啊哈嘿！九州的王爷啊哈嘿！拉不完的粮堆满仓。

从歌曲名称和内容来看，此歌表达的是老百姓庆祝丰收的喜悦心情，同时，表达了对老百姓过上金银财宝堆满仓的幸福生活的祝福。“呼图克沁”的功能之一就是为百姓祈求风调雨顺、五谷丰登，而且“呼图克沁”与萨满及巫傩不同，它不使用巫术手段为百姓祈福，而以演唱祝福歌曲为主要手段。另外，由此歌的歌词也可以大致推测“呼图克沁”的形成时间，当为清朝实行“借地养民”政策并向内蒙古草原大批移民汉族之时，故使得草原上出现半农半牧的生活方式。

18．十相逢（油印本）

(1) 有幸获得你这一生，你这一生绝有福禄嘿。

(2) 上府是他的家乡，傲慢是他的品行，傲慢品行的人哪，要分清祖先交友伴。

(3) 智慧府是他的家乡，温顺是他的品行，温顺品行的人哪，要看他的故土交友。

(4) 在你这一生，要常思量古今和未来。思量这一生，值得尊敬的是恩师。

(5) 北边的那个高山，金色的野鸡在鸣唱。虽是亲兄弟十来哟，永不忘怀呀！我的情侣嘿。

(6) 南边的高山上，□（神）奇的野鸡在鸣唱，虽是亲兄弟八九哟，恩德关怀永不忘。

(7) 坨子海的水呀，从边上涉过去哟！这一生的罪过，□看念珠消去嘿！

(8) 渡不过去的河哟，看船已渡过呀！这一声的过失呀，向日雅布勒活佛祈祷嘿。

在“呼图克沁”仪式歌曲中还有教化于人的仪式歌曲，《十相逢》就是这样一首教育人要保持良好品行的歌曲。这也是蒙古族人自古以来就一直在采用的教育下一代的方式，即利用口承文化方式，代代口耳相传自己的传统文化。

19．十种机缘（集成本）

(1) 十种机缘齐备（哟），使我获得了人生（嗬），使我获得了人生（嗬），哲啊嗬，慈父般的师傅要尊敬。

(2) 在这一生一世中，应当读书学本领，读书学本领，慈父般的师傅要尊敬。

(3) 北面的高山中，锦鸡在歌唱，虽说兄弟十个，和睦相亲不能忘。

(4) 南面的高山中，锦鸡在歌唱，虽说姐妹九个，亲密友爱不能忘。

（苏日图、李彩荣记词、记谱，楚伦巴根译词，额尔敦朝鲁配歌）

从歌词内容来看，此歌与敖汉旗油印本中《十相逢》应为同一首仪式歌曲，但是具体歌词表述上有差异，就此歌而言笔者认为主要是因翻译者的不同理解和不同用词造成的。当然也不排除艺人在传唱过程中在保持歌曲曲调不变的情况下进行即兴发挥。采访中，艺人李福山曾经为笔者讲述了当年他的师傅赵树廷喜欢即兴演唱、为此曾与敖汉旗文化馆当年采访记录仪式歌曲的苏日图先生闹过意见之事。

20．垂饰（集成本）

（1）你那五串钥匙当家的（嗬），挂在躺柜上摆动（呀），当家的（啊哈嗬），在你的躺柜和衣箱里当家的（嗬），装满绫罗和绸缎当家的（啊哈嗬）。

（2）你那十串钥匙当家的，挂在衣箱上摇摆当家的，在你的衣箱和躺柜里当家的，装满金银和财宝当家的。

（3）你那二十串钥匙当家的，挂在衣橱上摇摆当家的，在你的衣橱和衣箱里当家的，装满了锦缎和财宝当家的。

（阿兴嘎、东日布、哈日夫、苏日图、李彩荣、额尔德尼、扎哈麦唱，顾宝太记词、记谱，楚伦巴根译词，乌力吉昌配歌）

21．祝福歌（旗志本）

你的五串钥匙啊，主人哪，摆在箱箱柜柜上啊哈，啊哈，主人哪。

你的箱箱柜柜哟，主人哪，装满绫罗绸缎啊哈，啊哈，主人哪。

你的十串钥匙啊，主人哪，摆在箱箱柜柜上啊哈，啊哈，主人哪。

你的箱箱柜柜啊，主人哪，装满金银财宝啊哈，啊哈，主人哪。

此歌是“呼图克沁”仪式表演中的重要仪式歌曲，主要应用于屋内祝福演唱。在集成本中被记写成《垂饰》。从歌词内容上看与敖汉旗油印本《好德格沁》中的《庆丰收》十分相近。笔者认为，造成这种现象的原因，既有翻译者翻译的原因，也有“呼图克沁”仪式歌曲可以因仪式表演环节的不同、因接户具体要求的不同而即兴编词、依曲添词等多种可能。

22．招财曲（集成本）

（1）摆起那圣洁纯净的供品，供奉我慈悲的必萨门天神，[4] 愿那上天恩赐的福禄，为咱早日降临。（呼来，呼来）

（2）宰杀那黄头大绵羊，供奉我佛祖释迦牟尼，[5] 愿那佛祖恩赐的福禄，为咱早日降临。

（3）宰杀那青头大绵羊，祭奠那各方诸神，愿那神灵恩赐的福禄，为咱早日降临。

从这首歌的歌词来看，带有萨满教多神崇拜的痕迹，尤其是对于女神的供奉更与早期萨满教中多女巫有直接的关系，同时对于佛祖释迦牟尼的供奉也说明了“呼图克沁”是“佛巫合流”的产物。

23. 教诲之歌（集成本）

（1）流水翻卷波澜（嗬），全凭弯曲的两岸（嗬），我们健康成长（嗬），全靠父母抚养（嗬）。

（2）急流奔腾滚翻，全凭陡峭的两岸，我们欢快成长，全靠慈祥的爹娘。

由这首《教诲之歌》可以充分领略蒙古族民歌歌词中比兴手法的运用和民歌唱词的合辙押韵。“呼图克沁”歌曲中，几乎在每个乐句的结尾都有一种没有语意的虚词，也就是衬词。不同的歌曲中，由于需要表达的情绪不同而使用不同的虚词。在这首《教诲之歌》的每一句结尾处总使用“嗬”，这种无实际含义的语气词的出现是蒙古族民歌中常见的。

24. 小鸟（集成本）

（1）鸟儿啾啾，歌儿甜嗬，扇动花翎，飞上天嗬。不辞辛劳我千里来嗬，就是为了和您见面。

（2）烟消云散放晴天，歌罢宴毕还家园。不辞辛劳我千里来，就是为了和您见面。

（阿兴嘎、东日布、哈日夫、苏日图、李彩荣、额尔德尼、扎哈麦唱，顾宝太记词、记谱，魏·巴特尔译词，额尔敦朝鲁配歌）

25. 青鸟歌（旗志本）

下雨的天开晴了嗬，汇集的我们该散了吧！起飞的青鸟哟，直向空中飞去了。

远道而来的我们哟，不是为了永相会哟，该散了吧。

在集成本中记写为《小鸟》。一般用于“呼图克沁”艺人们准备离开此户人家赶往下一家时，属于离开院子时演唱的告别仪式歌曲。

26. 衙金庙之歌（集成本）

（1）太爷亲自把心操嗬，率领属民老和少，民众的利益嗬，兴建了衙金庙。

（2）登上西山举目望，莲花朵朵正开放，喇嘛经师云集，衙金庙的香火最旺。

（3）登上南山放眼望，万紫千红好风光。喇嘛大夫云集，衙金庙的香火旺。

（阿兴嘎、东日布、哈日夫、苏日图、李彩荣、额尔德尼、扎哈麦唱，顾宝太记词、记谱，楚伦巴根译词，额尔敦朝鲁配歌）

此处的《衙金庙之歌》就是笔者采访中艺人李福山口中的《鸭鸡庙之歌》。歌词中的太爷（指县太爷）带领人们修庙之事，说明当时草原上已经开始流行藏传佛教(即喇嘛教)。清朝时蒙古贵族响应朝廷的号召，在草原上大力推行藏传佛教。此歌中以“莲花朵朵正开放”和“万紫千红好风光”的比兴手法来赞颂“喇嘛大夫云集”和“衙金庙的香火旺”，正是“呼图克沁”与藏传佛教有关的最好证明。歌词中反映的内容是当地人们生活的写照。

27．山梁上的多伦城（集成本）

(1) 梁地上修筑了嗬，雄伟的多伦城，七个旗募捐筹资嗬，兴建了大佛寺。

(2) 山顶上修筑了，金顶大庙堂，各旗募捐筹资，兴建了大佛寺。

(3) 在那八仙桌上，摆好了八种供品，在那八月初二，请来了呼图克沁。

多伦城：今锡林郭勒盟多伦县。

大佛寺：建在多伦县的一座寺庙。

（阿兴嘎、东日布、哈日夫唱，苏日图、李子荣、扎哈麦、顾宝太记词、记谱，楚伦巴根译词，额尔敦朝鲁配歌）

在八月初二请来了“呼图克沁”，说明“呼图克沁”的仪式表演时间在历史上并没有严格限制，可以说是随请随到。正如艺人李福山所说：“平时是没有人请，如果有人请我们也跳呢。”这一点与萨满教中萨满巫师为人们排忧解难、施行法术驱邪纳吉的表演更为相近。据艺人李福山说之所以歌词中唱到“八月初二，请来了呼图克沁”，是因为八月初二是庙会，据他说以往在庙会之日“呼图克沁”也举行仪式活动。

28．敖汉旗赞歌（集成本）

(1) 拥有那取不尽的珍贵宝藏，上有那主持旗政的两位郡王；九种宝物齐全的好地方，敖汉，我们的故乡。

(2) 东边的比斯曼山石耸入云端，并排的怪石峥嵘山峦叠嶂；稀世珍宝齐全的好地方，敖汉，我们的故乡。

(3) 河湾里杨柳丛生迎风摇晃，阳坡下金光灿烂寺庙辉煌，弘扬佛法祈祷安宁的活佛，敖汉，我们的故乡。

(4) 山间的参天大树林海莽莽，岩石下香烟缭绕金顶佛堂；早晚诵经祝福的有那开明的活佛，敖汉，我们的故乡。

（阿兴嘎、东日布、哈日夫、额尔德尼、扎哈麦唱，顾宝太记词、记谱，包玉林译配）

此歌也是“呼图克沁”中重要的仪式歌曲。曾为敖汉民歌，后来吸收进“呼图克沁”仪式表演之中，原来是在路上唱，后来仪式禁忌放宽以后，也可以在屋内演唱。笔者 2005 年追踪“呼图克沁”仪式表演时注意到，这首《敖汉旗赞歌》在踩街的路上和屋内为主人祝福时都曾经演唱过。

29. 敖汉赞歌（旗志本）

它有永不毁坏的宝库，还有主宰这里的两个王爷。百宝聚全的好地方哟，嗻嘿嗬依，我们的敖汉旗呀，嗻嘿嗬依。

东边有著名的响水，还有那带字的红山峰。百宝聚全的好地方哟，嗻嘿嗬依，我们的敖汉旗呀，嗻嘿嗬依。

多支流汇成的萨力巴河畔，住着吉格吉布巴彦。千年缔造的地方哟，嗻嘿嗬依，我们的敖汉旗呀，嗻嘿嗬依。

草原上有肥壮的畜群，白马石河畔住着公爷，他有查干塔日般的夫人，嗻嘿嗬依，我们的敖汉旗呀，嗻嘿嗬依。

这首《敖汉赞歌》与笔者于2005年春节所记录的《敖汉赞歌》在旋律上稍有差异，体现了“呼图克沁”歌曲传承中的灵活多变。

30. 比它更美（集成本）

(1) 五色艳丽的花卉，虽然令人百看不厌，有缘相聚的贵友，更加令人欣喜无限。

(2) 鲜艳绸缎的衣裳，虽然光泽耀眼华美，我们有缘相会，要比什么都珍贵。

（阿兴嘎、东日布、哈日夫、额尔德尼、扎哈麦唱，顾宝太记词、记谱，楚伦巴根译词，乌力吉昌配歌）

一般情况下，仪式歌曲的歌词均比较长，一首仪式歌曲往往演唱三四段至八九段歌词不等。此歌只记写了两段歌词，应是有所省略。从歌词内容来看，此歌也属于一首具有教化作用的仪式歌曲。

31. 达热力根歌（旗志本）

给安详的巴萨门苍天，摆好圣洁的佛灯和供盏，普天降临的福禄祯祥，倾盆而至似飞箭，呼热、呼热！

理顺好黄头的绵羊，拨亮释迦牟尼前的佛灯，普天降临的福禄祯祥，纷纷而至似飞箭，呼热、呼热！

沙里马备好鞍韂，把“撒袋”马褂穿身上，阵阵而来的福禄祯祥，在这里降临吧，呼热、呼热！

三岁儿马备好鞍韂，把狐狸皮马褂翻穿上，跳跃而来的福禄祯祥，在这里降临吧，呼热、呼热！

用雄鹰羽毛装饰的箭，用五色绸子装饰的箭，五畜兴旺的福禄祯祥，在这里降临吧，呼热、呼热！

用乌鸦羽毛装饰的箭，七色缎子装饰的箭，七畜兴旺的福禄祯祥，在这里降临吧，呼热、呼热！

此歌的歌名为蒙古语音译，与前面其他仪式歌曲称谓方式不同。笔者采访中艺人们基本上以蒙古语称谓仪式歌曲名称。汉语称谓方式是文化工作者介入以后翻译出来的，并不是艺人们自己实际使用的歌曲名称。在笔者采访中艺人李维峰称此歌为《搭热哩根歌》，艺人李福山称之为《搭热哩根刀》。在“呼图克沁”仪式表演中应用于踩街结束进院子的时候演唱。从此歌中“巴萨门苍天”、“佛灯和供盏”、“拨亮释迦牟尼前的佛灯”等歌词来看，与藏传佛教关系密切；从“三岁儿马备好鞍韂”、“用雄鹰羽毛装饰的箭”等歌词来看反映了蒙古传统的游牧生活方式。具有较强的民族特色和时代特点。

笔者发现，在“呼图克沁”歌曲中存在三种情况。

其一，歌词不同而曲名、旋律相同。“呼图克沁”歌曲中经常出现歌名相同、旋律相近而歌词完全不同的现象。笔者认为，造成这种现象的原因应该是多方面的，既有积极因素也有消极因素。所谓消极因素指传承过程中出现的人为缺失现象；积极因素表现在传承过程中人的主动性选择。任何一种事物或文化现象的产生都是有一定时代和社会背景的，总是要为特定地域和阶层的人们服务的。在“呼图克沁”歌曲传唱过程中，除了艺人们自己的理解和演唱技艺等因素以外，也与不同时代人们的欣赏习惯、生活状况和审美品位有直接的关系。

其二，旋律相同而曲名、歌词不同。如乌兰杰老师《蒙古族音乐史》中引用的1982年版《昭乌达民歌》第96页《祝福歌》的曲调与《中国民间歌曲集成·内蒙古卷》中所收“呼图克沁”歌曲《垂饰》的曲调几乎完全相同，但是歌曲名称不同，歌词的内容也不同，如果不演唱旋律就会当成两首完全不同的歌曲。有可能是依旧曲添新词的原因。

其三，曲名相同而歌词、旋律不同（也有相近的）。如《敖汉旗志》中记载的《敖汉赞歌》与笔者于2005年春节亲自到“呼图克沁”活动中心地——内蒙古赤峰市敖汉旗乌兰召村参与“呼图克沁”仪式时所记录的《敖汉赞歌》在旋律上虽然相近但是有差异的。

二、“呼图克沁”仪式表演中的韵白

“呼图克沁”韵白是指一种只说不唱或者介于说唱之间的韵文，有一定的旋律音调，主要是祝福用语。按照艺人们自己的说法，通常将韵白称为“说白话”、“奉承”。从表演风格和形式上来看，“呼图克沁”仪式中的韵白与内蒙古东部半农半牧地区流行的蒙古族说唱——好来宝一样，都属于富有音乐感的口头文学形式，与蒙古语说书艺人在正式书目开场之前总要先来一段儿好来宝然后才书归正传的做法十分相近。

“呼图克沁”中有大量韵白表演，除了在踩街、辞行时进行仪式舞蹈、仪式歌曲的表演之外，在其他演唱仪式歌曲的场合，诸如进院子之前和进屋前后都是韵白与歌唱相间存在的。内容主要是以祝福和夸奖主人家富裕的生活为主，也穿插着滑稽逗趣的内容。“呼图克沁”中所有韵白表演跟“呼图克沁”仪式歌曲一样都用蒙古语表达，既有传统既定套词，也有表演中的即兴发挥。其中，在屋内为主人演唱祈福仪式歌曲之前的韵白表演在整个“呼图克沁”仪式表演中占据重要地位。

（一）“呼图克沁”中不同场合的韵白表演

1．进院之前的韵白表演

根据艺人李福山的说法，“呼图克沁”艺人来到接户院门前的时候，白老头应该先有一个自我介绍，就是有节奏的韵白表演。但是，笔者注意到，现在的“呼图克沁”仪式表演中，这段进院之前在接户家大门口的韵白表演已经基本上省略了。

采访中李福山说：

道上的歌唱完了，还有许多道白。其实这个白胡子老头上我们这个营子来的时候，一开始谁也不知道他是谁，人们看到他一身白毛，还觉得害怕呢。往屋接之前，你得在外边大门口放上桌子，摆上果碟，点上香，然后让白胡子老头上这儿来说，你是干啥干啥的，出来是干什么的，怎么怎么回事，然后人家老百姓相信了，唉呀！这个真是对老百姓有好处啊，然后才往屋里请你呢。东家认为他们确实挺好的，确实能让老百姓风调雨顺、雨水调和，就请他们进院子。

传统的“呼图克沁”仪式表演中，接户也可以作为临时“演员”参与“呼图克沁”特定场合的演出。比如说，在“呼图克沁”艺人完成踩街表演来到接户家大门前的时候，接户往往已经提前在大门前迎接了。

接户：你们从哪儿来，到哪儿去呀?

白老头：我们从北方的阿尔泰山来，听说这里有了灾害，我们来给你们吉祥、富裕、送子送福来了。

接户：我们也正想去请你们呢！诸位的到来，本应早建驿站，但时间来不及，只好用蓝天当屋、地做炕来接待你们了。请多多包涵。

当主人问到白老头的年龄时，白老头回答说：

我嘛，比天大一岁，比地小一岁，当昆仑山还是小土堆儿的时候，大海还是小泡子的时候，土地老儿还睡在摇车子里的时候，我已经云游四方了。如今这把年纪，已把我的腰压弯了。[6]

一阵寒暄之后，主人将“呼图克沁”迎到院子里，白老头挥舞着挂着麻栎珠的宝杖，带领一行人等开始为户主驱邪招福，跳起驱邪吉祥的盘肠舞。

2．进屋之前的滑稽韵白表演

驱邪的“盘肠舞”跳过之后即将进屋祝福之前，白老头和黑老头往往有一段充满滑稽幽默的韵白表演。

笔者认为，这一段进屋之前在院子里由白老头表演的滑稽韵白应该是随着时代的转变、人们生活方式的转变而后增加进“呼图克沁”仪式之中，最后又渐渐被固定为仪式表演内容的。根据李福山的解释，这段进屋前的滑稽韵白主要表现的是白老头这位北方神仙不懂人间俗事，被户主为迎接“呼图克沁”的到来而燃放的鞭炮声吓得摔倒在地，接着由黑老头以开玩笑的方式用拐杖“扶”起的过程。而从前没有现代人燃放鞭炮的迎接方式，自然白老头不会有因为被鞭炮声吓一跳而摔倒的滑稽韵白表演。后来，随着蒙汉文化的进一步融合，人们逐渐改变了生活习惯，也改变了迎接“呼图克沁”的方式，才出现了这段比较符合白老头神仙身份的又充满逗趣等戏剧色彩的滑稽韵白表演。

笔者2005年追踪采访“呼图克沁”时发现，大部分村民都采用了燃放鞭炮的方式迎接“呼图克沁”，但白老头这段儿故意摔倒的滑稽韵白除了在村民鲁彩荣家表演时在笔者的询问下展示了一下之外，在其他村民家都省略了。

在采访中，艺人李福山说：

白老头摔倒的滑稽动作那是在跳“盘肠舞”的时候。现在有的人家也不懂，在“好德格沁”进院子的时候就把鞭炮“噼里啪啦”地都放尽了，实际上应该有个“双响”什么的留着，“盘肠舞”跳得正红火热闹的时候，主人家就把“双响”放了，人家白老头是神仙，在北方也没有听过鞭炮声音啊，所以他摔倒了，意思是“吓了一跳”。结果这帮人都不懂啊，“哗啦”一下就都上前把白老头给围上了，不行，只有他小子，就是黑老头可以过来。黑老头就说：“爹，你不用怕，这个地方吧就是有这种习惯性的东西，我给你捌起来吧。”黑老头也不捌手捌，就使他手里的棍子（拐杖），这么一弧，就把他给扶起来了。这就是出洋相逗趣呗。

3．进屋之后的韵白表演

在采访中艺人李福山告诉笔者，进屋之后的韵白表演是整个“呼图克沁”韵白表演中最重要、最集中、最滑稽搞笑的环节。这里边包括在外屋白老头“过门槛”时与黑老头的对话、在里屋上炕前的对话、上炕表演等，这些表演可有可无可繁可简，并非在每一家都表演，通常表演内容和表演时间主要取决于白老头的说唱表演功底和口才的好坏、艺人们表演时间的充裕与否等等。

以往传统的“呼图克沁”仪式表演中，每到一家，“呼图克沁”先要拜佛，户主也用同样的礼仪来招待他们。当接户向“呼图克沁”求子时，曹门代告诉白老头说：

伽！年迈花甲的白老头，辛勤善良的夫妇向你求子来了。

而白老头则说：

伽！我在北方来时，背上背的、怀里揣的子女很多，数数就有118个好小子，好了，我挑选最聪明的一个，送给你们。

白老头拽下一根自己的胡须，将拔下的胡须系在一枚铜钱上，使铜钱有了神的灵气，送给年轻夫妇，以示为送子。

接着，白老头还风趣地说：

别以为是骏马的胡须，要当成老佛爷的胡须；别以为是山羊的胡须，要当成神仙的胡须。伽！要生一个白胖的小子。这个年轻的夫妇，白天带在身上，晚上放在枕下，这样，才能早得贵子。

一般进里屋之前走到主人家的外屋门口时也有逗趣和滑稽表演。

比如，白老头对黑老头说：

听说他们这个地方吧，鸡鸭猫狗多，他们的门槛子听说挺高的，你呢，待一会儿把你爹好好扶着进屋里。

一进外屋门口的时候白老头边进屋边自我介绍说：

你请白老头来给你们镇压妖魔鬼怪、风调雨顺、粮食大丰收、为儿女们消灾祈福，我们就是为这个事来的。

白胡子老头到外屋门口的时候，把全家上上下下都得问叨问叨，然后才上里屋地下来。根据艺人李福山的说法，走在外屋的时候白老头通常会用蒙古语向主人家及其孩子们一一问好。说：格拎里尽 图鲁浩 塞旱尼（东道主，你都挺好的吧）？阿东玛鲁 浩鲁浩 塞旱尼（牛、羊、马群都挺好的吧）？福鲁得 布勒得 浩塞嘿（你的儿女们、儿媳都挺好的吧）？

而且，白老头这位既是神又是人，时而像仙翁时而又像滑稽的丑角，在北方久居仙界，对人间的一切似乎都表现得那么新奇，连门槛是什么、怎么过去都不知道，炕是什么也不认识。事实上，白老头在这里是在故意与别人插科逗趣。这也是“呼图克沁”具有戏剧表现手法的体现。

李福山接着解释说：

到里屋以后，白胡子老头问他小子，就是义子黑老头，名字叫朋斯克，在我们北方说的话吧，这个（指炕）就跟咱们四条腿的桌子似的，到这个地方来，这个玩意儿是个啥呢？黑老头说：这玩意儿叫“炕”。白老头假装是听不真着（听不清楚），他就打岔，往旁的上说。一直说了好几声以后才算弄明白这个叫“炕”。

比如：

白老头：朋斯克，这叫什么？

黑老头：这叫炕。

白老头：炕？怎么上去呢？

黑老头：从上边上。

白老头：那不是天空了吗?

黑老头：从下边上去。

白老头：那不是地宫了吗?

黑老头：从中间上去。

白老头：哦！那不就从窗户转出去了吗？哈哈哈！噢！好吧，朋斯克，你们往后退一下，让我用十五岁和二十五岁的劲儿，使出黄褐马的力气，上一下试试。……

4．离屋之前的韵白表演

“呼图克沁”艺人们在户主家屋里头吃完饭要走时，[7]恋恋不舍的户主想把白老头的老伴儿曹门代给藏起来。白老头看出来了，就故意告诉黑老头朋斯克说：

你注意了，你可看着点你娘，南边的人挺坏的，把你娘给留下就不好办了，你看着啊。

结果出了屋一看，曹门代果然没了，被藏起来找不着了。接着白老头就翻回头唱《求情歌》：

我们从北边儿来的时候是怎么过来的，你怎么跑到南边看见人家荣华富贵的东西你把我给忘了呢，把我甩掉了呢。

找到老伴儿以后，老婆曹门代也唱了：

看看你给我做的白褂子我穿了多少年了。已经新三年旧三年缝缝补补又三年，我穿够了，我不跟你走了。

白老头和曹门代对唱一阵儿，最后，曹门代说：

“咳！不管咋的，还是老伴儿，走吧。”

（二）“呼图克沁”韵白表演的特征

其一，一领众和式的吟诵韵文，通常是坐着吟诵，多为祝福吉祥话。

其二，介于歌唱和说话之间，每句韵白稍有音调的变化，但是音域变动幅度不大，节奏规整。

主要情景：

由白老头、黑老头、曹门代和花日四位进屋赐福的神仙表演。一般是在刚刚进屋上炕落座之后、正式演唱祝福歌之前吟诵。大家盘腿围坐在中国北方农村常见的小方桌旁（放在主人家正房火炕上的小饭桌）。白老头是主唱，通常坐于正中，左手边是“妻子”曹门代，右手边是女儿花日和义子朋斯克（黑老头）。

白老头盘腿坐于桌子的中心位置，右手执一佛珠，每念唱一句，就用手中佛珠敲击桌面一次，声音极为响亮，充满力量感。尽管不是演唱歌曲，但是每句遵循严格的节奏限定，基本上是四拍子一句韵白，每句句尾押韵。用佛珠敲击桌面是在每句韵白的开头第一拍上，既增加节奏规整的效果，起到打击乐伴奏的作用，又增强韵白的感染力，增添人们的兴趣和注意力。韵白过程中始终是坐着，下半身不动，但在敲击桌面的同时抖动双肩，并且顺势举起右手，整个上半身随着口中念诵的祝福词左右摇晃，基本上与吟诵词的节奏是吻合的，向左边儿倾斜四拍，再向右边倾斜四拍，颇有蒙古族舞蹈中抖肩的影子，与院子里驱邪祝福的“盘肠舞”一脉相承，充满蒙古族歌舞中粗犷的力量美。其他三位“神仙”曹门代、花日和黑老头在白老头吟诵完整的一句（四拍子）之后，也抖动双肩，或向左或向右晃动身体的同时重复白老头刚刚说完的吟诵，形成典型的一领众和式说唱风格。

（三）“呼图克沁”的韵白与好来宝

从“呼图克沁”韵白的表演风格来看，与好来宝有许多相似之处。如：两者都有鲜明的节奏、固定的曲调、和谐的韵律，都是富有音乐感的口头文学。不同的是，好来宝是以抒情为主的即兴之作，而如今“呼图克沁”中的韵白是以祝福语为主的，多为固定不变的说词。据老人们回忆说，以前“呼图克沁”韵白中也有许多即兴发挥的成分，从前王府时代，由于王爷的喜爱，还组织多支“呼图克沁”表演队进行技艺比赛，各队中的主要角色即白老头的演唱水平、即兴说唱能力等是评判优劣的重要指标。

好来宝是蒙古族民间说唱的一种艺术形式，意思是“联韵”。它的形成早于蒙古语说书，是从祝词与赞词逐渐演变成的。实际上是联韵的口头即兴诗，篇幅短的寥寥数句，篇幅长的可以说唱几天。最初流传于内蒙古东部的科尔沁和喀喇沁一带，至今有 700 多年历史了。单人好来宝用四胡伴奏，双人好来宝没有乐器伴奏，类似汉族的相声，而如今新出现的群口好来宝则将四胡换成了小型的乐队伴奏。好来宝一般多在节日、婚礼、各种喜庆仪式上进行演唱。内容丰富，形式多样，活泼生动，机智幽默，语言通俗易懂，雅俗共赏，很受广大农牧民的喜爱。传统好来宝的表演艺术形式分为单口式和对口式两种。单口叙事式，在蒙古语中称为“当海”，以马头琴或四胡自伴自唱，多采用叙事、祝赞、讽喻、诅咒等方式描绘人和事。对口式的好来宝，又称为双人好来宝。它分为回答式和辩论式。由两个人以同一曲词对口演唱，一般是分段分句轮流说唱。通过一问一答或者激烈的辩论，赛智慧，比知识，决口才。

与好来宝起源于东蒙地区一样，“呼图克沁”流传地域也是蒙古东部，而且“呼图克沁”歌曲同样具有祝赞词、叙事及讽喻性的特点，“呼图克沁”韵白也经常采用类似双人好来宝的回答式和辩论式的方式，尤其白老头与黑老头进户主家屋里“上炕”那段表演更具有代表性。而且据老艺人李维峰讲，以前“呼图克沁”也使用与好来宝一样的伴奏乐器——四胡。所以说，“呼图克沁”歌曲及韵白中很明显带有好来宝这种语言通俗易懂、雅俗共赏的口头表演形式的影响。例如“呼图克沁”《祝福歌》与好来宝《黏糜事赞》，从歌词上来看，两者在比兴、夸张、排比等的运用及押韵处理上具有相似之处。

好来宝《黏糜事赞》
在那秀丽的奈吉湖畔上，满地铺着金黄的黏糜子。
八吊钱买来的八把镰刀，去收割金黄的黏糜子。
八个年轻的小伙子，八天也割不完的黏糜子。
八辆勒勒车套上八头大犍牛，八年也拉不完的黏糜子。
八个石磙子八匹马呀，八天八夜也打不完的黏糜子。

“呼图克沁”《祝福歌》[8]
你的五串钥匙啊主人哪，摆在箱箱柜柜上啊哈啊哈主人哪。
你的箱箱柜柜哟主人哪，装满绫罗绸缎啊哈啊哈主人哪。
你的十串钥匙啊主人哪，摆在箱箱柜柜上啊哈啊哈主人哪。
你的箱箱柜柜啊主人哪，装满金银财宝啊哈啊哈主人哪。

虽然没有直接的证据说明“呼图克沁”受好来宝影响，但是拥有700多年历史的好来宝在内蒙古东部的牧区和半农半牧区有着深厚的群众基础，其间蕴涵着蒙古特有的审美选择。所以，仅有200多年历史的“呼图克沁”在产生和流传过程中会不可避免地受到群众需求的左右，吸收好来宝的某些因素，或者直接借鉴其合理的因素，增强自身的吸引力。

三、“呼图克沁”仪式舞蹈

“呼图克沁”仪式由歌曲、舞蹈、说白和打击乐四部分组成。通常情况下唱歌的时候没有舞蹈和说白，而舞蹈的时候没有唱歌和说白，这三部分是各自独立存在的，只是舞蹈与打击乐是不可分割的。但是，有的时候歌曲、舞蹈、说白这三者的界限并不鲜明。例如，当白老头、曹门代、黑老头和花日一边演唱《青鸟歌》一边离开户主家向下一家走的时候，孙悟空和猪八戒就在鼓铙的伴奏下在最前边跳跃舞蹈开路。此时就是舞蹈与歌曲并存，只是在此时负责演唱歌曲的艺人不参与舞蹈。打击乐与仪式歌曲通常是分开的，一般演唱仪式歌曲的时候没有打击乐伴奏，而打击乐与舞蹈是密不可分的，只要鼓铙一响起，艺人们就开始起舞。通常情况下每一至三拍是一个舞蹈动作造型，第四拍变换动作。

（一）仪式舞蹈种类

“呼图克沁”舞蹈中手上的动作变化多于脚。脚上的动作多为“斜提腿”、“单跳步”。以“左右端腿跳步”为主要动作，同时夹有蒙古族民间舞“硬肩”、“扭腰”和

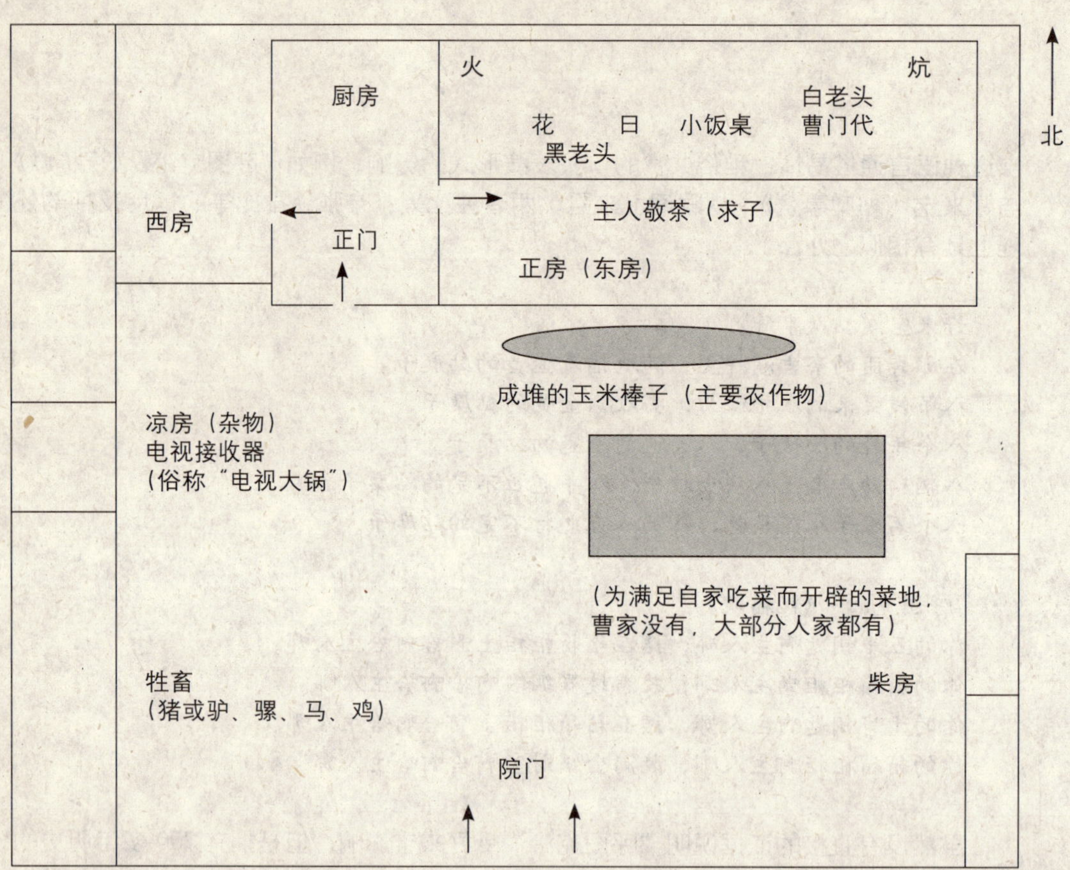

图4-3 村民鲁彩荣家“呼图克沁”仪式表演场记图

“甩绸”的动作，循环往复。“呼图克沁”六个角色中有四男：白老头、黑老头、孙悟空和猪八戒，两女：曹门代和花日。

“呼图克沁”舞蹈以群舞为主，基本上没有独舞的时候，只是在群舞的时候会有某个角色即兴发挥以突显自己的个性。如：刚刚进入户主家的院子跳驱邪的“盘肠舞”时，白老头会故意摔倒在地，并在地上打滚逗趣。类似的滑稽表演在黑老头、孙悟空和猪八戒身上也会出现，通常是符合人物性格的即兴表演。

仪式舞蹈中女性舞蹈动作与男性舞蹈动作在舞步上相同，没有什么区别。手上动作区别较大，因为男性角色和女性角色使用的道具不同。比如，男性多手拿兵器兼道具，孙悟空双手各执一根短棒，类似三节棍但不相连，代表金箍棒，而猪八戒也挥舞他自己身份的象征——九齿钉耙，白老头和黑老头双手执拐杖，大家随着鼓点的伴奏，转换舞步，向各个方向挥舞拐杖，包括东、南、西、北及天空各个方向，伴随拍打肩、腰、头等动作，充满男性的力量美，代表与邪恶斗争，为村民驱除邪魔。曹门代和花日均是以手帕为道具，每人拿四块手帕。右手拿两块，为红色和黄色彩绸；左手拿两块，为红色和绿色彩绸。手上动作主要是“甩手”及一手叉腰“单甩手”等，并且随舞步的改变摆动头和身体，色彩鲜艳的彩绸在空中飞舞，真有几分女性婀娜多姿的风采。“呼图克沁”中女性角色曹门代和花日的舞蹈道具——彩色手帕及她们踩着鼓点随着舞步甩动手帕的舞蹈动作与安代舞蹈中踏步、甩巾的动作如出一辙。因此笔者认为，“呼图克沁”中女性角色手和身段上动作类似于蒙古族萨满教的“安代舞”，说明“呼图克沁”在形成发展过程中受到安代文化的影响。

（二）“呼图克沁”仪式舞蹈基本动作

“呼图克沁”舞蹈动作简单夸张，规律性很强，基本上稳定少变，简单易学。舞步稳健有力，动作洒脱强悍，气质粗犷豪放。分为基本步法和手臂动作。有些动作借鉴了查玛的舞步。

1.“呼图克沁”仪式舞蹈基本步法

（1）平步

做法：两拍一步，沉稳地向前走或后退，或向左、右横向走。

（2）跑碎步

做法：双脚踮起，碎步快速小跑，跑时稍屈膝，要松弛。

（3）压脚抖颤

做法：站“小八字步”，踮脚，双臂微屈肘旁抬，手心向下，双膝微屈，松弛地快速碎压脚跟，带动全身上下颠颤。

（4）吸腿跳（以右腿为例）

做法：右腿勾脚吸起向上跳。做“前吸腿”时称“前吸腿跳”，做“旁吸腿”时称“旁吸腿跳”。

（5）端腿跳（以右腿为例）

做法：做右“端腿”，左脚每拍向前蹭地颠跳一下。

（6）右跨腿跳转

做法：做“右跨腿”，每拍颠跳一下，三拍向左跳转一圈。如连续碎步颠跳转圈时，圈数不限，只要在规定的节拍中落成“大八字步”或“小八字步”即可。对称动作为“左跨腿跳转”。

提示：跳转时身体不可上下颠颤，要有沉稳感。

（7）右端腿跳转

做法：双手“山膀”位，手指上翘，做右“端跳”碎步向右颠跳着转圈。对称动作为“左端腿跳转”。

（8）左斜提腿跳

做法： 左腿向左侧提起的同时，右脚踮起向左颠跳一下，前脚掌蹭地。对称动作为“右斜提腿跳”。

（9）左单跳步

做法：左脚提起，右脚着地，支撑全身，向前踮跳三拍，第四拍换对称，即右单腿跳。

（10）左吸腿踮跳

做法： 左腿“前吸腿”的同时，右脚踮起向前颠跳一下，前脚掌蹭地。对称动作为“右吸腿颠跳”。

（11）叉腰吸点步（左右）

做法：双手叉腰，站“八字步”，左脚向前重踏，顺势颠跳一下，同时右腿经吸腿成右“前点步”。对称动作为：右脚向前重踏，顺势颠跳一下，同时左腿经吸腿呈左“前点步”。

(12) 踏步　安代舞主要动作。即原地踏脚摆绸或向旁转移，前倾身甩绸立起后向前小踢步迈动。

(13) 顿足　安代舞主要动作。即边绕圈奔跑边甩绸，连续做吸腿跳步并用力向两旁甩绸。

2．“呼图克沁”仪式舞蹈手臂基本动作

(1) 笑颠肩

做法：双肩小幅度地快速连续耸动（前半拍向下，后半拍向上）。

(2) 双摆手

做法：双臂微屈肘上抬至“斜托掌”位，顺势左划至右“顺风旗”位，双手掌心向左，再向右划至“顺风旗”位，双手掌心向右。

(3) 平划手

做法：双手掌心向下自左“山膀按掌”位向右平划至右“山膀按掌”位，然后再划回原位。

(4) 双绕肩

做法：站“八字步”，双臂自然下垂，双手做“撩盖掌”，然后先左后右，以肘带肩做“绕臂”，上身随之左右晃动。

(5) 甩巾

做法：双手各执一手帕（“呼图克沁”女性），有搭肩之势，也有从肩部甩出。（与安代舞相同）

（三）“呼图克沁”角色舞蹈

“呼图克沁”中的六个角色各自代表不同身份和性格的神仙，所以每个角色都有与众不同的符合人物角色自身的舞蹈动作。下面分别介绍六个角色的舞蹈动作。因其舞蹈为左右对称的相同动作，故以下仅以一侧为例。

1．白老头舞蹈动作说明

见图 4-4-WB1 至图 4-4-WB12，共 12 个舞蹈动作。

(1) 图 4-4-WB1：预备动作

做法：双脚并拢。右手拄拐杖，左手执念珠，目视前方。

(2) 图 4-4-WB2：压脚抖颤

做法：第一至第三拍，出右脚，小弓箭步，目视前方。右手拄拐杖不动，左手执念珠贴于腰部。第四拍，改换手脚方向，做

图4-4-WB1　预备动作

图4-4-WB2　压脚抖颤

图4-4-WB3　笑颠肩

图4-4-WB4　左右端腿跳

图4-4-WB5　左右吸腿跳

图4-4-WB6　左右手拐杖摇珠

图4-4-WB7　左右斜提腿

图4-4-WB8　左右丁字步抖肩

图4-4-WB9　小八字步左右抖肩

反方向对称动作。

(3) 图 4-4-WB3：笑颠肩

做法：目视前方。第一至第三拍，弓箭步，右手拄拐杖，左手执念珠抬于胸前，身体略向右倾，做前后抖肩动作。第四拍做反方向对称动作。

(4) 图 4-4-WB4：左右端腿跳

做法：第一拍左斜提腿，第二、三拍右单腿向前跳步。头略低，双手持杖向左前方做驱赶的伸缩动作。第四拍左脚落地。

对称动作：在左脚落地的同时，身体向右转，开始右端腿跳。

(5) 图 4-4-WB5：左右吸腿跳

做法：第一拍右斜提腿，第二、三拍，左腿勾脚吸起向上跳。做“前吸腿”时称“前吸腿跳”，做“旁吸腿”时称“旁吸腿跳”。头略低，双手持拐杖向前方或斜伸向上，做伸缩动作。第四拍右腿落地。

(6) 图 4-4-WB6：左右手拐杖摇珠

做法：第一、二拍左腿迈向左前方，呈小弓箭步。左手顺势握拳贴左腰，身体随头部转向右后方，目视空中。第三至七拍右手握拐杖，伸向右上方，用拐杖摇动念珠。第八拍落棒收脚。

(7) 图 4-4-WB7：左右斜提腿

做法：第一拍右斜提腿，第二、三拍左腿跳步向右走，目视前方。头略低，双手持拐杖向右前方拐杖斜指向下，做伸缩动作。第四拍右腿落地。

(8) 图 4-4-WB8：左右丁字步抖肩

做法：第一拍出左腿，呈左丁字步。左手持念珠，右手执拐杖。二目平视前方。第二、三拍双腿略屈，双臂展开，向左抖肩。第四拍将左脚收回呈平步。

(9) 图 4-4-WB9：小八字步左右抖肩

做法：小八字步左抖肩。第一拍“小八字步”，双手各持拐杖、念珠于胸部，目视前方。第二、三拍踮脚、双臂微屈肘旁抬，手心向下，松弛地快速碎压左脚跟，向左抖肩。

(10) 图 4-4-WB10：大八字步左右抖肩

做法：大八字步左抖肩。第一拍左腿伸向左侧，呈大八字步站立。第二、三拍身体向左转动 45 度，右手拄拐杖左手持念珠，目视前方。向左做大幅度的抖肩。第四拍还原双脚并拢平步站立。

(11) 图 4-4-WB11：左右端腿跳

做法：右端腿跳。第一拍向右前方端起右腿。第二、三拍左脚每拍向前蹭地颠跳一下，即左腿“跳步走”。双手持拐杖，右手在上，左手在下，同时将念珠套于左手腕。双手将拐杖斜指左下方，

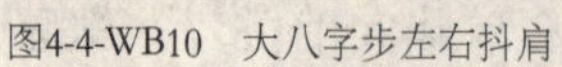
图4-4-WB10　大八字步左右抖肩

图4-4-WB11　左右端腿跳

图4-4-WB12　左右跨腿跳转

图4-5-WH1　预备动作

并随节拍做伸缩动作。第四拍右脚落地还原。

（12）图 4–4–WB12：左右跨腿跳转

做法：右跨腿跳转。第一拍做“右跨腿”，第二、三拍每拍颠跳一下，在三拍子时间里完成向左跳转一圈。在跳转过程中，左手持念珠于胸前。右手握拐杖立于背后。第四拍落下右腿还原。如果连续碎步颠跳转圈时，圈数不限，只要在规定的节拍中落成“大八字步”或“小八字步”即可。跳转时身体不可上下颠颤，要有沉稳感。

图4-5-WH2　左右转体屈腿颠颤

2．黑老头舞蹈动作说明

见图 4–5–WH1 至图 4–5–WH13，共 13 个舞蹈动作。

（1）图 4–5–WH1：预备动作

做法：双脚并拢。右手拄拐杖，左手执念珠，目视前方。

（2）图 4–5–WH2：左右转体屈腿颠颤

做法：左转体屈腿颠颤。第一至三拍，双腿略屈，左转体 90 度。右手持拐杖随节拍点地，目平视。第四拍将身体转回还原，目视正前方。

图4-5-WH3　左右踏步

（3）图 4–5–WH3：左右踏步

做法：右踏步。第一至第三拍，左脚保持原地不动。右脚随节拍踏步，并顺势将身体向左动 90 度。同时，右手执拐杖也随拍击地。左手持念珠于胸前。第四拍右脚后撤回原位，同时身体也恢复平视前方。

提示：此动作与安代舞中“踏步”动作相同。只是由于使用的道具不同，因而手臂上的动作有区别。

（4）图 4–5–WH4：左右小弓箭步抖肩

做法：右小弓箭步抖肩。第一至三拍，向前迈右腿呈小弓箭步，右手执拐杖，左手持念珠于胸前。身体向右转体 45 度抖肩。第四拍收回右腿还原站立。

（5）图 4–5–WH5：左右旁弓箭步抖肩

做法：右旁弓箭步抖肩。第一至三拍，右腿向右侧迈腿。呈

图4-5-WH4　左右小弓箭步抖肩

图4-5-WH5　左右旁弓箭步抖肩

小弓箭步，右手执拐杖，左手持念珠于左腰际。身体向右转体45度抖肩。第四拍收回右腿还原站立。

(6) 图4-5-WH6：左右斜提腿

此动作与白老头相同。

做法：第一拍右斜提腿，第二、三拍左腿向前跳步走，目平视前方。双手持拐杖伸向前方，并随节拍做伸缩动作。第四拍右腿落地。还原站立。

图4-5-WH6　左右斜提腿

(7) 图4-5-WH7：左右端腿跳

做法：第一至三拍右腿斜端起，左腿向右前方跳步走，头略低下。双手持拐杖伸向右前方，并随节拍做类似驱赶的伸缩动作。第四拍右腿落地。还原站立。

(8) 图4-5-WH8：八字步左右手拐杖挥舞

做法：八字步右手拐杖挥舞。第一至三拍右腿迈向右侧，呈八字步站立。右手执拐杖向右侧空中挥舞摇晃，二目仰视拐杖做驱赶状。左手持念珠，手臂自然下垂。第四拍落棒收右脚。还原站立。将拐杖换于左手，做对称动作。

(9) 图4-5-WH9：左右斜提腿跳

做法：右斜提腿跳。第一至三拍右斜提腿，左腿向左前方跳步走，双手执拐杖斜向左下方做伸缩驱赶动作，右手高左手低，念珠挂于左手腕，头略低，目视拐杖。第四拍右腿落地。还原站立，改换姿势做对称动作。

图4-5-WH7　左右端腿跳

(10) 图4-5-WH10：左右丁字步抖肩

做法：左丁字步抖肩。第一至三拍，出左脚，呈左丁字步站立。展开双臂，成45度角，右手执拐杖，拄立于地，左手持念珠。双膝略微弯曲，身体向左一边转动45度一边抖肩。第四拍

图4-5-WH8　八字步左右手拐杖挥舞

图4-5-WH9　左右斜提腿跳

图4-5-WH10　左右丁字步抖肩

图4-5-WH11　八字步左右抖肩

图4-5-WH12　大八字步左右抖肩

图4-5-WH13　左右跨腿跳转

右脚跟上，双脚并拢站立，身体恢复直视前方。

（11）图 4-5-WH11：八字步左右抖肩

做法：八字步左抖肩。第一至三拍，出左脚，呈八字步站立。右手执拐杖拄于地上，左手持念珠，双手会合于胸前。身体向左转，成 45 度，做抖肩动作。第四拍身体恢复正视前方状，做对称动作。

（12）图 4-5-WH12：大八字步左右抖肩

做法：大八字步左抖肩。第一至三拍，出左脚，呈大八字步站立。右手执拐杖拄于地上，随节拍敲击地面。左手持念珠于左腰际。双膝弯曲，身体呈半蹲状，身体向左转，成 45 度，做抖肩动作。第四拍身体恢复正视前方状，做对称动作。

（13）图 4-5-WH13：左右跨腿跳转

做法：右跨腿跳转。第一至第三拍做“右跨腿”，提起右腿，由左脚跳跃，每拍颠跳一下，在三拍子时间里完成向左跳转一圈。在跳转过程中，左手持念珠于胸前。右手握拐杖立于背后。第四拍落下右腿还原。如果连续碎步颠跳转圈时，圈数不限，只要在规定的节拍中落成“大八字步”或“小八字步”即可。跳转时身体不可上下颠颤，要有沉稳感。

图4-6-WC1　预备动作

3．曹门代和花日舞蹈动作

见图 4-6-WC1 至图 4-6-WC13，共 13 个舞蹈动作。

（1）图 4-6-WC1：预备动作

做法：双脚并拢，左脚在前，呈小丁字步站立。双手各持一手帕，手臂微屈，抬于身前腰际。目视前方。

图4-6-WC2　左右转体90度，回头反方向抖肩

（2）图 4-6-WC2：左右转体 90 度，回头反方向抖肩

做法：左转体 90 度，反方向抖肩。第一至三拍，左脚跟抬起，脚尖着地，双手握腰带。身体向左转 90 度，回头反方向面向右侧抖肩。第四拍还原，做对称动作。

（3）图 4-6-WC3：左右跑碎步

图4-6-WC3　左右跑碎步

做法：左跑碎步。第一至三拍，身体面向左侧，目平视，双脚踮起，碎步快速小跑，跑时稍屈膝，要松弛。双手各握一手帕，手臂半端于腰际。第四拍停止站立。如果连续跑碎步时，拍数不限，只要在规定的节拍中落成“丁字步”即可。跳动时身体不可上下颠颤，要有沉稳感。

(4) 图 4-6-WC4：左右转体 45 度抖肩

做法：右转体 45 度抖肩。第一至三拍，右脚跟抬起，脚尖着地，双手各握一手帕抬起于胸前，二目平视。身体向右转 45 度抖肩。第四拍右脚落地，还原站立，准备做对称动作。

图4-6-WC4　左右转体45度抖肩

(5) 图 4-6-WC5：叉腰左右丁字步抖肩

做法：叉腰左丁字步抖肩。第一至三拍，出左脚，呈左丁字步站立。双手各握一手帕，手腕反贴腰际，呈叉腰状。二目平视，身体向左转 45 度抖肩。第四拍收回左脚准备做对称动作。

(6) 图 4-6-WC6：左右斜提腿跳

做法：左斜提腿跳。第一至三拍，右腿斜提起，左脚随着节拍向左颠跳。同时，左手握一手帕，用左手背腕叉腰。右手高举，在头顶上方挥舞手帕舞“∞”字。第四拍右脚落地，换手脚姿势，准备做对称动作。

(7) 图 4-6-WC7：左右端腿跳

做法：左端腿跳。第一至三拍，做右“端腿”，左脚每拍向前蹭地颠跳一下，左手握一手帕，用左手背腕叉腰。右手平举，在面前挥舞手帕舞“∞”字。第四拍右脚落地，换手脚姿势，准备做对称动作。

(8) 图 4-6-WC8：左右跨腿跳

做法：左跨腿跳。第一至三拍，做右“跨腿”，左脚每拍向前

图4-6-WC5　叉腰左右丁字步抖肩

图4-6-WC6　左右斜提腿跳

图4-6-WC7　左右端腿跳

蹭地颠跳一下，左手握一手帕，用左手背腕叉腰。右手在头前挥舞手帕舞“○”字。身体略向前倾，二目平视。第四拍右脚落地，换手脚姿势，准备做对称动作。

提示：跳动时身体不可上下颠颤，要有沉稳感。

图4-6-WC8　左右跨腿跳

图4-6-WC10　左右前提腿跳

（9）图 4-6-WC9：左右单腿跳

做法：右单腿跳。第一至三拍，左腿前提，右腿每拍向前蹭地颠跳一下，左手握一手帕，用左手背腕叉腰。右手在头顶上方挥舞手帕舞“∞”字，并随身体向左侧转体 45 度，二目平视。第四拍左脚落地，换手脚姿势，准备做对称动作。

图4-6-WC9　左右单腿跳

图4-6-WC11　左右顿足甩巾

（10）图 4-6-WC10：左右前提腿跳

做法：右前提腿跳。第一至三拍，左腿前提，右腿每拍向前蹭地颠跳一下，左手握一手帕，用左手背腕叉腰。右手在胸前挥舞手帕舞“∞”字，并随身体向左侧转体 45 度，二目平视。第四拍左脚落地，换手脚姿势，准备做对称动作。

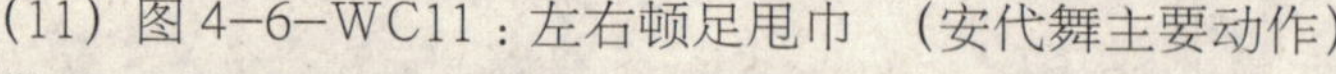

（11）图 4-6-WC11：左右顿足甩巾　（安代舞主要动作）

做法：右顿足甩巾。第一至三拍，左腿前提，身体面向前方，头略低，二目向下，右腿每拍原地颠跳一下，左手持手帕在胸前挥舞，右手高举过头，在头顶上挥舞手帕舞“∞”字。第四拍，左脚落地，变更手脚位置，准备做对称动作。

图4-6-WC12　左右弓腿跳步甩巾

（12）图 4-6-WC12：左右弓腿跳步甩巾

做法：右弓腿跳步甩巾。第一至三拍，左腿前提，右膝弯曲，弓腿跳步。右手握手帕贴于右腰际。身体向左前倾斜 45 度，面向下，二目低视。左手在左腰前挥舞手帕舞“∞”字。第四拍左脚落地。变更手脚位置，准备做对称动作。

（13）图 4-6-WC13：左右弓腿跳

做法：第一至三拍，右腿前提，左膝弯曲，弓腿跳步。左手背腕叉腰于左腰际。身体面向正前方，头略低，二目低视。右手

图4-6-WC13　左右弓腿跳

图4-7-WS1　预备动作

图4-7-WS2　左右直提腿跳步分棒

图4-7-WS3　左右旁提腿跳步分棒

图4-7-WS4　左右弓箭步跳步分棒

在身前挥舞手帕舞“∞”字。第四拍右脚落地。变更手脚位置，准备做对称动作。

4．花日的舞蹈与曹门代完全相同，不再重复叙述

5．孙悟空舞蹈动作说明

见图4—7—WS1至图4—7—WS16，共16个舞蹈动作。

（1）图4—7—WS1：预备动作

做法：双脚呈丁字步站立，左脚在前，左膝稍弯屈。双宝棍分别夹于两腋下。手臂微屈，双手半握拳于身前腰际，目视前方。

（2）图4—7—WS2：左右直提腿跳步分棒

做法：第一至三拍，左直提腿，成90度角，左脚绷直脚尖朝下，右腿随节拍跳步走。双手握棒，右手横握棒高举于身前头顶之上，右手臂弯曲成90度直角，右手肘部与身体同为正前方，右手心对着面部。左手竖握棒于左腰际，手背朝里，左手肘部与左手心同朝外侧，目视前方。第四拍左腿落地，变更手脚位置，准备做对称动作。

（3）图4—7—WS3：左右旁提腿跳步分棒

做法：第一至三拍，右腿在右前方旁提，与身体成45度角，右腿弯曲成90度角，右脚绷直，脚尖朝下。左腿随节拍跳步走。双手握棒，左手横握棒高举于身前头顶之上，左手臂弯曲成90度直角，左手肘部与身体同为正前方，左手心对着面部。右手竖握棒于右腰际，手心朝里，拳眼向前，目视前方。第四拍右腿落地，变更手脚位置，准备做对称动作。

（4）图4—7—WS4：左右弓箭步跳步分棒

做法：第一至三拍，右腿迈向右前方呈右弓箭步，双脚随节拍跳步走。双手分棒，右手握棒高举于右侧身前头顶之上，右手

图4-7-WS5　左右前提腿击棒

图4-7-WS6　左右前提腿瞭望

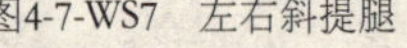
图4-7-WS7　左右斜提腿

图4-7-WS8　屈腿踏步

腕快速旋转手中短棒。左手臂弯曲成45度角，左手肘部朝外，手心朝里。身体略向右前方倾斜，二目平视。第四拍左脚抬起与右脚并拢，变更手脚位置，准备做对称动作。

（5）图4-7-WS5：左右前提腿击棒

做法：第一至三拍，左腿前提，成90度角，右腿随节拍跳步走。双手握双棒于身前循环撞击，头随节拍左右晃动，身体前倾，目视双棒。第四拍左腿落地。变更手脚位置，准备做对称动作。

（6）图4-7-WS6：左右前提腿瞭望

做法：第一至三拍，右腿前提，与身体成45度角，右脚绷直，脚尖朝下，身体前倾，左膝微屈随节拍跳步走。左手横握双棒于背后，左手心朝外。右手没拿短棒，在额前手心朝下“搭凉棚”做瞭望状。头随节拍左右摇晃。第四拍右手落下，双棒交与右手。右腿落地，变更手脚位置，准备做对称动作。

（7）图4-7-WS7：左右斜提腿

做法：第一至三拍，右腿朝右前方斜提45度，右脚自然下垂。左脚着地，支撑全身，原地踮跳三拍。双手分别握棒，均手背朝里，手心朝外。双手肘部与身体均成90度角，右手肘部朝右前方，随节拍上下晃动，使右棒外压；左手肘部朝正前方，并随节拍左右晃动，使左棒“扛”于左肩上。头部随节拍晃动。第四拍右脚落地，变更手脚位置，准备做对称动作。

（8）图4-7-WS8：左右屈腿踏步

做法：第一至三拍，左腿直立，右腿弯曲，身体右前倾。左棒“扛”于左肩上。右棒高举于右前方，并于头部上方转动半圆形。右弓脚随拍踏步，头部也随拍晃动，二目平视前方。第四拍右脚落地与左脚并拢，右手也随之自然落下。变更手脚位置，准备做对称动作。

图4-7-WS9　搓步吸腿踮跳

图4-7-WS10　左右前提腿跳步

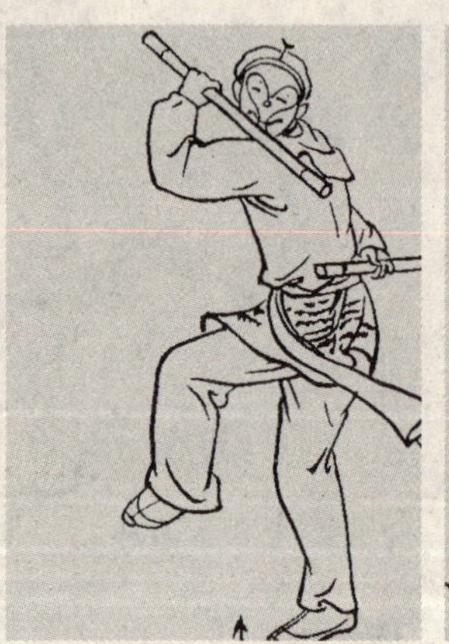
图4-7-WS11　左右前提腿转身跳步

图4-7-WS12　跑碎步

图4-7-WS13　左右端腿跳

图4-7-WS14　左右提腿跳步反搭凉棚

（9）图 4-7-WS9：左搓步右吸腿踮跳（以先出左脚为例）

做法：第一至三拍，双腿略微弯曲，左右手分别握棒“扛”于肩上。同时，随着节拍摇晃头部，身体向前倾斜，面朝下，二目低视。第一和第三拍，出左脚，第二拍为右脚，双脚轮流搓步。第四拍时，右腿“前抬腿”，右脚踮起向前颠跳一下，前脚掌着地，右腿直立；同时左脚跟随落地，脚尖着地，落于右脚跟处，左腿膝盖微屈。接着做对称动作。

（10）图 4-7-WS10：左右前提腿跳步

做法：第一至三拍，左前提腿，左脚自然下垂，右腿原地颠跳。身体前倾，面向下，二目低视。右手握双棒于身前腰际。左手臂前伸，与身体成 90 度角，左手手心朝下，左手腕自然下垂，成“猴爪”抓东西状。第四拍左脚落地与右脚并拢，同时左手落下，与右手同时握住双棒。变更手脚位置，准备做对称动作。

（11）图 4-7-WS11：左右前提腿转身跳步

做法：第一至三拍，左腿前提，与身体成 90 度角，左脚绷直脚尖朝下。右手握棒搁于背后靠近腰际，左手握棒“扛”于左肩上。右腿一边随节拍跳步走，一边将身体随着向右转动 90 度，头部转向相反的方向，向左看，二目平视。第四拍左脚落地，左棒从左肩上取下，头部和身体均转为正对前方。变更手脚位置，准备做对称动作。

（12）图 4-7-WS12：跑碎步

做法：双脚踮起，碎步快速小跑，跑时稍屈膝，要松弛。双棒分夹于腋下，双手在胸前做“猴爪”状，头随着节拍左右晃动。连续做循环动作。

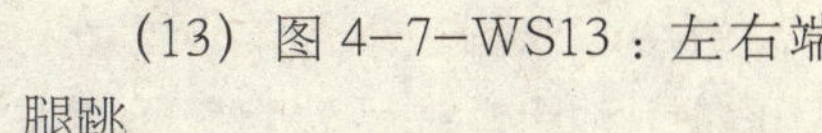

（13）图 4-7-WS13：左右端腿跳

做法：第一至三拍，右腿在身前提起，左脚每拍向前蹭地颠跳一下。双手分别握棒，左手握棒放于背后，左手心朝外，手背贴于左后腰处；右手横握棒在右侧高高举起，右手心朝向正前方，身体正直朝前，二目平视。第四拍，右脚落地与左脚并拢，同时右手落下，变更手脚位置，准备做对称动作。

（14）图 4-7-WS14：左右提腿跳步反搭凉棚

做法：第一至三拍，左腿朝前

图4-7-WS15　左右提腿横跳步

图4-7-WS16　左右弓箭步上下抖身

方斜提45度，左脚尖向下绷直。右脚着地，支撑全身，原地踮跳三拍。右手横握双棒于背后，右手背贴于右腰际，右手心朝外。左手高举于面前做“反搭凉棚”姿势，左手肘部朝右，左手心正对着右太阳穴部位，左手背对着正前方。头向左转45度，二目向左前方平视。第四拍，左脚落地，与右脚并拢，左手落下，与右手共同于身前腹部位置握双棒。变更手脚位置，准备做对称动作。

(15) 图4−7−WS15：左右提腿横跳步

做法：第一至三拍，左腿前提，与身体成90度，左脚尖向下绷直。右脚着地，支撑全身，随着节拍向右侧横向踮跳三拍。双手各执一短棒，高举于身体两侧头部上方，并随节拍先右后左循环上下舞动。身体保持正直，面向前方，二目平视。第四拍，左脚落地，双手也停止摆动，依然高举于头顶，与肩齐宽。变更手脚位置，准备做对称动作。

(16) 图4−7−WS16：左右弓箭步上下抖身

做法：第一至三拍，出右腿，右膝弯曲成90度，左腿蹬直，呈弓箭步站立。双手各执一短棒，右手握棒放于背后，右手心朝外，手背贴于右后腰处；左手横握棒高举于面前做“反搭凉棚”姿势，左手肘部朝右，左手心正对着右太阳穴部位，左手背对着正前方。头向左转45度，面向左下方，二目向左下方低视。身体上下抖身。第四拍，左脚抬起，与右脚并拢站立，左手落下，双手分别握双棒于身体两侧腰际。变更手脚位置，准备做对称动作。

6. 猪八戒舞蹈动作说明

见图4−8−WZ1至图4−8−WZ10，共10个舞蹈动作。

(1) 图4−8−WZ1：猪八戒预备动作

做法：双脚呈小八字步站立。右手握九齿钉耙，九齿钉耙把朝下拄于地上。左手臂自然下垂贴于身体左侧，身体正直，二目平视前方。

(2) 图4−8−WZ2：左右旁弓步捧耙

做法：第一至三拍，左腿迈向左前方，右腿不动，呈左旁弓步。双手握九齿钉耙，右手高，左手低，随节拍上下挥舞钉耙，先上后下。身体随着左腿向左侧倾斜45度，面朝左下方，二目低视。第四拍，右腿抬起，跟上左腿，双脚并拢站立。双手握九齿钉耙拄于地上。变更手脚位置，准备做对称动作。

(3) 图4−8−WZ3：左右斜提腿跳挥耙

做法：第一至三拍，右腿向右前方斜提腿，与身体成90度，右小腿自然下垂，右脚尖上翘。左脚随节拍颠跳三下，前脚掌蹭地。双手握九齿钉耙高举过头，右手高，左手低，并随节拍上下挥舞钉耙，先上后下。身体随之转向右侧，头略抬起，目视钉耙。

图4-8-WZ1　猪八戒预备动作

图4-8-WZ2　左右旁弓步捧耙

图4-8-WZ3　左右斜提腿跳挥耙

图4-8-WZ4　左右翻耙点地

第四拍，右脚落地，双手于胸前握钉耙，变更手脚位置，准备做对称动作。

（4）图 4-8-WZ4：左右翻耙点地

做法：右翻耙点地，第一至三拍，右脚横着迈向右侧，双脚分开与肩齐宽站立，双膝略微弯曲，呈马步姿势站立。双手横抓握九齿钉耙于胸前，手心朝下，耙头朝右。双脚的前脚掌随节拍点地，后脚跟不离地。第四拍，九齿钉耙的耙头从右侧向上经过头顶划半圆翻向左侧，同时将右脚收回与左脚并拢。变更手脚位置，准备做对称动作。

图4-8-WZ5　左右端腿跳转推耙

（5）图 4-8-WZ5：左右端腿跳转推耙

做法：右端腿跳转推耙。第一至三拍，右腿向右前方提腿，与身体成 90 度，右小腿自然下垂，右脚腕用力向左翘。左脚随节拍颠跳三下，前脚掌蹭地。双手握九齿钉耙于小腹前，耙头朝左侧，并随节拍向左前方内外推拉钉耙，先外推后内拉。身体随着左脚的跳动向左转体 90 度。二目向左前方平视。第四拍，右脚落地，与左脚并拢，同时，双手握九齿钉耙于小腹前。变更手脚位置，准备做对称动作。

图4-8-WZ6　左右端腿跳转舞耙

（6）图 4-8-WZ6：左右端腿跳转舞耙

做法：右端腿跳转舞耙。第一至第三拍，右腿于身前斜提，右脚尖绷紧向下，呈右端腿。左脚随节拍向左跳着转圈，颠跳三拍。三拍向左跳转一圈。如连续碎步颠跳转圈时，圈数不限，只要在规定的节拍中落成“大八字步”或“小八字步”即可。双手握九齿钉耙，耙头朝上，高举于右胸前，右手高左手低，并随节拍向右上方上下拉伸钉耙，先向上后向下。头部转向右上方略抬，目视钉耙。第四拍，右脚落地，与左脚并拢。双手落下，握钉耙于胸前。变更手脚位置，准备做对称动作。

提示：跳转时身体不可上下颠颤，要有沉稳感。

（7）图 4-8-WZ7：左右跨腿跳

做法：右跨腿跳。第一至三拍，右腿前提，与身体成 45 度，右脚尖绷紧向上翘起，做“右跨腿”。左脚在原地每拍颠跳一下，共颠跳三拍。双手握九齿钉耙，右手在前，左手在后，将钉耙伸向右前

图4-8-WZ7　左右跨腿跳

方，耙头朝下，并随节拍向右斜前方拉伸钉耙，做“挠”状，先向前伸再向后拉。身体略微向右前方倾斜 45 度，面向右侧，头部略低，目低视耙头。第四拍，右脚落地，与左脚并拢。双手将钉耙拉回，握钉耙于小腹前。变更手脚位置，准备做对称动作。

(8) 图 4-8-WZ8：左右弓箭步握耙

做法：左弓箭步握耙。第一至三拍，左腿迈向左斜前方，身体重心移到左腿上，右腿伸直脚掌虚着地，呈左弓箭步站立，同时右脚随节拍踏步，每拍踏步一下，共踏三拍。双手握耙“抱”举于右胸前，右手高，左手低，耙头朝右上前方，双手随节拍上下拉伸钉耙，呈“挠”状，先向下拉再向上伸。身体自然转向右侧，目视钉耙。第四拍，身体站直，重心均匀放于双腿之上。双脚分开，与肩齐宽。双手握钉耙于小腹前。变更手脚位置，准备做对称动作。

图4-8-WZ8　左右弓箭步握耙

(9) 图 4-8-WZ9：左右跨腿跳转体 90 度舞耙

做法：右跨腿跳转体 90 度舞耙。第一至三拍，右腿前提，与身体成 90 度角，右脚与地面平行，呈右跨腿。左脚随节拍原地颠跳三拍。双手握九齿钉耙，耙头朝上，高举于右胸前，右手高左手低，并随节拍向右上方上下拉伸钉耙，先向上后向下。身体向右转动 90 度，面向上，目视耙头。第四拍，右脚落地，与左脚并拢。双手落下，握钉耙于胸前。变更手脚位置，准备做对称动作。

图4-8-WZ9　左右跨腿跳转体90度舞耙

(10) 图 4-8-WZ10：平步

做法：两拍一步，自然步，面向前，目平视。右手“扛”九齿钉耙于右肩上，左手自然甩臂。沉稳地向前走或后退，或向左、右横向走。

图4-8-WZ10　平步

（四）“呼图克沁”仪式舞蹈场记

“呼图克沁”仪式表演最大的特点就是没有固定的演出场地。以前正式演出之前，需要沐浴更衣到庙上去请神，就是到今天乌兰召村西边的十村民组附近的庙上（俗称西庙）去戴由喇嘛（活佛）诵过经有了灵气的面具。寺庙上起场这是整个“呼图克沁”仪式表演中唯一的固定场地，其他的演出场地都是根据接“呼图克沁”的村民居住地随时选定的。但是，由于西庙在“文革”时被拆除了，所以，自 1989 年“文革”后首次恢复仪式表演以来，就完全成为没有固定演出场地的仪式活动了。原来在庙上进行的喇嘛（活佛）诵经戴面具请神的神秘仪式程序被简化为在“呼图克沁”会房中就可以进行的行为，戴面具、穿服装也变成不需要诵经和沐浴等禁忌的随意行为。会房可以设在任何一个自愿的村民家中或村大队。因此每次举办“呼图克沁”仪式表演的时候，由于会房不具有固定性，而变成任意地点随意起场即可了。

下面就来展示一下“呼图克沁”的具体演出过程。笔者的场记图示是根据2005年春节期间“呼图克沁”表演程序绘制的。见图4-9-C1至图4-9-C23，共包括17个场记图。图例如下：

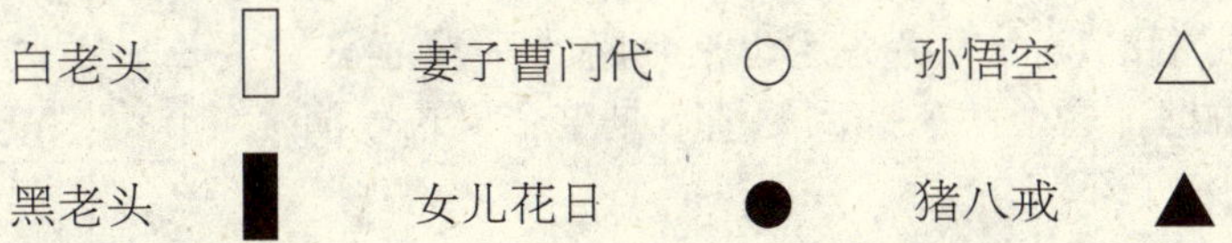

求子的夫妇或者有特殊请求的户主

另外再加三位打击乐演员，共计九位演员。这三位打击乐者包括：

一个鼓（现在与秧歌队所用大鼓相同，以前借用庙上的单鼓），用　表示；

一个镲（或钹），用　表示；

一位用自行车推鼓者（以前庙上借来的单鼓需一个人用肩膀扛着），用　表示。

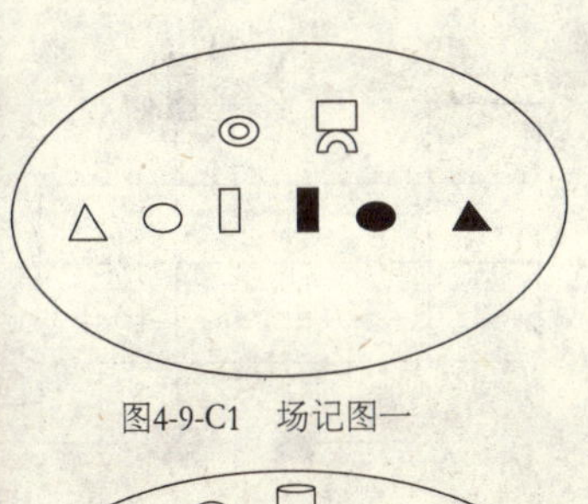
图4-9-C1　场记图一

场记图一：

“呼图克沁”的六个角色在准备正式表演之前，负责打鼓击镲的人员要提早敲锣打鼓吸引村民，同时也是在宣布仪式就要开始了。换服装和戴面具一般是在会房或接“呼图克沁”的村民家附近。2005年春节笔者随以金生为会首的“呼图克沁”仪式队伍乘车到离村较远的七道湾演出时，是在七道湾村口完成的戴面具、更换服装。图示由左至右依次代表：孙悟空、曹门代、白老头、黑老头、花日和猪八戒。

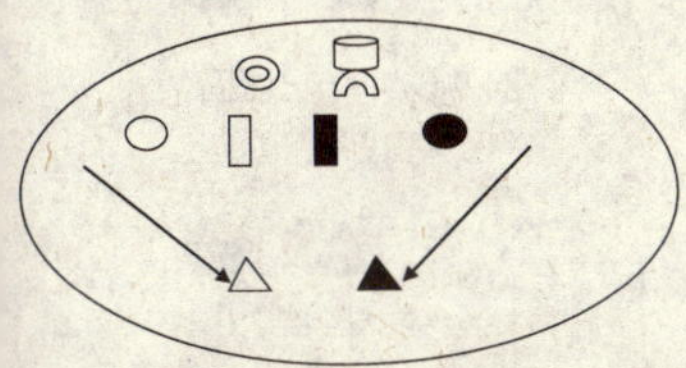
图4-9-C2　场记图二

场记图二：

穿戴完毕后，首先由孙悟空、猪八戒在前面欢腾跳跃起舞，其余的人横排在后，稳步前行，由左至右依次为曹门代、白老头、黑老头和花日。铿锵的鼓、镲紧随其后。

在最前面的孙悟空和猪八戒不参与仪式歌曲的演唱，只是以跳跃的舞步为整个仪式表演增添几分滑稽和幽默。

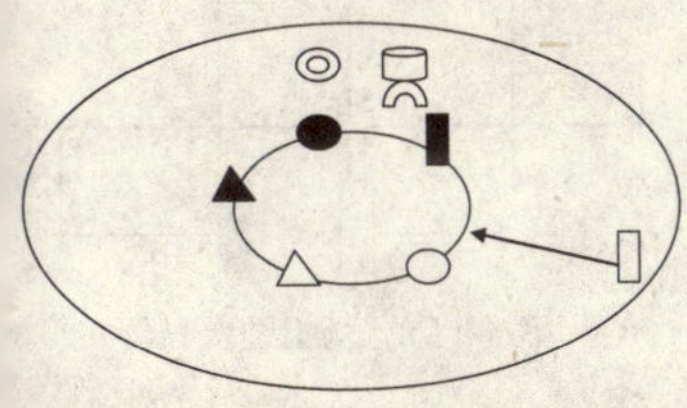
图4-9-C3　场记图三

横排在后的四个人之间保持着基本相等的距离，在孙悟空和猪八戒的带领下，一边稳步往接“呼图克沁”的村民家里走去，一边唱着歌颂家乡风情的《敖汉赞歌》、宣扬宗教思想的《鸭鸡庙歌》（过去一般是路过庙宇时演唱）、《四个杭盖》、《西京》、《迈德尔活佛歌》等，在行进当中，队形始终保持不变。孙悟空和猪八戒舞蹈的动作和节拍不受歌曲的限制。

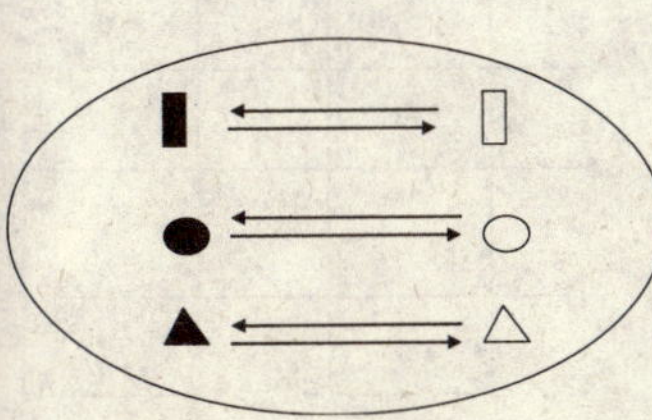
图4-9-C4　场记图四

场记图三：

“呼图克沁”仪式表演队伍行进到接“呼图克沁”的村民家门

口时，艺人们高声唱起了《达热力根歌》（也叫《祝福迎祥歌》）。进入院子以后，锣鼓喧天，鼓镲齐鸣，艺人们开始为主人家跳驱邪纳福的舞蹈。首先，除了白老头以外，其他的五个人围在一起跳“转圆圈舞”。白老头首先独自跳起驱邪祈福的“法器舞”。左手拿麻栎珠（佛珠），右手拿拐杖，在主人的院子里到处游走跳跃，还故意摔倒在地上逗围观的群众发笑，这也是判断“呼图克沁”具有戏剧色彩的一个依据，这个故意摔倒的情节是整个仪式表演中比较具有喜剧色彩的一个环节。

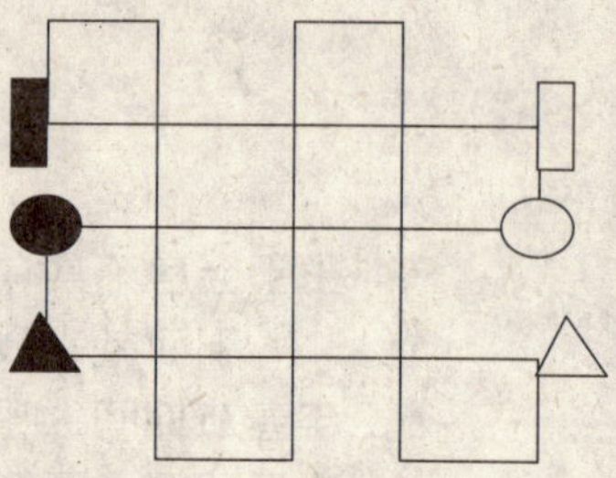
图4-9-C5　盘肠图案之一

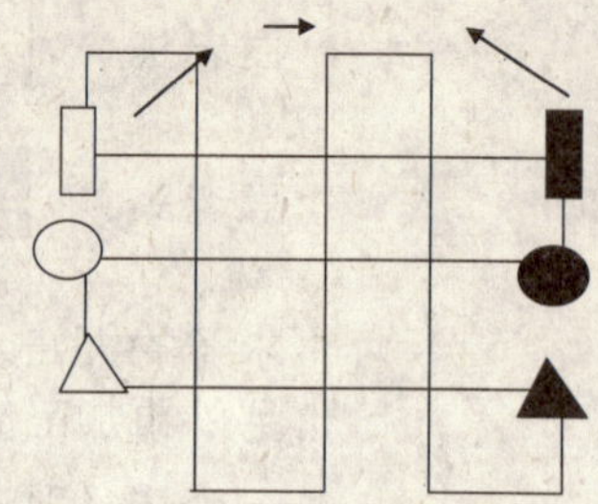
图4-9-C6　盘肠图案之二

场记图四：

白老头在主人家院子里的法器舞蹈结束后，大家的“转圆圈舞”也就结束了。此时，白老头加入队伍中，六个人在主人家的院子里准备跳驱邪的“盘肠舞”。盘肠舞要求两人为一组，共分三组，分别在三条平行线的六个点上，由各自的起点开始相向跳起，与同一条直线上的对方交换位置，每当两个人交叉的时候，都是迎面跳过来又擦肩而过，背对背向相反的方向跳过去。在实际表演中，每一组的两个角色没有严格的规定，具有随意性。笔者场记图四中最右边由上至下依次为白老头、曹门代、孙悟空，分别对应左边的黑老头、花日和猪八戒。

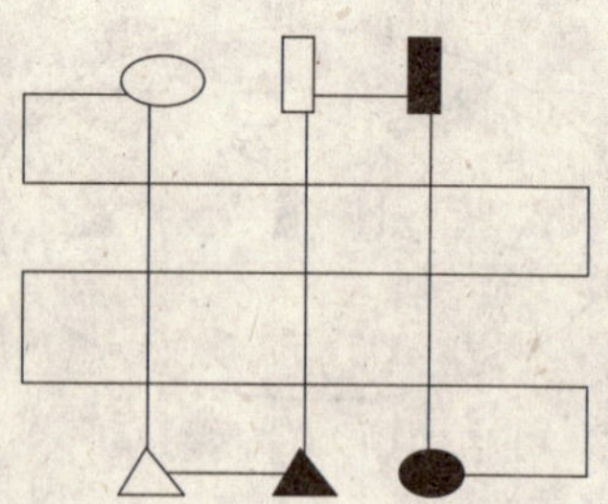
图4-9-C7　场记图五

“呼图克沁”中每一个角色舞蹈的路线和舞姿都是相同的。舞姿为一腿平端一腿跳跃，手中挥舞各自的道具或法器，以四拍为一个单位，跳三拍第四拍双脚落地，为一个舞蹈位置（简称“一位”，即四拍）；再换另一条腿跳跃，也是以四拍为一个单位，跳三拍第四拍双脚落地，又是一个舞蹈位置，如此循环往复不断。

场记图五：

一般而言，舞蹈时先端左腿由右腿起跳，与同一条直线上的对方交换位置时，最少需要两个舞蹈位置（简称“两位”，即八拍），也就是先端左腿右脚跳跃三拍第四拍落地，再换端右腿左脚跳跃三拍第四拍落地。与对方交换位置时少则两个舞蹈位置，多则四位、六位不等。依据主人家院子的大小宽窄，舞步的幅度可大可小，可以随意调整。但是大家舞蹈的步伐和节奏都是统一的。在统一的锣鼓点儿节奏的控制之中。

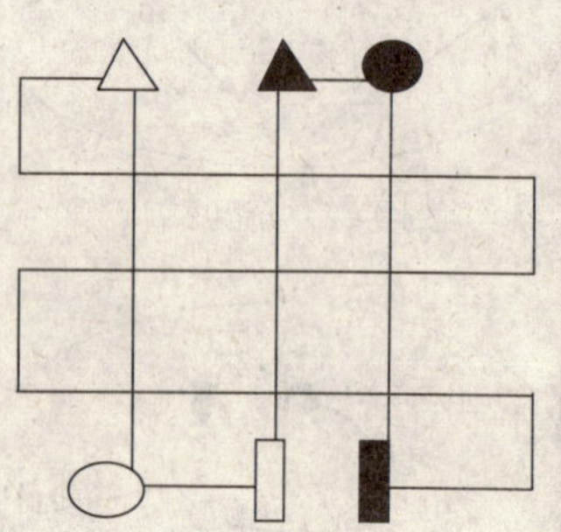
图4-9-C8　场记图六

图 4-9-C5 展示的是盘肠图案，同时也是“盘肠舞”的起势。接下来，在鼓镲激昂的伴奏声中，在同一直线上的双方相向而舞，擦肩而过，背对背到达对方原来的位置。如图 4-9-C6 所示，白老头、曹门代、孙悟空由东跳至西，分别跟黑老头、花日、猪八戒调换了位置。笔者将这种同一直线上的双方互相交换位置称为“转位”。

接着，白老头和曹门代同时向右移“两位”（指两个舞蹈位置），孙悟空则同时向左移“一位”（指一个舞蹈位置），同时，黑

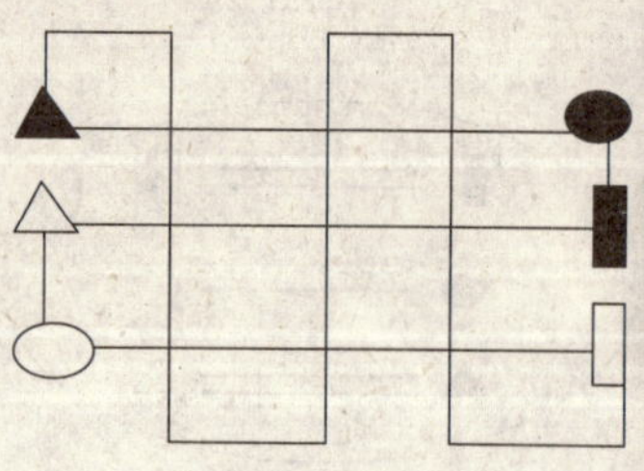
图4-9-C9　场记图七

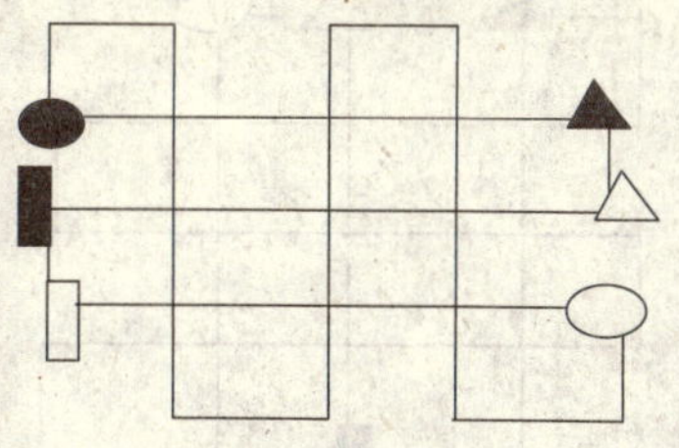
图4-9-C10　场记图八

老头向左移“一位”，花日和猪八戒同时向右移“两位”。其到达的位置如图 4–9–C7 所示。在整个变换位置的过程中，每个角色都始终保持原有的舞蹈步伐。笔者将上述角色移动位置称之为“移位”。请见图 4–9–C7。

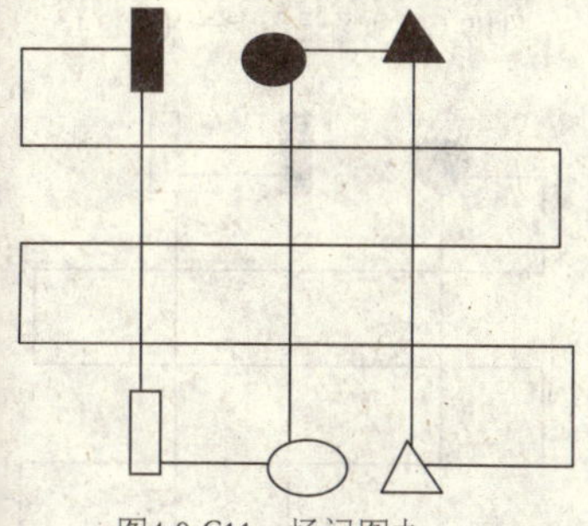
图4-9-C11　场记图九

场记图六：

经过上述移位之后，场地中的各个角色又恢复到如图 4–9–C7 中所显示的三条平行线的六个点上。只是由三条横线变成三条纵线。此时，各个角色与前一次一样进行转位，只是经过一次移位以后，同一条直线上面对面相视而立的角色与图 4–9–C5、图 4–9–C6 中所显示的角色不同。此时，最左边的一对儿角色中，北边儿的是曹门代，南边儿的是孙悟空；中间的一对角色中，北边儿的是白老头，南边儿的是猪八戒；最右边儿的一对角色中，北边儿的是黑老头，南边儿的是花日。接下来转位：黑老头由北换到南，花日由南换到北；同样，白老头与猪八戒互换，曹门代与孙悟空互换。请见图 4–9–C8。

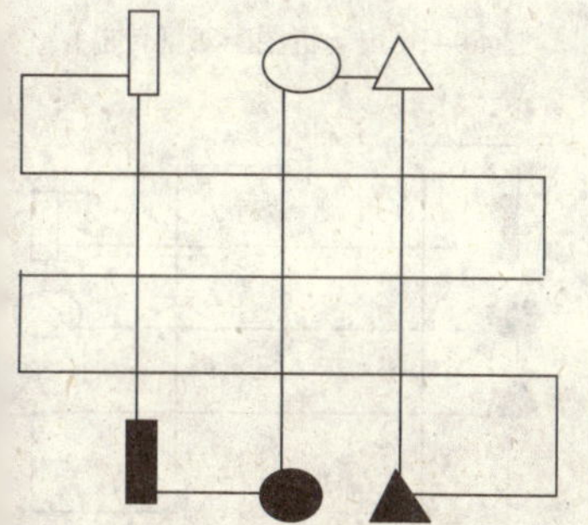
图4-9-C12　场记图十（转位）

场记图七：

到达对方位置以后就开始“移位”，花日向右移动“一位”，孙悟空和猪八戒同时向左移“两位”；曹门代向右移动“一位”，黑老头和白老头同时向左移动“两位”。于是，原本是纵向排列的队伍，又重新恢复为横向，而且，此时最上边一排由左至右依次为猪八戒、花日；中间一排由左至右为孙悟空、黑老头；最下边一排由左至右为曹门代和白老头。请见图 4–9–C9。

场记图八：

在完成如图 4–9–C9 所示的移位以后，接下来又继续以图 4–9–C9 所示位置为原位进行“转位”。请见图 4–9–C10。

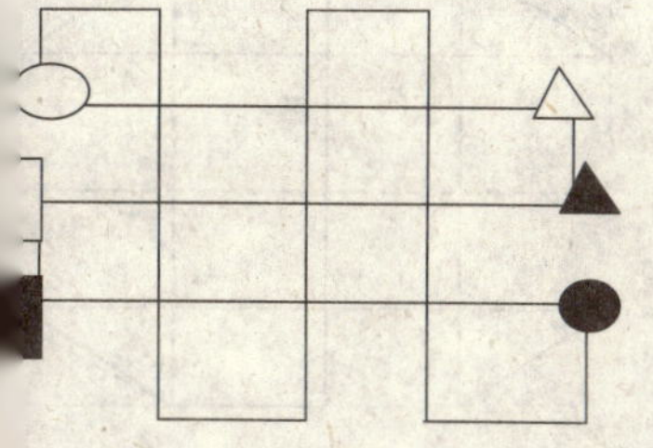
图4-9-C13　场记图十（移位）

场记图九：

图 4–9–C10 所示位置是图 4–9–C9 的转位，在此基础上可以完成移位，其原理与前面移位方式相同，即：白老头向左移“一位”，花日和黑老头同时向右移“两位”；曹门代和孙悟空同时向右移“两位”，猪八戒同时向左移“一位”。请见图 4–9–C11。

场记图十：

在图 4–9–C11 的基础上进行转位和移位，转位和移位的方法与前面相同，就形成了图 4–9–C12 和图 4–9–C13。

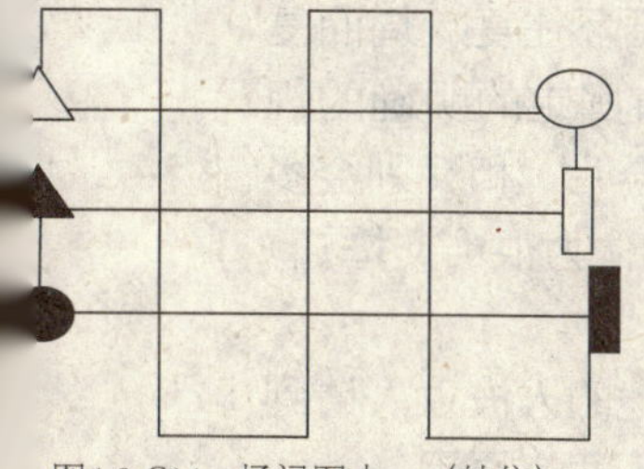
图4-9-C14　场记图十一（转位）

场记图十一：

以图 4–9–C13 所示位置为原位，继续进行转位和移位，得到如图 4–9–C14 和图 4–9–C15 所示位置。

场记图十二：

以图 4–9–C15 所示位置为原位，继续进行转位和移位，得到如图 4–9–C16 和图 4–9–C17 所示位置。

经过上述一系列的转位和移位，每一个角色又回到自己最原始的出发点上，完成了一个舞蹈周期。

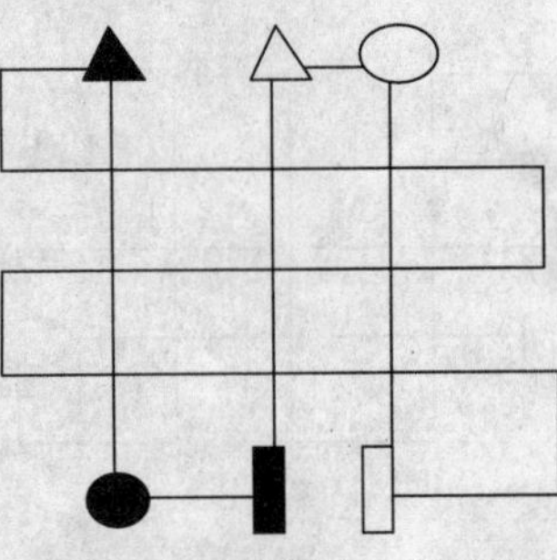

图4-9-C15　场记图十一（移位）

图 4–9–C5、图 4–9–C6、图 4–9–C7 完成的是“盘肠舞”的半个周期，即原位、转位和移位。图 4–9–C7、图 4–9–C8 和图 4–9–C9 完成的是接下来的半个周期，是以图 4–9–C7 所示位置为原位基础上的原位、转位和移位。这是一种“蛇咬尾”式的循环模式。接下来，又在图 4–9–C9 所示位置为原位的基础上完成原位、转位和移位，就出现了图 4–9–C9、图 4–9–C10 和图 4–9–C11 所示位置。以此类推，又经过图 4–9–C11、图 4–9–C12 和图 4–9–C13；图 4–9–C13、图 4–9–C14 和图 4–9–C15；图 4–9–C15、图 4–9–C16 和图 4–9–C17。就是说，整个“盘肠舞”一共经历了六次原位、转位和移位的转换。至此，“盘肠舞”完成了一个舞蹈周期。

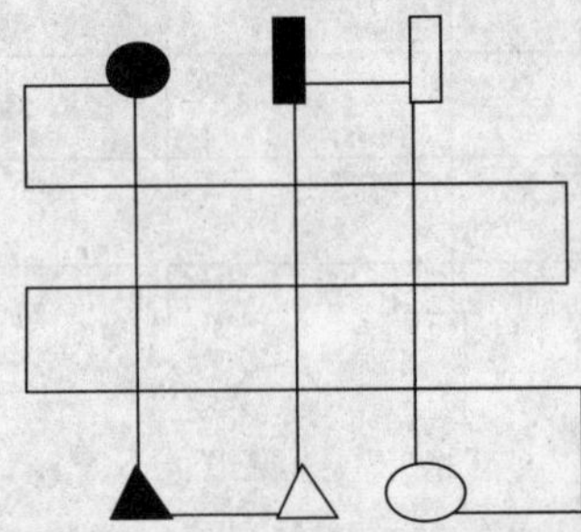

图4-9-C16　场记图十二（转位）

图 4–9–C18 为“盘肠舞”走势图。“盘肠”名称的由来就是因为舞蹈的图案类似于盘绕的羊肠子。“呼图克沁”中六位角色的舞蹈路线虽然起始点不同，但是基本走向是完全一致的。箭头的走向代表六位角色中任意一位角色的舞蹈路线。为了表述的方便，就以白老头为例来加以说明。图 4–9–C18 中空心箭头既代表出发的原点也代表结束的终结点。白老头由空心箭头标示的位置开始舞蹈，按照实心箭头标示的线路行进，一共有八个实心箭头，从圆形箭头开始至第八个实心箭头为止，是“盘肠舞”的半个周期，与上述图 4–9–C5 至图 4–9–C11 所示的舞蹈路线相符。假定其中三条比较长的实心箭头斜线均以八拍计算（两个舞蹈位置——左脚着地蹦四拍和右脚着地蹦四拍），其他的五条斜短线以最小单位四拍（一个舞蹈位置——单腿着地蹦四拍）来算，半个周期一共是五个八拍零一个四拍，即四十四拍；从第八个实心箭头开始进入下一个盘肠舞周期，依次为七个单线虚线箭头，最后一个圆形箭头是终结点。与上述图 4–9–C11 至图 4–9–C17 所示的舞蹈路线相符。至此，白老头完成了一个周期的“盘肠舞”表演，即十一个八拍，总计八十八拍。

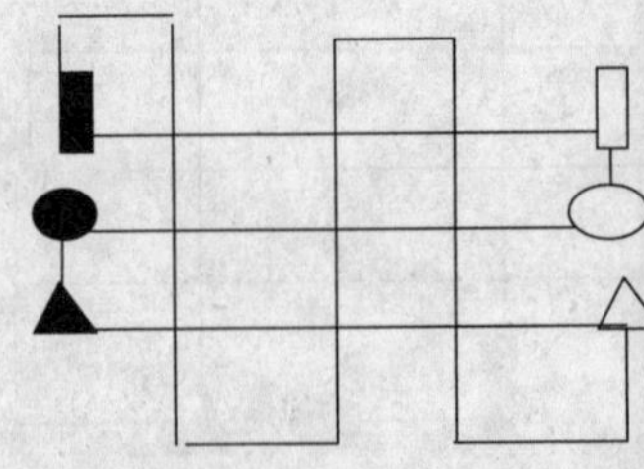

图4-9-C17　场记图十二（移位）

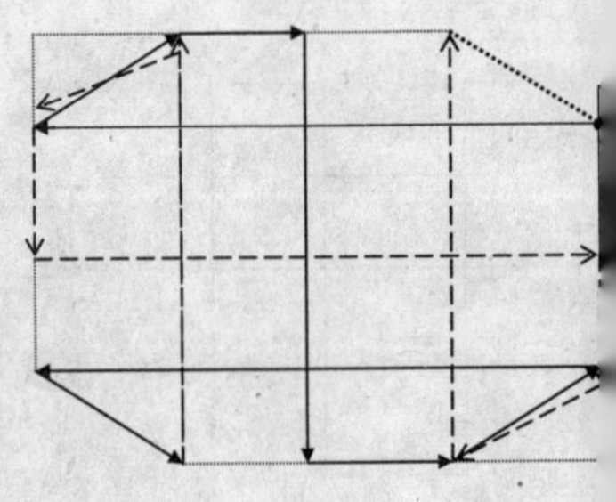

图4-9-C18　“盘肠舞”走势图

根据接“呼图克沁”村民家的具体情况，“盘肠舞”可以无限循环往复、周而复始表演下去。主人家院子里的“盘肠舞”具体应该跳多长时间没有固定的明确的规定，如果村民家里院落不是十分宽敞或时间比较紧张，就会少跳一会儿，相反则会多跳一会儿，但最多也就 30 分钟左右，因为时间过长的话，艺人们的体力很难支撑。

场记图十三：

跳完“盘肠舞”后，孙悟空、猪八戒在院内四处自由活动，其他的人被主人请到屋内继续进行赐福表演。笔者认为，在这里有这样的安排，似乎出于两个原因：

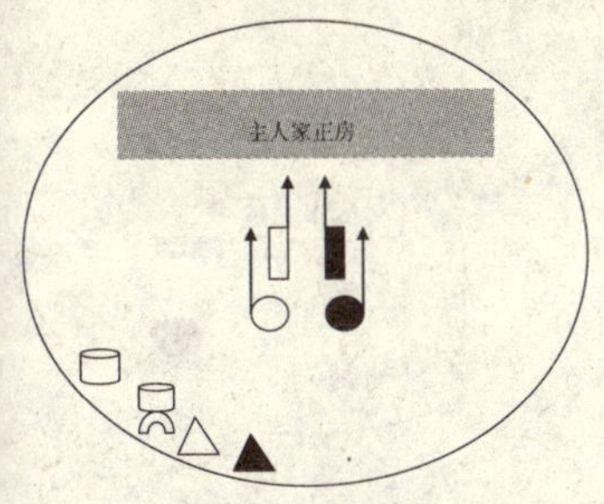

图4-9-C19　场记图十三（白老头在院中“盘肠舞”之后进屋之前的韵白及逗趣表演）

其一，因为主人家房屋大小有限，院落中围观的村民不可能都跟着进屋去看表演，所以将孙悟空和猪八戒留在院子里表演，引逗院中围观而不能进屋的村民发笑。

其二，“呼图克沁”本身具有戏剧表演因素的一个突出体现。在这里，出现了不同角色的不同分工，孙悟空和猪八戒的滑稽表演类似戏剧中的插科打诨。

在这一段儿表演的时候，往往会加进艺人们自己的理解，经常出现一些逗趣和滑稽的动作。孙悟空曾经被玉皇大帝封为“弼马温”而猪八戒天生一副“猪相”，似乎更接近于兽类，所以没有资格进屋，但是主人又希望他们能够保佑自己家里六畜兴旺，免生疫病，于是，自然要带领他们到自己家里的马棚和猪圈去转上一转。这个环节在没有牲畜的人家就省略了，而在爱逗趣的人家则会表演得格外精彩。

在跳“盘肠舞”的整个过程中，一直伴随着热闹的鼓镲声。“盘肠舞”结束后，激昂的鼓镲之声也就安静下来，这个时候，负责敲鼓击镲者就可以在院子里休息一会儿了。见图 4-9-C19：场记图十三。

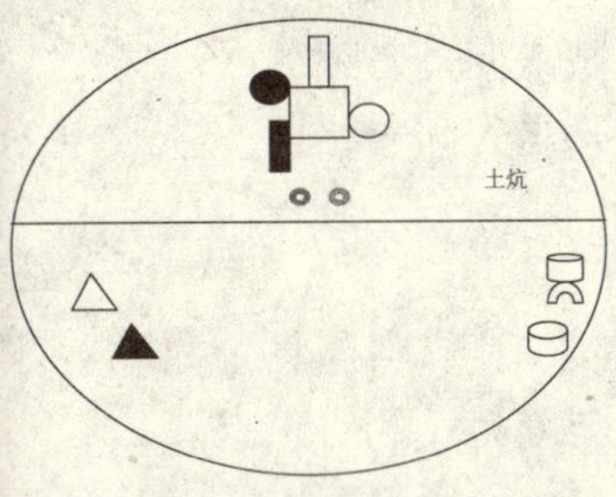

图4-9-C20　场记图十四（屋内祝福——艺人们坐在主人家炕上演唱仪式歌曲）

场记图十四：

乌兰召村一般村民家的房子都是坐北朝南的，每一家正房土炕中间都摆放一张中国北方农村常见的小方桌。四人进屋之后，白老头和黑老头在主人家的土炕前还有一段滑稽表演。然后，首先由白老头上炕坐在桌子的正中心。白老头的左手是曹门代，右手依次是花日和朋斯克。主人桌子上早就提前摆好了点心、烟、茶和钱。白老头与主人一阵寒暄之后，开始演唱《祝福歌》、《四季歌》等仪式歌曲，并为有特殊要求的人家“求子”、“祛病”等。见图 4-9-C20：场记图十四。

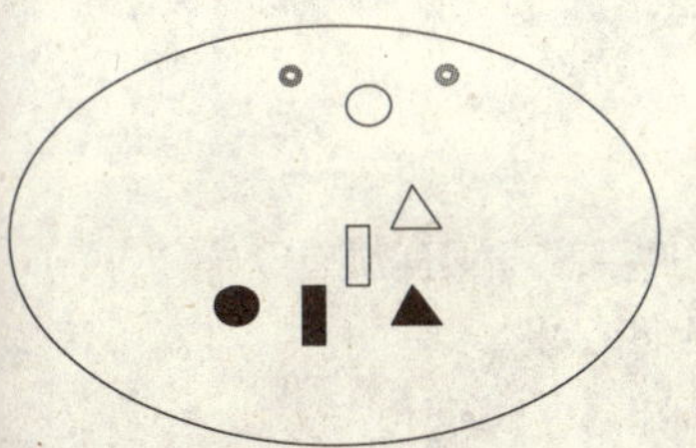

图4-9-C21　场记图十五（白老头站在户主屋门前演唱《求情歌》）

场记图十五：

在屋内祝福、求子、祛病等环节结束后，白老头一行人就将离开户主的屋子，准备到下一户接“呼图克沁”村民家中去。此时，这户人家出于感激和舍不得，故意将白老头的老伴曹门代留下。白老头在出了屋子以后找不到老伴，就在户主门前唱《求情歌》，有一段白老头与曹门代的对唱。朋斯克、猪八戒和孙悟空也在白老头身后助威。见图 4-9-C21：场记图十五。

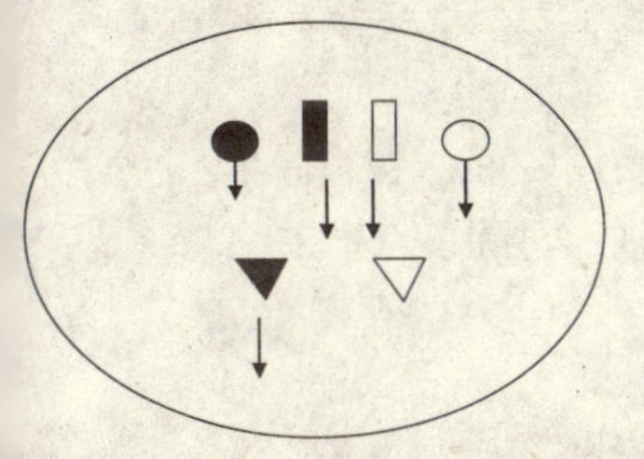

图4-9-C22　场记图十六（“呼图克沁”艺人们一边演唱《青鸟歌》一边向院外走去）

场记图十六：

《求情歌》之后，孙悟空进屋接曹门代。等主人将曹门代送出来以后，白老头、曹门代、黑老头和花日一边唱《青鸟歌》一边向院外走去，同时，鼓、铙之声响起，孙悟空和猪八戒在一行人的最前面又跳起舞蹈开路，准备到下一个户主家去祝福、送子。见图 4-9-C22：场记图十六。

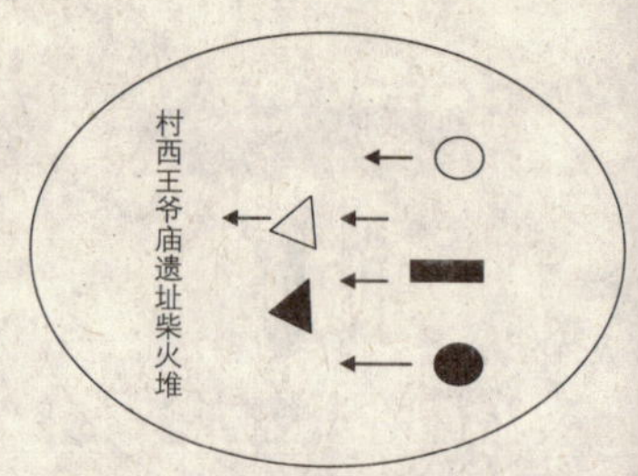

图4-9-C23：场记图17（“呼图克沁”一路歌舞走向村外，在王爷庙遗址附近跳火送神）

场记图十七：

正月十六的晚上，在乌兰召村外原来王爷庙的遗址附近举行“呼图克沁”仪式最后一个表演程序——“跳火送神”，这个仪式举行完之后，标志着本年度的“呼图克沁”仪式正式结束。以前跳火送神的地点并不在王爷庙的遗址，而是有方向限制，在“呼图克沁”连续举行的三年时间里，第一、二年在村的西南方跳火送神，第三年在村的西北方向跳火送神。通常情况下，艺人们提前在村外预定地点用秫秸架起一个一米多高的柴火堆。天黑下来之后，艺人们在会房穿好服装、戴上面具，跟往常去村民家中表演时一样，在鼓铙的伴奏下，一路演唱仪式歌曲向村外走去。一路上悦耳的歌声、响亮的鼓铙之声吸引了村里众多的村民跟随观看。村民们跟随艺人们一同向村外预定的柴火堆走去。

点燃柴火堆，艺人们围着柴火堆边跳边唱，之后，艺人们由白老头领头，将面具扔在火堆里烧掉，寓意将面具所代表的“神”送回天上去，以保证本年度村民的所求所想能够得以实现。直到火势将退的时候，艺人们分别从火堆上跳过去，以考验艺人们在仪式表演期间是否遵守禁忌规则。如果有遵守禁忌规则，将会受到火神的惩罚，会被火烧到；反之，则不会被火神惩罚，说明此艺人在仪式期间严格遵守了规则。

四、“呼图克沁”伴奏乐器及伴奏方式

“呼图克沁”的伴奏乐器在过去和现在是有区别的。现在“呼图克沁”没有旋律乐器，只有打击乐鼓和铙钹（或镲）。其打击乐节奏变化少，多为四四节拍，有时根据需要在速度上可加快或减慢。踩街时速度稍慢，而跳“盘肠舞”和跳火时速度快。经鼓和小钹的打法是：每三拍空一拍；大钹或铙是每空三拍击一拍。

“呼图克沁”的打击乐与仪式歌曲通常是分开的，一般演唱仪式歌曲的时候没有打击乐伴奏，而打击乐与舞蹈是密不可分的，只要鼓铙一响起，艺人们就开始起舞。通常情况下每一至三拍是一个舞蹈动作造型，第四拍变换动作。

据老艺人李维峰介绍，以前“呼图克沁”的伴奏乐器不仅有现在使用的鼓、钹（有时用镲）等打击乐器，还有旋律乐器，比如四胡和笛子等。当笔者问到当时除了六个主要角色连跳再唱外还有多少负责伴奏的人时，老人说：

我们一般是两班倒，有帮着唱的。由12个人组队，再加上有打鼓、镲伴奏的。人家汉秧歌里有唢呐，加进去多热闹啊，我们想加也没有哪个人会呀，所以我们没加。我20多岁的时候曾经用鼓、镲、胡琴、箫出过（那是1944年左右）。后来因为没有人会了，这个胡琴和箫就不加了。以前我们是在屋里唱歌的时候由胡琴和箫伴奏的。在屋里唱的时候就给拉，在院子里跳的时候就不给拉了。当时用的就是过去说书艺人用的那个老四胡子。我就会拉四胡子，别的不会，我不唱的时候就给他们拉过伴奏。过去，除了吹箫之外还有笛子，但是没有唢呐（喇叭）。主要用四胡子、箫和笛子。现在连这些个乐器都没有人会了，所以我们什么乐器也不加了，只用鼓和镲打击

乐器。其实如果能加进去乐器伴奏的话，我们的歌就更好听了。

为了证明“呼图克沁”仪式歌曲可以有伴奏，并且加入伴奏更动听，李维峰老人接着说：

大概是1990年，我们跳蒙古秧歌，去哈拉沟演出的那年，他们有会乐器的，拉的拉、吹的吹，我们一去，他们就给我们配上了，哎呀！那才好听呢。哈拉沟离乌兰召有20里地。因为他们家老人死了，孩子们都上他爸家了。男主人叫拉西。他们爷儿几个都会乐器，平时就在家拉的拉、吹的吹（两个小子、一个儿媳妇和一个小孙子都会）。他们家请我们去跳，我们当时是后晌给他们家跳的，然后就在他们家卸的脸儿，晚上我们就给他们唱歌，他们全家都来伴奏，可好听了。当时三间屋子，人都挤得满满的，跟唱大戏似的。这个“好德格沁”就是个娱乐的事儿。

李维峰老人还谈到过去“呼图克沁”活动的时候多数情况是从庙里借来伴奏乐器鼓、镲。所以，“呼图克沁”与查玛使用乐器相同，而且舞蹈节奏也是相同的。他说：

我当了四五年的喇嘛，我在的时候没赶上庙里跳查玛，因为这个玩意儿是有时间的，不能随意乱跳的。有法会的时候才跳。我看过跳查玛，他们也是戴面具。他们跳查玛跟蒙古秧歌的点儿是一样的（指节奏），也是三个点儿。“噔噔噔嚓”，他们用的镲是一样的，鼓也一样，是那种带把儿的（指庙里的经鼓），一个人给背着，一个人打着。以前跳“呼图克沁”的时候用的这种鼓就是从庙上借来的。以前乌兰召有庙。

通过李维峰老人的讲述我们知道，“呼图克沁”以前使用的鼓不是现在从市场买来的这种与汉秧歌乐队中使用的一样的普通鼓，而是庙里跳查玛时使用的单鼓。这种单鼓现在的“呼图克沁”艺人早已经没有了，这种形制的单鼓基本上保存在寺庙中，有些经过“文革”没有被损毁的寺庙如今依然保存着这种单鼓和特有的查玛表演。据赤峰市文化艺术研究所研究员李宝祥老师介绍说，为了与历史事实相符合，1989年由他与敖汉旗文化馆韩殿琮馆长共同录制的“呼图克沁”中使用的就是他特意从庙上借来的单鼓。这种鼓是圆形的，有一根很长的木柄，使用的时候由两个人合作完成。一个人负责用肩扛着鼓柄，另一个人负责用鼓槌敲击（见图4-10）。[9] 鼓旁站立的是身穿蒙古袍的击镲者。

图4-10 1989年“呼图克沁”表演中的单鼓和镲

在“呼图克沁”表演过程中，那些不需要歌舞技巧的打击乐吸引着许多爱红火热闹的小伙子义务加入，因为“呼图克沁”鼓点节奏简单易学，又没有旋律性乐器伴奏，多数情况下，围观群众中爱热闹者都会主动拿过鼓槌来敲一敲，拿过镲或钹来和一和，这在娱乐形式比较少、人与人交往也渐渐淡化的农村无疑起到了一种维系村民间情感的社会作用。笔者在2005年采访“呼图克沁”时，就有好几个平时出外打工过年才回家的年轻小伙子一直围前围后，到最后还是忍不住主动要过鼓手的鼓槌高兴地敲击起来。女孩子只有围观的，没有亲自尝试击鼓的，更没有想学习“呼图克沁”歌舞的想法，这与“呼图克沁”长期以来只由男性扮演有关系。图4-11中就是两个自愿为“呼图克沁”敲击打击乐的年轻人。

图4-11 “呼图克沁”的伴奏乐器（钹、鼓）2005年正月笔者摄于乌兰召

注释

[1] 此表中所列仪式歌曲的名字，多采用蒙古语音译的称谓方式，是根据笔者于2005年对“呼图克沁”艺人李维峰、李福山和鲍海杰的演唱和口述整理的，分成踩街、进院、进屋、告辞等环节记述。写在同一行的是分别由三个艺人演唱的同名歌曲或者异名同曲的歌曲。此栏括号里歌曲名字来自《中国民间歌曲集成》或敖汉旗油印本资料中的“好德格沁”歌曲，与同栏目蒙古语音译歌曲称谓指代的是同一首仪式歌曲。

[2] 屋内祝福歌一栏，李福山演唱的《他奔欺都炉》与《中国民间歌曲集成》中《山梁上的多伦城》旋律相近；《耨妈哈林恩刀》与敖汉旗油印本资料“呼图克沁”仪式歌曲中《经王之歌》旋律相近。而且《他奔欺都炉》与《耨妈哈林恩刀》虽然调式不同但是旋律接近，是“呼图克沁”歌曲依曲添词的典型体现。

[3] 李维峰老艺人口中的“人家都要走了”指的是“呼图克沁”仪式表演最后跳火烧面具送神环节而言，在跳火环节中烧面具象征着将白老头神仙一家人送走，送回家之意。也是“呼图克沁”仪式表演正式结束的标志。

[4] 女天神。

[5] 佛教创始者，姓乔达摩，名悉达多，释迦族人。约公元前565—前486年。释迦牟尼意即“释迦族的圣人”，他是古印度北部迦毗罗卫国（今尼泊尔境内）净饭王的儿子。

[6] 此处韵白表演中的对话及韵白引自赤峰市艺术研究所李宝祥研究员提供的1989年由敖汉旗文化馆牵头录制的《呼图克沁》。

[7] 在笔者的采访中，据“呼图克沁”艺人们说，现在很少有管饭的村民，通常只给喝茶、拿酬金。

[8] 张乃夫主编：1991：《敖汉旗志》呼和浩特，内蒙古人民出版社。

[9] 用肩扛鼓柄者名叫郑国军，今年38岁，2005年曾经在“呼图克沁”中扮演猪八戒。据说他父亲喜欢“呼图克沁”，所以他在1989年22岁文化馆录制“呼图克沁”时就参与了表演。打鼓者名叫郑国玉，他与郑国军是叔伯兄弟。他在2005年“呼图克沁”活动中扮演了黑老头。笔者采访中，据老艺人 的儿子介绍说，郑国玉善于演唱“呼图克沁”仪式歌曲，是他父亲生前比较满意的弟子。

第五章 “呼图克沁”存在的现实基础

我们现在所处的时代，民间文化已经处于边缘化状态。乡村内部，文化设施越来越健全，娱乐文化也在丰富。城乡之间，道路越来越畅通，交通便宜，来往不绝。报纸、书籍、杂志、广播、电视、互联网、手机等现代媒体工具使得各种文化信息在人与人之间飞来飞去，缩短了文化传播的周期。当外来文化和所谓的先进文化以立体式——多渠道、多层次纵横交叉的传播形式频繁地作用于这个社会的时候，各民族文化相互接触、了解、交流的机会越来越多。区域文化的时空距离被彻底地缩短、克服、打破，“呼图克沁”同样也处在这样的传播状态里。外来娱乐文化对传统的“呼图克沁”形成的强有力的冲击，使得绵延了几百年的“呼图克沁”正处在不断流失之中。很多与“呼图克沁”相近的其他民间文化在这样的社会环境中已经消亡了，唯独“呼图克沁”没有消亡，而且至今依然存活着。那么“呼图克沁”至今依然存在的原因是什么？存在的基础是什么？

笔者认为，“呼图克沁”存在的现实基础，概括起来就是时代对它的追问与思考。当今时代的主要文化矛盾是单一文化与多元文化的矛盾，其中多元文化的发展呼声日益高涨。从文化自发到文化自觉是时代的文化主体意识的体现。“呼图克沁”演进到今天，遭遇到过去从未有过的时代背景和时代精神。它不可能脱离时代的特殊矛盾和问题而存在和发展，新的时代也正以不同方式不断地对它进行追问。面对“呼图克沁”面临的问题和挑战，广大村民持一种什么样的态度？政府和学者采取何种态度和措施？它如今存在的根源在哪里？这是本章要探讨的问题。

一、来自传统的力量——现阶段村民的价值观及内心需求

无论过去还是现在，在乌兰召村的乡村社会中，始终存在着对“呼图克沁”的民间信仰，尽管如今在外界各种因素的影响下这种信仰群体有逐渐缩小的趋势，但是“呼图克沁”的民间信仰观念还始终牢牢地控制着一些民众的精神世界，制约着他

们的生产与生活。在严酷的生活现实中，蒙古族承受着更多的生活压力，他们需要从“呼图克沁”信仰中寻找心灵的抚慰，也只能以这种方式作为协调生活压力与心理平衡的手段。蒙古族村民由于生存环境与命运遭际等复杂的外部原因，对弥漫于乡村的“呼图克沁”的民间信仰十分痴迷，笃信至深，他们构成了信仰群落的主体。

而且笔者在采访中发现，“呼图克沁”的信仰群体也正在逐渐打破蒙古族村民圈，乌兰召村中其他民族的村民，如满族、汉族和回族村民也有信仰“呼图克沁”的。52岁的黄文海承认自己是在周围环境的影响下信仰“呼图克沁”的，令笔者感兴趣的是，这个只上到小学二年级的汉族村民十分健谈，他说自己非但信仰“呼图克沁”，而且还当过“呼图克沁”的会首，参与过“呼图克沁”的演出。他说：

我认为“呼图克沁”是作为一种民族信仰在蒙汉杂居的乌兰召产生的，但是目前它更多的是以娱乐活动的形式而存在的，我认为它没有迷信色彩，只是一种信仰。我年轻的时候，出于红火热闹也跳过，我还当过会首呢。这个跳是比较简单的，跟着人家多看看，不用人咋教就能会，关键是不会唱歌，都是用蒙古语演唱的歌，当时主要是别人唱，我就跟着乱蹦蹬再哼哼，收入也是平均分配的。后来我干活太忙了，就不干了。我认为现在这个“呼图克沁”发展前景不太好，恐怕会逐渐消亡了，问题主要出在师傅身上。跳“呼图克沁”的艺人都是业余自发组织的，没有固定的像汉族戏班子那样的组织，所以，“呼图克沁”艺人们农忙的时候忙着干庄稼地里的活，冬天闲暇时组织跳“呼图克沁”。但是，随着老艺人们年龄的增大，有的过世了，有的年老跳不动了，而现在年轻人多数喜欢往外面跑打工挣钱，年轻人几乎没有几个会跳会唱歌的人了，真可谓是后继乏人呀。而且“呼图克沁”需要有人家请才能跳的，并非像汉族秧歌一样可以随意走村串巷，所以，如果没有人接，[1]它也是搞不起活动的。

55岁的蒙古族村民鲁贵珍说：

我会蒙古语，但不多，已经扔不少了。我是小学四年级文化，现在一般的字都不认得了，就得说没文化了。我信佛，但是家里没供佛像。我信这个蒙古秧歌，家里也接过。去年没接，今年接了（指2005年春节）。我就是喜欢这个玩意儿，爱好吧。就是想保佑我们全家平平安安。唱的歌挺好听的，我觉得挺愉快的。就是我们自己家接完了以后或者我不接的时候，我都爱跟着去别人家里去听去。我觉得它对我的生活没有啥影响，这就是农村的一个娱乐。我们村里的人一般的都懂，还是比较相信的。我觉得它没啥改革，就是传统那一套就挺好的，我小时候就见过蒙古秧歌。我小的时候，我父母就接过这个玩意儿。当时他们就在院子里蹦蹦跶跶的，呕嗷喊叫的挺热闹的。听说是我父母的上一辈儿上就有，它的历史挺长的呢。我认为它不是迷信，就是个民族信仰。

从历时和共时的角度可以看出，人们对它的信仰早已有之，那么，在今天全球同质化、社会和文化转型的时期，当地村民对“呼图克沁”的信仰和认同程度如何呢?

笔者于2005年正月从乌兰召村及周边村落中接“呼图克沁”的村民中选择了8家具有代表性的接户进行了调查，详见表5–1。

表5-1　2005年接请“呼图克沁”的部分村民调查表

姓 名	性别	年龄	居住地	民族	职业	文化程度	接“呼”的原因	接“呼”的目的
鲁彩荣（村民）	女	55	七道湾村	蒙古族	农民	小学六年级	相信它的灵验性	希望求子、平安、吉祥，是美好生活的使者
王志明（村民）	男	71	七道湾村	蒙古族	农民	文盲	相信它的灵验性	祛病，争取明年有一个好兆头
高久成	男	49	七道湾村	蒙古族	农民	初中	比较灵验	希望求子，是平安、安康的象征
齐凤珍	女	44	七道湾村	蒙古族	农民	小学四年级	很灵验	求升学，希望有一个好运气
鲍彩莲	女	64	七道湾村	蒙古族	农民	文盲	孩子们外出打工，希望他们顺利	吉祥如意
莫然	女	27	乌兰召村	汉族	农民	初三	是丈夫让接的，入乡随俗	讨个吉利
王国峰	男	62	乌兰召村	蒙古族	蒙医	中专	保持蒙古族的传统习俗	吉祥如意
郑国军	男	48	乌兰召村	蒙古族	农民	小学二年级	民族风俗习惯	为了日子过得更红火

从上表中可以反映出如下几个问题：第一，目前“呼图克沁”正在由传统的蒙古信仰习俗转变为其他民族村民也能够接受的、信仰成分减弱而娱乐功能增强的表演活动。接请“呼图克沁”的村民以蒙古族村民为主，但是已经出现了汉族村民承接的现象，说明蒙古传统信仰习俗“呼图克沁”在“入乡随俗”的心理支配下已经开始为乌兰召其他民族村民所接纳，也可以认为，这是“呼图克沁”背后蕴涵的信仰意义世界正在逐渐被注入娱乐成分的标志。第二，目前接请“呼图克沁”的乌兰召村民以中老年人为最多，基本上都是40岁至70岁的中老年人。而且他们大部分是“呼图克沁”的信仰者，相信它的灵验性。第三，有些村民接请“呼图克沁”有着明确的目的性。从村民接“呼图克沁”的原因来看，其中有5人是出于相信“呼图克沁”灵验或者相信接“呼图克沁”可以保佑家人平安顺利的，占62.5%。这部分村民是“呼图克沁”忠实的信仰者；还有2人是出于保持民族传统习俗而接请的，占25%；1人因是“入乡随俗”而接请的，占12.5%。从接请的目的来看，基本上都是将自己美好的愿望寄托在接请“呼图克沁”上，期望自己能够达成心愿，有的村民有既定的诸如求子、祛

病、求升学等愿望，大部分村民没有具体的愿望，而是期望自己的日子能够过得更红火、吉祥如意。

几位接“呼图克沁”的村民中除了乌兰召本村的村民，还有距离乌兰召比较近的周边村落的村民。另外，郑国军本人就是仪式表演的艺人，居然对于仪式表演还是依然非常相信，年年举办的时候都要接。这些充分说明，即使是现如今在外来强势文化及电视等现代娱乐方式冲击下，“呼图克沁”在乌兰召及其附近周边村民中依然是具有一定信仰基础的。同时，“呼图克沁”的承接者基本上是以“呼图克沁”信仰者为主，以追求节日红火气氛者为辅。可以说，“呼图克沁”信仰在乌兰召村一带不仅是一种历史现象，而且还是一种现实存在。

总体说来，基本上所有接请“呼图克沁”的村民都对“呼图克沁”信仰持肯定态度，只是信仰的程度有差异而已。有些村民是出于真的相信“呼图克沁”能够给自己带来好运气而承接，属于理性信仰；有些村民是出于受周围环境的影响，抱着“宁可信其有”的心理和顺应民族习俗而承接的，属于盲目信仰；也有的村民本身并不信仰“呼图克沁”，但是出于“入乡随俗”心理，将“呼图克沁”背后的意义世界抽取出去，单纯将其作为一种民间红火热闹的娱乐行为对待。随着中老年信仰者年龄增大相继谢世，笔者认为“呼图克沁”最终将以民间红火热闹的娱乐行为而存留于世。

笔者在采访中了解到，信仰“呼图克沁”的村民，大多数在“呼图克沁”举办活动的春节期间都会将其接到家里进行祈福表演。这样的信仰群体中既有精通蒙古语的蒙古族，也有不懂蒙古语的蒙古族、汉族、满族等。在完全不懂蒙古语的人中给笔者印象最深的是乌兰召村七组 65 岁的乡村兽医国宝祥。他是满族人，完全不懂蒙古语，但是几乎每次“呼图克沁”举办活动的时候他家里都会接。据村里人介绍说，国宝祥为人热心、善良，谁家有困难都乐善好施，周围十里八乡的人都到他这儿来给家畜治病，他不论贫富一视同仁，有的极为困难的家庭，他都免费治疗、免费给拿药。也许是由于他担任村里兽医工作的关系，平时与人接触多，所以他非常健谈，对于我的采访也格外热情。国宝祥的家收拾得格外整洁，新盖起的五间正房清一色的瓷砖铺地，在房屋砖墙上也全部镶嵌上白色的瓷砖，一看就是一户富裕的人家。国宝祥给我的感觉与一般的村民有所不同，他有自己明确的见解，并且写得一手好字，在给笔者填写“呼图克沁”信仰调查表的时候也极其认真，光看到他写的字笔者很难相信他只有小学文化程度。表格很快填完了，他又主动为笔者介绍起村里的“呼图克沁”活动情况：

我们村是一个蒙汉杂居的村子，“呼图克沁”虽说原本是蒙古人的民间信仰，但是我们在这个村子里居住，最好是入乡随俗，对于“呼图克沁”我们应该给予尊重。我本人虽然听不懂蒙古语，但是我相信他们唱的都是吉祥话，就跟汉族秧歌里的伞头给人拜年的时候唱的是一个意思，我就爱个热闹红火、爱听歌，尽管歌词完全听不懂，但是我喜欢听曲调，也相信这个“呼图克沁”能够给人带来好运。所以我就挺信仰它的，每次他们办我都会接。而且我本人体会到，信仰这个“呼图克沁”确实对人们有好处，别的不说，就是当成一个娱乐活动的话也是好的啊，毕竟春节的时候农村娱乐活动比起城市来说是很少的，这个“呼图克沁”不仅给人们带来了歌声、送来了

> 吉祥，也带来了欢乐、祥和的气氛，尽管其中求子或许带点儿迷信色彩，但是也无伤大雅，“呼图克沁”毕竟是一项能让人寄托希望、能给人带来快乐的健康活动。远的不说，就说我在村里的这么些年，我们村子是很平静、安宁的，不像我们周围的一些村庄那样治安混乱，我们村几乎没有打架斗殴、酗酒闹事、偷鸡摸狗和抽大烟的人，你说这不就是因为我们村民们有这个“呼图克沁”信仰的原因吗？因为这种信仰本身是源于佛教的，是教人行善的，也是能让人寄托希望的。我倒不是迷信地说它如何灵验，只是人活着不能没有信仰，一个民族也不能没有自己的信仰，尽管我不是蒙古族，但是我生活在这个土地上，我也可以把它吸收进自己的生活中，我认为“呼图克沁”作为一个民族信仰，作为一个能给人送来吉祥、寄托希望的活动，对于平日乡村中枯燥的生活具有积极的调剂作用。

另外，66岁的汉族村民彭秀兰也发出了同一种声音，她说：

> 我们村这个“蒙古秧歌”历史比较长了，我小的时候就见过。它是蒙古族的民族习惯，民族信仰。但是我们这儿是蒙汉杂居的地方，一来是尊重人家的民族习惯吧，再说，尽管我听不懂他们唱什么，但也知道都是好听的吉利话。说实在的，他们跳的时候，比起汉族大秧歌来说，人们还是接这个“蒙古秧歌”的多，有很多汉族人都接呢，我家也接。我就认为吧，它毕竟有一种意义在里边，它就是一种精神寄托，能给人一种安全感、安宁感，能让人产生一种积极面对困难、战胜困难的信心。

20世纪功能学派文化学的代表人物马林诺夫斯基说：“无论有多少知识与科学能帮助人满足他的需要，它们总是有限度的。认识中有一片广大的领域，非科学所能用武之地。它不能消除疾病和腐朽，它不能抵抗死亡，它不能有效地增加人和环境的和谐，它更不能确立人与人之间的良好关系。这领域永远是在科学之外，它是属于宗教的范围。……不论已经昌明的或尚属原始的科学，它并不能完全支配机遇，消灭意外，及预测自然事变中偶然的遭遇。它不能使人类的工作都适合于实际的需要及得到可靠的成效。”[2] 他的意思归纳起来不外两点：一是人类的知识和科学不论如何发达，都无法解决人类遇到的所有问题，认识中一片广大的领域，非科学所能用武之地。而这一片科学不能用武的领地，就是“呼图克沁”等民间信仰大显身手的地方。二是“呼图克沁”等民间信仰产生于人类自身的需要，只要人类有需要，“呼图克沁”等民间信仰就会相应地发生并在许多领域里发生影响，特别是在人的精神领域。因此，“呼图克沁”在村民中的广泛信仰基础是它存在的现实基础。

但是，随着时代的发展，村民对于“呼图克沁”的信仰程度正处在逐渐衰弱之中。从表面上看，似乎有如此多的人信仰“呼图克沁”，它在今后的继续存活就应该是高枕无忧和毫无危机可言的了，但事实上，笔者2005年实地追踪采访“呼图克沁”仪式表演时发现，实际并没有多少人家“接”“呼图克沁”。笔者认为这与村民“呼图克沁”信仰力量的衰弱、“呼图克沁”仪式表演中存在市场化运作以及村民经济状况的好坏有直接关系。目前乌兰召大部分村民生活水平并不高，或者生活水平尚可的村民对于“呼图克沁”每次至少50元的收费标准也是望而却步。如此一来，乌兰召村民中，要么有的人根本不信仰“呼图克沁”，从来不接，要么有的人尽管信仰“呼图克沁”，但是对于花费有些不舍得，或者根本不接，或者不定期间隔几年接一次。事实证明，目前承接和信仰“呼图克沁”的村民在逐渐减少，其信仰程度在逐渐衰弱。

2005年乌兰召村“呼图克沁”仪式表演从正月初七到正月十六共举行了10天，总共跳了27场，其中还包括村委会、乌兰召小学各一场。在乌兰召2535口人中，25户村民家接了“呼图克沁”。如果按照每户村民家有4口人计算的话，则2005年接“呼图克沁”仪式展演的村民占乌兰召全村总人口的3.94%。当然，这个数字不是固定不变的，根据村长王忠文的话说，一般丰收年节接“呼图克沁”的村民比较多，甚至有的时候汉族接“呼图克沁”的人数会超过蒙古族。因为就整个乌兰召村而言，已经由原本纯蒙古族村落发展为一个以汉族人口占80%的蒙汉杂居村落。因为汉族人口多，所以出现汉族接“呼图克沁”人数超过蒙古族人数的现象也是正常的，而这部分承接者对于“呼图克沁”承接的原因基本上以红火热闹为主，信仰成分因为语言不同而更显得微弱。

但是，笔者在采访中发现，由于生活方式、思维方式等的改变，部分村民已经不信仰“呼图克沁”，尤其以中青年人居多。即使有些村民也接“呼图克沁”，但是除了少部分村民仍然坚信“呼图克沁”能给人带来平安、吉祥，属于“呼图克沁”忠实信仰者外，大部分村民将其视为一种民族风俗习惯加以延续，或者仅仅出于一种“讨个吉利”、“图个红火”的心理，以往村民们对于“呼图克沁”所具有的虔诚崇拜消失殆尽。

由于生活条件的改善、社会环境的改变使得许多原本信仰甚至参与过“呼图克沁”仪式表演的村民因为“呼图克沁”现在已经“不时兴了”而放弃了“呼图克沁”信仰，只将其视为一种单纯的民间娱乐活动。在笔者采访中有一位58岁的七组村民常海，他曾在1992年参与过“呼图克沁”演出。据说当时是应“呼图克沁”艺人李福山的邀请，连续跳了两年，当时主要扮演猪八戒，他说：

我原来参加过“呼图克沁”，当时我还挺爱热闹的，也挺信仰它的。但是我早就不参加了，依我看，这个“呼图克沁”现在也不是信仰不信仰的事儿，它就变成我们乌兰召周围农村民间正月的一种热闹了。但是它唱的歌词内容是很深的，也是挺有意义的，属于自古传下来的东西，老人们都比较相信的。但是现在它也不规范了，演的内容也不全了，扮演的人演得也不忒好，再加上现在电视几乎普及了，所以也不时兴了，就算想信仰也没法儿信仰。由于蒙古族的下一代人几乎不会说蒙古话，再加上没有人组织，所以它的发展前景也是不太好说的。我认为这个“呼图克沁”除了求子功能带有迷信色彩之外，还带有宗教色彩。

同时，生活方式的改变、社会环境的变化也正在逐步扭转人们的传统观念，使得“呼图克沁”原有的主要功能之一——“求子”功能受到强烈冲击，采访中村长徐子龙说：

现在对于农村来说也是丫头小子都一样，人们不像早些年重男轻女思想严重，都想要个小子，现在这个社会现实，人们不要小子更好，就我们这个穷地方，谁家小子要想娶媳妇怎么也得掏个两三万吧，现在谁还爱要小子了，那都养活不起呀，再说我们村有好几个老年夫妇给儿子娶完媳妇，儿子就不要他们了，把他们赶到沟边子上扒个窑洞住呢，现在谁还接“呼图克沁”求子啊。

如今，乌兰召村的年轻人要么在旗里乡里念书，要么在外地打工挣钱，整个村庄形成以中老年人为主体的常住人口，他们自然成为“呼图克沁”仪式表演的主要服务对象，同时因为缺乏年轻人，随着老艺人的相继离去，“呼图克沁”传承上也将面临危机。采访中 24 岁的艺人李海波就曾告诉笔者说：

我们营子平时在家种地的多数都是老人和有孩子的女人们，年轻的男人和女人们大多出外打工。我的同学大部分毕业后都出去打工了，有的干得好的已经好几年没有回来过了。因为我们以前上学的时候基本上没怎么赶上看“呼图克沁”表演，等它表演的时候一般都是正月十五前后，我们早就开学走了。我们村只有一所乌兰召小学，没有中学，我们村大部分孩子都在萨力巴乡、新惠镇上初中、高中，基本上平时都是住校，所以我的同学即使是我们本村的，对于“呼图克沁”也不太了解，他们还不如我了解“呼图克沁”呢。我是在我爸的带领下参加“呼图克沁”演出的，我 2000 年高中一毕业那年就参与“呼图克沁”表演了。

后来我一直断断续续出去打工，今年（指 2005 年）我也是年前才回来的。我跟我爸（指艺人李福山）学过“呼图克沁”歌曲，就是学不会，到现在也只会唱一首歌。因为我以前上学住校，同学们大部分是汉族，平时我们都说汉语，所以我的蒙古语不太好。反正表演的时候我扮演猪八戒，也不需要我唱。要说是否信仰“呼图克沁”我自己也说不好，反正觉得它就是蒙古族的一种传统习俗，我过年在家待着也是待着，我这个人又爱热闹，跟他们一起表演的话，又红火热闹，还能挣一点钱。我打算一过完年就出去打工。

年轻人屡屡变新的价值观念使得“呼图克沁”在他们的脑海里不仅不再神秘，反而变得落时、模糊、愚昧可笑，根本谈不上信仰。高中毕业生 35 岁的蒙古族村民赵文渊[3]说：

这玩意儿（指“呼图克沁”）那不能信，这是不可能的，它就跟神话似的。我根本不信仰。你别看我爸跳，我根本不信。但是我多少倒是还了解一点，比我同村的那些同学们还强点，他们更是不太了解它。“呼图克沁”里有些事都是人想出来的，我爸都跟我叨咕过，这都是上一代人想出来的，所以我不信。至于谁是创始人，我爸可没说过，说是它有 500 多年历史了。据说 500 多年前，这一带闹瘟疫，就是来了这么一个白胡子老头给治好的。

笔者采访中发现，目前乌兰召村中许多人对传统民间文化已不感兴趣，热衷于看电视、看录像、听收音机录音机、唱流行歌曲。53岁的蒙古族村民曹国富自认为是由于受家庭环境的熏陶而盲目信仰“呼图克沁”的。他说：

我信仰“呼图克沁”是因为觉得它看起来挺有意思的。但是现在村里有了电视，人们的娱乐活动比以前增加了，觉得它有些单调，看的人就少了。

在乌兰召年轻人中会讲蒙古语者较少，而会演唱“呼图克沁”歌曲、讲“呼图克沁”故事、通晓“呼图克沁”历史者更是少之又少。甚至连已故“呼图克沁”老艺人赵树廷的儿子——35岁的蒙古族村民赵文渊尽管对于“呼图克沁”稍微比同龄人了解多一些，但是他也不会演唱“呼图克沁”仪式歌曲，也不信仰“呼图克沁”。采访中他说：

我上高中的时候一直住校，等我毕业回家的时候我爸病了瘫在炕上，所以我既不会唱仪式歌，也不会跳仪式舞，根本没捞着时间学，而且我也不太会蒙古语。记得我高中的时候建议我爸在仪式舞蹈中加上现代流行舞——太空步来表示神仙与众不同的身份，还被我爸给骂了一顿呢。“呼图克沁”就是个民族习俗，所以我不信。

笔者通过亲自参与“呼图克沁”仪式表演了解到，改革开放以来，伴随着民族传统文化的复兴，“呼图克沁”信仰渐趋复兴，如今部分村民依然信奉“呼图克沁”，成为不少地方引人注目的一种文化现象。但是，由于实行计划生育，使得“呼图克沁”原初的“求子”功能受到遏制。随着民族文化的交流，尤其是市场经济、现代文化的冲击，民族的传统文化受到挑战，甚至有的地区民族文化在逐渐消失，宗教信仰观念也随之淡化。因此，势必影响“呼图克沁”信仰。但是，“呼图克沁”信仰将会长期存在。其深层原因是：其一，“呼图克沁”信仰渗透到民族文化的各个层面上，对历史悠久的蒙古族而言，更是如此。今天它仍然起着保存、传播民族传统文化的作用。其二，由于长期的历史影响，“呼图克沁”信仰已成为蒙古族日常生活的主要方式之一。其三，由于“呼图克沁”在民族文化中的深层积淀，自然也对民族的心理素质、价值观、思维方式产生重大的影响。民族情感与宗教情感交织在一起，二者甚至重合。基于以上原因，“呼图克沁”信仰的存在将是长期的。而现实中的大多数村民是信仰的，也意味着未来“呼图克沁”将得到继承和发展。

二、来自市场经济的力量——经纪人的出现与推动

从20世纪90年代开始，整个中国进入了社会转型期与迅速变迁时期，改革开放使得社会财富急剧增长，乡村产业结构发生了一系列变化，单纯地依靠农业、牧业已经不是村民的唯一经济出路，乡镇企业隆隆的机器轰鸣声在乡村响起，商品经济观念深入人心，“呼图克沁”失去了发展和创新最为基础的动因，不再是生活当中必不可

少的一部分。但是，科学技术既不是万能的灵丹妙药，也暂时还无法完全适用于牧区的农业劳动之中，因此，在乡村还会出现偶尔上演“呼图克沁”的场景。不过，“人们间的相互作用取决于在相互作用过程中所付出的代价与得益之间的对比。人们总是寻求那些在其中得益比付出大的关系，而避免那些付出比得益大的关系”。[4] 当全社会都把目光盯向金钱的时候，众人跳“呼图克沁”带不来任何经济效益，谁还有心蹦蹦跳跳呢？村民如此，“呼图克沁”艺人的社会性角色也越来越趋向于功利性投入。也就是说，“呼图克沁”要么给人们带来更多的经济利益，要么更加走向衰落。尽管以往“呼图克沁”艺人举行仪式表演的目的是非功利性的，尽管当前“呼图克沁”艺人自己并不承认自己是出于功利目的参与“呼图克沁”仪式表演的。但是如今“资本逻辑”渗透在社会生活各个领域的现实，使得“呼图克沁”艺人们仪式表演的价值成了单一性的物质利益获得。更何况当前随着人们对于“呼图克沁”信仰力量的逐渐减弱，渐渐代之而起的是将“呼图克沁”仪式表演背后蕴涵的意义世界省略以后，将其视为一种单纯的娱乐表演形式或者是朦胧信仰与娱乐参半的表演形式。所以，笔者认为，当前“呼图克沁”艺人们仪式表演中出现的功利性倾向是无可厚非的，也是它能够存续下去的历史必然选择。

笔者在为期一个多月的考察和访谈中发现，“呼图克沁”前景不乐观，既没有相应的具体政策与法规保障，也没有专门的组织机构和人员看管保护，当地村委会基本上采取任其自生自灭的态度，不扶持也不反对，最多在正月“呼图克沁”表演队到村委会拜年时，由村里给个一头二百的。“呼图克沁”就是在这样的状态中半死不活地坚持年年演出，甚至到附近的村庄去演出，这其中的奥秘在哪里呢？调查中笔者发现，如今“呼图克沁”仪式表演中出现商业运作迹象，并有自己的经纪人。“呼图克沁”变迁到今天，表演目的之一就是以获得一定的经济收入为主。为了多增加表演收入，表演时间可以多延长几天，打破了过去一般由正月十三至十六日举行仪式表演的规定。艺人演出都有劳务费，但没有统一的标准，主人随意给付。尽管经济收入并不高，但也不能没有。敖汉旗文化馆馆长吴谡说他们基本上是自负盈亏，挣多挣少都是自己的事，谁请谁付钱。至于经济收入，据艺人李福山说，往往在仪式表演结束后的正月十七左右，由经纪人主持大家在会房共同协商分配，原则上平均分配所得收入。事实上，尽管无明确的规定，有时也体现多劳多得、按劳分配的原则。李福山说，经纪人所拿费用与主角白老头相同，比其他艺人要多一些。

仪式表演的组织者，过去是王爷会首或者村长，变为现在主要由经纪人出面联系客户。也就是说，如今这个拥有 200 多年历史的民间仪式表演团队，在市场经济的影响下，居然出现了经纪人。这是“呼图克沁”由自发的民间信仰仪式转向商业经营的一种新的模式。当然，这种模式的出现必然会引起“呼图克沁”存在形式、内容以及观赏者心理等一系列的变化与重组。这向我们展示了一种文化艺术的发展与演变的过程。近些年来，通过经纪人们的联系、中介，“呼图克沁”加强了与外界的沟通和往来。2005 年“呼图克沁”仪式活动的经纪人叫郑国华，尽管他是以自己获取经济利益为目的的，但是由于他的中介活动，客观上也为保存“呼图克沁”这一民族民间文化起到了一定的作用。郑国华今年 38 岁，蒙古族，乌兰召村九组的村民，是一位头脑灵活、精明能干、健谈、有活力的人。据他自己讲，家里边的耕地基本上是由妻子来打理，妻子一个人忙不过来的时候，就雇佣别人帮忙，自己一般是没有时间干农活的，我看到他总是打手机与客户联系。

郑国华很郑重地给笔者展示他的经纪人证书，笔者看到上面写着的发证日期是2002 年 7 月。熟悉之后，笔者问起他组织“呼图克沁”的目的，他拉开了话匣子：

我父亲在的时候，我们村的蒙古秧歌都登报了，我是在报纸上看到的。蒙古族岁数大的能听出来歌词唱的是啥意思。你看像我们年轻的听着感觉也没有那么深。你像七八十岁那个，他都爱听。说句心里话，说的都是吉利话，祝福、求子、求平安等等。我小的时候就看人家跳，我父亲在的时候也支持这个事儿。我父亲在的时候有时候也参与，我自己做经纪人也有几年了。这是我的经纪人证。这个证书啥都能用，就像一个职称证书似的，我们旗里培养的，咱们村里就我一个人。是内蒙古自治区工商局来人给讲课，在敖汉宾馆考的试。合格以后给发的证。我们乌兰召村的这个“好德格沁”的活动就是正月这几天儿，平时也没有。主要是保佑一年平安顺利。我做这个也有六年了。从敖汉来说，从整个赤峰市来说，这玩意儿就只有一个，岁数大的都会也都懂，年轻的都不会了，我只想让它能够传下去，继续往下整。

当笔者问到演出情况、经费的来源和收支等问题时，他也很直率地说：

我们这个是自发的，不是大队的，也不是归旗县管的。村里有的时候也扶助一下。一般每年村里给四五百块钱儿吧。咱们有固定的组织，有固定的成员。基本上就是那个套路了，比较固定的，用不着怎么排练。我们自己叫“好德格沁”。老百姓也有叫蒙古秧歌的，这玩意儿反就得两说着了，说哪个也都知道是这个意思。“好德格沁”也是蒙古秧歌，蒙古秧歌也是“好德格沁”。你今天见到的基本上是全体成员了。反有岁数大的，岁数大的也都跟不上了。像他爷爷（指李海波的爷爷李发）那都岁数大了，今年 78 岁了。咳嗽拉撒的，蹦也蹦不动了，跳也跳不动了。所以现在就需要一些年轻人上场。现在就是，到每家去多少都能给点儿钱。这就是啥呢，谁家请，你就随便儿赏，反正你多赏几十、少赏几十，也没人争辩这个，反你给点儿就行，哎！它就这性质。不是说固定的你给我多少，没有固定，是随意的。就是请来给祝福，然

图5-1 “呼图克沁”经纪人郑国华

后表示表示心意，反也算是有偿吧。你说不讲经济效益也不行了。今天早上咱们去的那家，他叫于长和，负责服装、道具。反正秧歌扣上那天，你咋也得给人点儿辛苦钱啊。其他参与跳的人基本上是一视同仁平均分配的。

2005年乌兰召村27场“呼图克沁”仪式表演中包括村委会1场（给300元拜年费，实际上徐村长就是借拜年机会给解决了会首金生自己出的200元鼓钱）、乌兰召小学1场（因为安家胡同汉秧歌队的竞争，没有表演校长就直接给了100元），总共收入1600元左右。一共有25户接了“呼图克沁”，其中乌兰召本村19家，七道湾村6家。事后我采用电话采访的方式问起当年“呼图克沁”仪式表演结束后劳务费的分配情况，李福山告诉我说：

今年是正月十七晚上在于长和家分的钱，我和金生是扮演白老头的，是主要演员，我两个拿的一样，每人拿100元，其他人是平均分配的。经纪人郑国华跟其他人拿的一样多，每人大概不到90元，88元吧。另外，去七道湾用了经纪人的三轮车，给了他30元的车费，这样他就拿了差不多将近120元。

尽管说如今的“呼图克沁”有市场化运作迹象，但是说实话，笔者觉得他们确实是非常不容易的，辛苦10天，最多的艺人拿100元，最少的艺人拿88元，即使经纪人也只拿88元。听到李福山的话，笔者眼前又闪现出在飘雪的寒风中为村民们送去吉祥带去欢乐的“呼图克沁”仪式艺人们的身影，心中真诚希望他们在为别人消灾解难的同时，也能给自己带来好运。他们是民族民间文化最直接的承载者与保护者，但是如何保护还是一个亟待探讨和解决的问题。

三、来自政府的力量——政策的松动与认可

在“呼图克沁”重新登台和重建的过程中，政府的力量是不可忽视的。20世纪50年代，“呼图克沁”就引起国家和内蒙古自治区有关部门的高度重视，进行了全面的搜集整理。遗憾的是，这些珍贵的资料在“文革”中散失殆尽。到了七八十年代，内蒙古自治区、赤峰市以及敖汉旗的有关人员重新对它进行了搜集整理，并进行了图、文、音、像齐全的系统资料整理。相关内容被分别收入《中国民间歌舞集成·内蒙古卷》、《中国民族民间舞蹈集成·内蒙古卷》，从而使这一重要的民间歌舞艺术遗产得到了妥善的保存。“文革”以后，政府提倡挖掘民族文化，保护少数民族的民间艺术，并出台了一些宽松的相关文化政策，“呼图克沁”才得以恢复并组织人马进行演出。

在“呼图克沁”恢复之初，原赤峰市文化局局长乌国政先生功不可没。他曾亲自带领赤峰市文化艺术研究所的研究人员和敖汉旗文化馆的研究人员到乌兰召村，组织爱热闹、对文艺感兴趣的年轻村民向老艺人学习“呼图克沁”，并为他们的演出录制了录像。同时，乌国政先生是一位很敬业的蒙古族文化工作者，据说，他早些年搞文

化工作时曾经长期下基层走访，草原牧区各个毡房的牧民几乎都是他的老朋友。在采访中乌国政先生说，20 世纪 80 年代，文化馆的工作人员在组织部分爱好红火、喜好文艺的村民进行“呼图克沁”培训之初，由于村民们对“文革”时期的阴影没有完全消除，大家依然是心有余悸。后来，在他们耐心做工作下村民才组成表演队开始重新学习并进行表演。因此可以说，在“文革”结束后“呼图克沁”恢复之初，政府的贡献和功劳不可磨灭。

但是从笔者 2005 年到乌兰召调查“呼图克沁”的现实情况看，目前政府的资助仍然是十分微弱的。我在采访中问到乌兰召村“呼图克沁”的现状时，徐子龙村长很激动地对我说：

对于这个民族文化现象（指“呼图克沁”）保护也是保护，支持咱们也是支持啊。蒙古秧歌说是想今年再弄扯弄扯，想让大队赞助一点儿，我说你完了来拜个年儿，我就给你个三百几百的，就等于给你们解决了个鼓钱。这不就把这事儿就解决了嘛。

确实正如徐村长所说的，主要就是村里太穷，经费紧张。现在乌兰召村基本上都分田到户了，家家都是单干，大队也没有多大的权力，更没有多少钱，经费有限。他发愁地说，就连想给村里打个机电井为村民们解决引水浇地的钱都没有，想去贷款又没有门路，如果托别人帮忙，怕只怕批下 10 万最后拿到手的只剩 5 万了，怎么向老百姓交代呢，所以一直不敢贷款，至今村里依然存在缺水浇地的现象。他说自己作为一名最基层的村干部，觉得作为一种民族文化现象，蒙古秧歌也好汉族秧歌也好，都是应该支持和保护的，但是具体的经费紧张问题也是一个很现实的问题，如果没有上级政府的扶持，单靠村里的话，那是无能为力的。

曾经参与过“呼图克沁”仪式表演活动，后担任敖汉旗萨力巴中学教师、现退休在家的鲍海杰回忆说：

我记得“呼图克沁”是“文革”结束十几年之后才恢复的，大概是 1989 年左右。当时是敖汉旗民委有个梁素香老师，是我们村出去的人，再有一个就是现在跳蒙古秧歌的福山（指艺人李福山）的一个姨家的姐姐，当时在敖汉旗文化馆的李彩荣老师，她们来的。她们来了之后，说是组织组织，她们都是从这个村子出去的，知道乌兰召有“呼图克沁”这么个民间艺术。当时会表演的老艺人主要有赵树廷、李维峰，因为这些人都在，所以就组织组织，我当时还教学呢，生把我弄去，我当时在白水营子小学教书，主要教授蒙古语语文。

50 岁的蒙古族村民王彩芹说：

我是从七道湾嫁过来的。只上了小学一年级，念几天儿啥都不知道呢就不念了，我现在一个字都不认识。我会说一点蒙古语，我们村这个“蒙古秧歌”我稍微能听懂他们唱的。据说挺灵验的，我也是相信它，但是我家没接过。他们一出（指活动）我们就看去，就这么了解的。因为我小的时候没见过，所以也不忒了解，觉得它挺奇怪的。我认为它对我的生活没有什么影响，但是上边（指政府）对它挺重视的。也老来人录像啥的。

通过以上的访谈能看出三个问题：第一，“文革”以后的重新恢复是在政府的扶持和倡导下进行的；第二，政府虽然出资不多，但有支持的政策，给了当地人将“呼图克沁”传承下去的动力；第三，政府的重视如录像、宣传给当地民众留下了深刻的印象，同时也给他们以心理上的认同与支持。

四、来自专家学者的力量——民族民间艺术资源的发掘与利用

我国学者方李莉认为，“在西部民间文化发展的过程中，还有一股我们不可忽视的力量，那就是许多做民间艺术方面研究工作的学者在里面所起的推动作用。在学者们的帮助下，人们充分地利用和挖掘了当地的民间传说，并通过历史、遗址和文物来重新确证当地的历史文化，与此同时还展开了系列的传统民间艺术活动，并在此基础上重构和重建新的文化资源，为外来者描绘甚至虚拟了一个新的似乎有着浓郁的地方风情的文化空间”。[5]

在1959年，为挖掘民族民间文化，学者们深入民族地区搜集、整理和挖掘民间文化，在此过程中，学者们发现了“呼图克沁”这一仪式表演形式。在采访中，赤峰市文化馆研究员李宝祥老师（第一个从理论高度研究“呼图克沁”的人）对我说：

这个“呼图克沁”是1959年就被人发现了，第一次表演就引起国家的重视。1959年在海拉尔全区少数民族民间文艺调演。当时内蒙古艺术研究所的人也去了，文化馆去了两个人，领着这帮艺人，去了十来个人儿，把它提炼成了文艺节目，在舞台上表演的。盟里那时候就重视了，那前儿扎勒密（人名）出了一本书，《蒙古民间戏剧研究》，他1958年、1959年在文工团，跳过白老头，有照片在那儿搁着呢。他让我给作的序嘛，《蒙古民间戏剧研究》，蒙汉文的，出版的比较早。

改革开放以后，由于政策日益宽松，政府保护民族民间文化的意识逐渐增强，为了交流民族民间文化而举行的各种会议逐渐增多，学术探讨也日益频繁，于是学者们纷纷去挖掘民间的文化遗产，就在这样的背景下，学者们开始挖掘、整理并研究“呼图克沁”，使得“呼图克沁”得以恢复。在陪笔者一起去乌兰召村与徐子龙村长访谈的过程中，李老师对徐村长说：

咱们这个村（指乌兰召村）这个特色文化（指“呼图克沁”）是个亮点啊，已经是个亮点了。我是想，就在你在任期间，我是宣传这个东西，你这个东西呀（指“呼图克沁”）是很珍贵的东西呀，在你的权限之内，对这个民间文化可是要保护好啊，真的。这个事儿呢，你看咱们老百姓可能对它没认识到，但是在咱们国家上层里头，

在上层，专家、学者，那对它可是很值钱的东西啊。在市里头我也是没少在各种场合下呼吁，我说咱们敖汉，那也是一个名牌啊，那打名牌嘛。文化名牌啊，那也是一个。等将来市里边有机会呢，我们争取一部分保护基金。在可能的允许的情况下，当不住将来也可能成为发展旅游业、发展经济的一个方式，这也有可能呢。所以现在就是，民间文化抢救挖掘嘛，保护工程，咱们国家各省都有，咱内蒙可能动得不行，那得有人往上忽悠，你没人儿往上忽悠，谁管你呀。你像你这个基层敖汉，那得有人往上忽悠，对吗？现在这要失传的问题是全国的问题，不是你一个村子的问题。它在全国整个都是这种局面。

李老师的这段话，从学者的角度道出了“呼图克沁”的自身价值，也表达了学者对于这一民族艺术形式的关心，更是以学者的身份对“呼图克沁”的存在状态表示关注。

五、来自民族传统文化自觉的力量——民间艺术背后的文化认同

乌兰召是个拥有 2535 口人的大村，在这个原本全部由蒙古族人组成的蒙族村落变成汉族人口占 80% 左右的村落之后，在整个村落人们采用汉语为主要交流用语的语言环境里，通过演唱蒙古语仪式歌曲来给人祝福纳吉的蒙古族“呼图克沁”仪式表演在今后的存续上必然面临着严峻的挑战。但是，笔者在采访中发现，尽管在“呼图克沁”的传承中面临着语言障碍，尽管乌兰召村的年轻人很少有信仰“呼图克沁”的，但是，目前乌兰召村中包括蒙古族、汉族、满族、回族的部分村民依然对于“呼图克沁”持有文化认同感，即使部分不信仰者也会将其作为一种民族传统文化而加以尊重和认同。

笔者采访中发现，目前乌兰召村民在对待“呼图克沁”的态度上存在两种倾向。其一，有部分乌兰召村民对“呼图克沁”持有不信仰或者半信半疑的态度；其二，也有相当一部分村民对于“呼图克沁”的民族文化价值持肯定和认同态度。通过笔者的调查结果显示，在如今的乌兰召村里别说是蒙古族村民，就是汉族村民中也有相当一部分人对于“呼图克沁”给予了充分的肯定。

采访中，许多村民都认同“呼图克沁”是蒙古族的民族信仰习惯，是蒙古族的传统文化现象。“呼图克沁”老艺人 68 岁的蒙古族村民武政权在回答笔者的提问时说，目前“呼图克沁”这个蒙古族的民族文化遗产要丢失了，在乌兰召村目前 80% 的人是汉族，很多年轻的蒙古族村民根本不会说蒙古语了。在这种情况下，他们是自发的组织起来，以自娱自乐的方式教育后人，使他们不至于忘记这个传统的民族文化活动。

从中我们看到，本土的传统民间文化力量和一个民族对自己文化的认同力量是非常顽强的。就像我国艺术人类学学者方李莉所言，“在‘文革’期间，民间的传统习俗、民间的宗教信仰基本被革除。20 世纪 80 年代以后，政府的政策开放了，许多的传统又开始恢复。因此，现在的农村，与‘文革’时期比较起来，民族传统不仅没有

淡化，而且出现了复归的趋势”。[6]这一趋势当然也包括村民对“呼图克沁”作为民族文化符号的认同，而村民的这种认同是它继续存在的根本的力量源泉。因为，“呼图克沁”的恢复和重建是政府和专家的行为，而巩固和发展它只有文化的主导权回到村民的手中并得到广大村民的认可和认同才会有坚实的民众基础。

需要关注的是，“呼图克沁”存活到今天，固然有政府的政策松动和支持、学者的发掘和利用、民间艺术与市场经济结合产生的来自市场经济的力量，但不可忽视广大艺人们对民族传统本土文化认同的力量。对“呼图克沁”的存活来说，这些艺人们的作用是任何因素都不可替代的，没有他们，“呼图克沁”就没有今天，我们就看不到所传说的“呼图克沁”是什么形态。尽管在各类艺术集成志书及年鉴中没有他们的形象、没有他们的声音，也没有他们的篇幅，但我们在考察过程中更加了解和看到，尽管他们缺乏政府强有力的支持，缺乏学者们的直接帮助和指点，尤其是缺少组织演出的各种条件，但他们克服各种困难甚至病痛的折磨，默默无闻地在自觉不自觉地担负起民族文化传承的使命。正因为有他们这样的艰苦而执著的奋斗，“呼图克沁”才存活到今天。

这里需要指出的是，“呼图克沁”存在的现实力量，不是哪一个单一因素或力量作用的结果，而是多重力量交互作用的结果。政府关注“呼图克沁”，是想通过它来加强全民的凝聚力，中国的文化遗产如果再不保护的话，我们一天到晚学习西方，今后我们这个民族的文化就会不存在了，所以政府到这里来用力；学者从学术责任上讲，他要为这个民族呐喊，所以到这里来用力；而地方上的人想趁机脱贫、商人们想趁机做生意，所以他们也到这里来用力。大家是各有各的目的，各有各的角度，每一股力量的背后实际上都存在一个利益驱动的问题，也就是这里边还有一个“资本逻辑”。在目前的中国社会结构中，政府官员拥有权力资本，学者拥有知识资本，地方文化传人或艺人拥有活生生的地方性知识，而商人拥有资金优势，广大村民拥有社会资本。政府官员的力量是主导性的；学者的力量是指导性的；地方传人或艺人的作用是根本性的；投资商的作用在某种程度上是决定性的；而广大民众的力量是基础性的，也是不容忽视的。

同时，市场经济的观念渗透到各个角落，这也是支持“呼图克沁”存在下去的一个根本原因。正如方李莉研究员所指出的那样：“如果说，20世纪80年代政府主导民间艺术的发展，是为了继承民族的优秀文化传统，含有深刻的政治意义和文化意义。到了90年代，政府扶持民间艺术的发展，又有了新的发展经济的含义。”[7]利益驱动很重要，但它是一把“双刃剑”，一方面，有可能使当地文化得到保护；但是另一方面，这种利益驱动过大的话，会使得这种文化在形式上还存在、流传，但背后的意义没有了，变得空洞化了，它的信仰没有了，最后就变成一种娱乐表演了。事实上，笔者所考察的内蒙古赤峰市敖汉旗萨力巴乡的“呼图克沁”作为西部民族民间文化资源的一部分，正面临着这样的现状，这同样是令笔者困惑的问题，也是当前人类口头与非物质文化遗产保护工作亟待解决的问题。

注释

[1] “接”是当地百姓的说法，就是请的意思，以表示对于请“呼图克沁”来家里表演的尊敬之意。

[2] 马林诺夫斯基著，费孝通译：《文化论》，中国民间文艺出版社 1987 年版，第 48 页。

[3] 已故“呼图克沁”老艺人赵树廷的儿子。

[4] 吴江霖、戴健林等编著：《社会心理学》，广东高等教育出版社 2000 年版，第 36 页。

[5] 方李莉：《西部人文资源与西部民间文化的再生产》，载《开放时代》，2005 年第 5 期，第 86—87 页。

[6] 同上，第 91 页。

[7] 同上，第 85 页。

附录 “呼图克沁”仪式歌曲

在笔者的采访中，老艺人李发（蒙古名：哈日夫）、李维峰、鲍海杰、金生和李福山都为笔者演唱了《祭火歌》。因为老艺人李发和李维峰均81岁高龄（2005年），又多年不唱，记不清楚歌词了，只为笔者演唱了两段，而艺人李福山则演唱了六段歌词。李福山是老艺人李发的儿子，也是现在“呼图克沁”仪式活动的主要参与者和倡导者，以善于“呼图克沁”仪式歌曲和舞蹈表演而著称，2005年曾经在“呼图克沁”仪式表演中扮演主角白老头。在笔者采访的时候，艺人李福山和其他一些“呼图克沁”艺人专门为笔者单独演唱了他们目前所掌握的所有“呼图克沁”仪式歌曲，使得笔者能够有机会亲自记录整理“呼图克沁”仪式歌曲，并使通过不同艺人演唱相同仪式歌曲从而比较仪式歌曲演唱的异同成为可能，也使笔者能够与以往学者记录的仪式歌曲曲谱对照，发现“呼图克沁”仪式多年来的变迁轨迹。在此对包括李发、李福山、李维峰、鲍海杰、金生等在内的“呼图克沁”表演艺人表示深深的谢意，也希望他们这些“尴尬中的歌者”[1]能够找到一种行之有效的保护民间文化的方式。不管当前“呼图克沁”艺人们举行活动的目的是否出于经济利益，但当笔者看到李福山等艺人们对于“呼图克沁”活动的热心劲儿，还是在感激他们为笔者采访提供帮助的同时深深为之感动。是啊，如果再多一些像李福山这样喜爱自己本土文化的民间艺人，那么民间文化在新的经济、文化冲击下还是能够继续得以生存的。当然，由于他们受教育程度的限制，再加上年轻孩子不会说蒙古语，后继无人，其生存前景令人担忧。

为了便于让读者领略到“呼图克沁”仪式歌曲的特色，在笔者记谱、记词的歌曲中旋律下方的汉字并非是歌词，而是蒙古语歌词发音的音译。译音的汉字依据的是内蒙古自治区社会科学院蒙古语言文学研究所编《汉蒙词典》（增订本）。[2]

一、踩街仪式歌曲

1.《春歌》[3]（《往家送》、《四季歌》）

春歌

谱例4-3　　　　　　　　　　　　　　　　演唱：李福山
欢快、中速　　　　　　　　　　　　　　记词、记谱：董波

2.《往家送》（《春歌》、《四季歌》）

往家送

谱例4-6　　　　　　　　　　　　　　　　演唱：李维峰
欢快、中速　　　　　　　　　　　　　　记词、记谱：董波

3.《哈拉奔糯猜哥欺》(《四个杭盖》)

哈拉奔糯猜哥欺

（四个杭盖）

谱例3-3

行进速度

演唱：李维峰

记词、记谱：董波

4.《八拉恩胎杭乃》(《四个杭盖》)

八拉恩胎杭乃

（四个杭盖）

谱例3-4

中速稍慢

演唱：李福山

记谱：董波

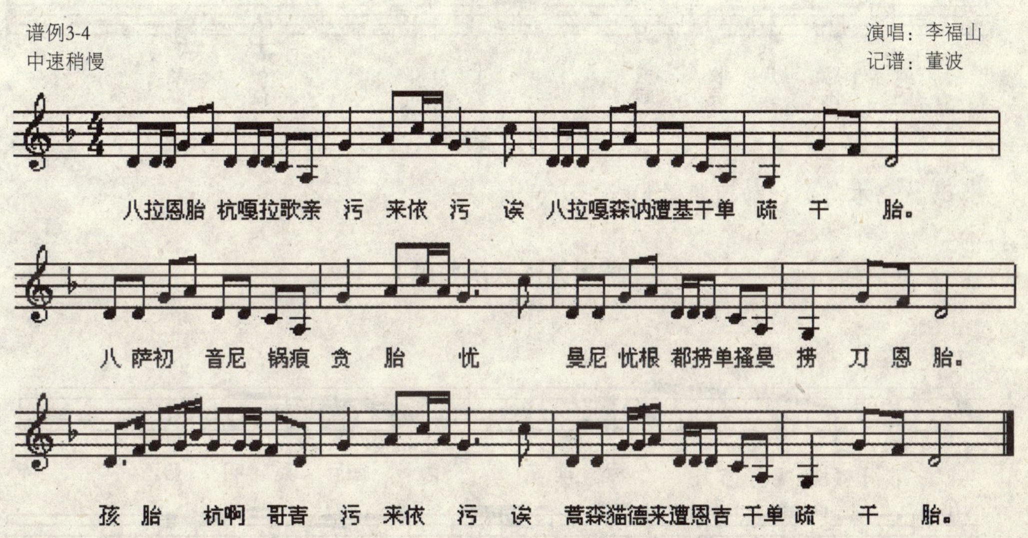

5.《乌恩巴克扫乃》（《敖汉赞歌》）

6.《乌木苏》（《敖汉赞歌》）

7.《鸭鸡庙之歌》(《衙金庙之歌》)

鸭鸡庙之歌（衙金庙之歌）

谱例3-2

演唱：李福山
记词、记谱：董波

附
录

二．进院仪式歌曲

1．《搭热哩根歌》(《招财迎祥歌》)

搭热哩根歌
(招财迎祥歌)

谱例2-6 演唱：李维峰
热情、中速 记词、记谱：董波

2．《吉祥的星来临》[4]

吉祥的星来临

谱例4-1
长调风格 演唱：鲍海杰
缓慢、悠长 记词、记谱：董波

3.《搭热哩根刀》

搭热哩根刀

谱例2-5　　　　　　　　　　　　　　　　　　　　演唱：李福山

悠长　　　　　　　　　　　　　　　　　　　　记词、记谱：董波

4.《云中马》

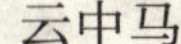

云中马

谱例4-2　　　　　　　　　　　　　　　　　　　　演唱：鲍海杰

缓慢优美、气息悠长　　　　　　　　　　　　　记词、记谱：董波

附录

三、屋内祝福仪式歌曲

1.《进屋奉献歌》(《敖汉赞歌》)

进屋奉献歌（敖汉赞歌）

2.《赞扬主人歌》

赞扬主人歌

3.《屋内祝福歌》(《垂饰》)

屋内祝福歌
（垂饰）

4.《汤恩涩哥赛玻》(《比它更美》)

汤恩涩哥赛玻（比它更美）

5.《他奔欺都炉》(《五把钥匙》)

他奔欺都炉(五把钥匙)

谱例4-5

演唱:李福山

记词、记谱:董波

6.《耨妈哈林恩刀》(《经王之歌》)

耨妈哈林恩刀(经王之歌)

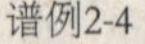
谱例2-4

演唱:李福山

记词、记谱:董波

7.《八任胎包如》

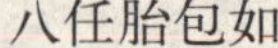
八任胎包如

谱例3-5

中速稍慢

演唱:李福山

记词、记谱:董波

8.《青鸟歌》

青鸟歌

谱例3-11

演唱：李福山
记词、记谱：董波

9.《屋内仪式歌》

屋内仪式歌
（为家里有当老师或干部的接户演唱的室内仪式歌曲）

谱例3-6

演唱：李福山
记谱：董波

附录

10.《啊勒奔闹切其他》(《十种好》)

啊勒奔闹切其他（十种好）

谱例2-15

演唱：李维峰

记词、记谱：董波

11.《八拉根玻哥今》(《北京皇帝之歌》)

八拉根玻哥今（北京皇帝之歌）

谱例1-1

欢快、中速

演唱：李维峰

记词、记谱：董波

四、告别仪式歌曲

1.《求情歌》[5]之一（白老头、黑老头演唱）

谱例3-7

演唱：李福山

记词、记谱：董波

2.《求情歌》之二（曹门代演唱Ⅰ）

谱例3-8

演唱：李福山

记词、记谱：董波

3.《求情歌》之二（曹门代演唱Ⅱ）

谱例3-9

演唱：李福山

记词、记谱：董波

附录

4.《求情歌》之三（白老头演唱）

谱例3-10

演唱：鲍海杰
记词、记谱：董波

五、仪式结束歌曲[6]

1.《祭火歌》 I

祭火歌 I

谱例2-1

演唱：鲍海杰
记谱：董波

2.《祭火歌》Ⅱ

祭火歌Ⅱ

谱例2-2　　　　演唱：李维峰

缓慢、悠长　　　　记词、记谱：董波

3.《祭火歌》Ⅲ

祭火歌 Ⅲ

谱例2-3　　　　演唱：李福山

缓慢、悠长　　　　记词、记谱：董波

注释

[1] 笔者2005年采访中，时任敖汉旗文化馆馆长吴谡以“尴尬中的歌者”来指代“呼图克沁”艺人，对于他们处境的艰难表示同情，同时也表达了地方文化工作者对于民间文化未来的关切之情。

[2] 内蒙古自治区社会科学院蒙古语言文学研究所编：《汉蒙词典》（增订本），内蒙古人民出版社1983年版。本论文中所有笔者记谱的“呼图克沁”仪式歌词均采用此种蒙古语转写汉语发音音译的方式记录。

[3] 笔者在附录一中以汉语或蒙古语音译记写仪式歌曲名字，歌名后边括号里的歌名或者是与前面记写歌名旋律相同而使用场合不同的不同的仪式歌曲，或者是以往文献中记写的与笔者所记歌曲为同一首歌的汉语翻译歌名。如《春歌》（《往家送》、《四季歌》）、《八拉恩胎杭乃》（《四个杭盖》）、《乌木苏》（《敖汉赞歌》）等。

[4] 艺人鲍海杰为笔者演唱的《吉祥的星来临》和《云中马》属于两首长调风格的仪式歌曲，在以往关于“呼图克沁”的歌谱中没有记载，而且目前尚在活动的“呼图克沁”艺人们也已经不会演唱了。

[5] 在笔者采访中，艺人李福山为笔者演唱了四首曲调、歌词各异的《求情歌》。笔者分别记以求情歌之一（白老头、黑老头演唱的求情歌）、求情歌之二（曹门代演唱的求情歌Ⅰ）、求情歌之二（曹门代演唱的求情歌Ⅱ）和求情歌之三（白老头演唱的求情歌）。

[6] 《祭火歌》是“呼图克沁”仪式表演结束仪式——跳火烧面具送神环节必须演唱的仪式歌曲，在笔者采访中，艺人李维峰、李福山和鲍海杰都为笔者演唱了《祭火歌》，笔者以《祭火歌》Ⅰ、《祭火歌》Ⅱ、《祭火歌》Ⅲ分别加以记录。

参考文献

按作者姓名（或编者）第一个字发音的拼音音序，并按出版年代之先后顺序编排。

著作类

[A]

[英] A.R. 拉德克利夫－布朗，1999：《原始社会的结构与功能》，潘蛟等译，北京：中央民族大学出版社。

[美]爱德华·希尔斯，1991：《论传统》，上海人民出版社。

[美]爱德华·W. 萨义德，1999：《东方学》，王宁根译，原著刊于 1978 年，生活·读书·新知三联书店。

[美]阿尔伯特·贝茨·洛德，2004：《故事的歌手》，尹虎彬译，中华书局出版发行。

敖汉旗文化馆主编，1985：《好德格沁》，敖汉旗文化馆油印本（内刊）。

[B]

[美]保罗·康纳顿，2000：《社会如何记忆》，纳日碧力戈译，上海人民出版社，第 79 页。

[美]本尼迪克特，1987：《菊花与刀：日本文化的诸模式》，浙江人民出版社。

1988：《文化模式》，王炜等译，生活·读书·新知三联书店。

2000：《文化模式》，何锡章、黄欢译，京华出版社。

[美]博厄斯，1989：《原始艺术》，金辉译，上海文艺出版社。

包·达尔汗，2002：《蒙古佛教音乐文化的多元性》，宗教文化出版社。

[C]

陈铭道，1999：《黑皮肤的感觉——美国黑人音乐文化》，世界知识出版社。

赤峰市文化局编，1988：《好德格沁》（油印本，内刊）。

[D]

[法]丹纳，1998：《傅译名著系列——艺术哲学》，安徽文艺出版社。

段泽兴主编，1999：《艺术研究论文集》，内蒙古艺术研究所出版。
段泽兴，2004：《试论少数民族艺术遗产的传承与拓展》，张庆善主编：《中国少数民族艺术遗产保护及当代艺术发展国际学术研讨会论文集》，文化艺术出版社，第342页。
董维松、沈洽编，1985：《民族音乐学译文集》，中国文联出版公司。
董晓萍，2003：《田野民俗志》，北京师范大学出版社。
杜亚雄，2002：《民族音乐学概论》，湖南文艺出版社。
[美] 杜赞奇，2003：《文化、权利与国家：1900—1942年的华北农村》，王福明译，江苏人民出版社。

[E]

[美]E.R. 塞维斯，1991：《文化进化论》，黄宝玮等译，华夏出版社。

[F]

方李莉，2000：《传统与变迁：景德镇新旧民窑业田野考察》，江西人民出版社。
方李莉文／图，2001：《飘逝的古镇——瓷都旧事》，群言出版社。
方李莉，2004：《21世纪一场新文化运动的崛起——人类文化遗产的保护》，张庆善主编：《中国少数民族艺术遗产保护及当代艺术发展国际学术研讨会论文集》，文化艺术出版社。
方李莉编著，2005：《费孝通晚年思想录——文化的传统与创造》，岳麓书社。
费孝通著，1998：《乡土中国 生育制度》，北京大学出版社。
费孝通主编，1999：《中华民族多元一体格局》（修订本），中央民族大学出版社。
风笑天，2001：《社会学研究方法》，中国人民大学出版社，第67—68页。
冯尔康、常建华著，1990：《清人社会生活》，天津人民出版社。
冯尔康，1994：《中国社会结构的演变》，河南人民出版社。
冯光钰，1995：《音乐雅俗谈》，大众文艺出版社。
[奥] 弗洛伊德，1986：《图腾与禁忌》，杨庸一译，中国民间文学出版社。
[英] 弗雷泽，1987：《金枝》，徐育新等译，中国民间文艺出版社。

[G]

[美] 格尔茨，1999：《文化的解释》，韩莉译，译林出版社。

[H]

何小莲，2002：《宗教与文化》，同济大学出版社。
胡适，1998：《胡适论学近著》，山东人民出版社。
黄淑娉、龚佩华，1998：《文化人类学理论方法研究》，广东教育出版社。
黄翔鹏，1990：《传统是一条河流》（音乐论集），人民音乐出版社。
1993：《溯流探源——中国传统音乐研究》，人民音乐出版社。
1997：《中国人的音乐和音乐学》，山东文艺出版社。

[J]

纪兰慰主编，1998：《中国少数民族舞蹈史》，北京：中央民族大学出版社。
金星华主编，2005：《民族文化理论与实践——首届全国民族文化论坛论文集》，民族出版社。

[K]

[美]克利福德·格尔兹，1999：《文化的解释》，纳日碧力戈等译，上海人民出版社。

郭乃安，1998：《音乐学，请把目光投向人》，山东文艺出版社。

[意大利]克罗齐，1982：《历史学的理论和实际》，商务印书馆。

[法]克洛德·莱维－斯特劳斯，1999：《结构人类学》（第二卷），俞宣孟等译，上海译文出版社。

[L]

[英]拉德克利夫－布朗，2002：《社会人类学方法》，夏建中译，华夏出版社。

[法]列维·布留尔，1981：《原始思维》，丁由译，商务印书馆。

林惠祥，2002：《文化人类学》，商务印书馆。

[日]绫部恒雄，1988：《文化人类学的十五种理论》，国际文化出版公司。

刘承华，2002：《中国音乐的人文阐释》，上海音乐出版社。

刘景华编著，2003：《文化社会人类学卷》，世界思想文化名著精读丛书，花城出版社。

刘锡诚，2005：《关于民间信仰和神秘思维问题——兼谈非物质文化遗产的理论问题》，《东北亚民族民间信仰研讨会论文集》（内部版）。

刘体操、郭思九主编，1994：《云南傩戏傩文化论集》，云南人民出版社。

刘文英，1996：《漫长的历史源头——原始思维与原始文化新探》，中国社会科学出版社。

李宝祥，1996：《漠南寻艺录》，内蒙古人民出版社。

李幼蒸，1999：《理论符号学导论》，社会科学文献出版社。

李亦园，1984：《人类学与现代社会》，台湾水牛图书出版有限公司。

2001：《从文化看文学》，[俄]李福清：《神话与鬼话》，社会科学文献出版社，总序一。

罗艺峰、钟瑜，2002：《音乐人类学的大视野》，上海音乐出版社。

洛秦，2001：《街头音乐：美国社会和文化的一个缩影》，人民音乐出版社。

[M]

[美]马尔库斯·费彻尔，1998：《作为文化批评的人类学：一个人文学科的实验时代》，生活·读书·新知三联书店。

[英]马林诺夫斯基，1987：《巫术科学宗教与神话》，李安宅编译，上海文艺出版社。

1987：《文化论》，费孝通译，中国民间文艺出版社。

2002：《文化论》，费孝通译，华夏出版社。

2002：《西太平洋航海者》，梁永佳、李绍明译，华夏出版社。

马戎、周星主编，1998：《田野工作与文化自觉》（上、下），群言出版社。

[美]马歇尔·萨林斯，2002：《甜蜜的悲哀》，王铭铭、胡宗泽译，三联书店。

[德]迈因策尔，1999：《复杂性中的思维》，曾国屏译，中央编译出版社。

满都尔图，1988：《中国北方民族的萨满教》，载《萨满文化研究》（第一辑），吉林人民出版社。

苗晶、乔建中，1978：《论汉族民歌近似色彩区的划分》，北京：文化艺术出版社。

苗启明，1993：《原始思维》，上海人民出版社。

莫东寅，1979：《满族史论丛》，三联书店。

[N]

纳钦，2003：《蒙族村落多层次信仰——珠蜡沁村多层次信仰》，中央民族大学蒙古语言文学专业博士论文。

内蒙古社科院历史所《蒙古族通史》编写组，1991：《蒙古族通史》，民族出版社。

[P]

[英]普里查德著，2002：《努尔人：对尼罗河畔一个人群的生活方式和政治制度的描述》，褚建芳等译，华夏出版社。

[Q]

齐宝成，2005：《由呼图克沁看蒙古族文化传统的变化趋势》，金星华主编：《民族文化理论与实践——首届全国民族文化论坛论文集》，民族出版社，第754页。

乔健、刘贯文、李天生，2002：《乐户：田野调查与历史追踪》，江西人民出版社。

乔建中，1998：《土地与歌》，山东文艺出版社。

2002：《叹咏百年：乔建中音乐学研究文集》，山东文艺出版社。

秋浦，1985：《萨满教研究》，上海人民出版社。

曲六乙，1992：《西域戏剧与戏剧的发生·代序》，新疆人民出版社。

2004：《试论少数民族“文化空间”生态保护》，张庆善主编：《中国少数民族艺术遗产保护及当代艺术发展国际学术研讨会论文集》，文化艺术出版社。

[R]

热依拉·达吾提，2004：《维吾尔民间麦西来甫保存、传承与新疆社会经济发展》，张庆善主编：《中国少数民族艺术遗产保护及当代艺术发展国际学术研讨会论文集》，文化艺术出版社，第23—24页。

[S]

[美]桑迪著，2004：《神圣的饥饿》，郑元者译，中央编译出版社。

沙汉昆，1988：《中国民歌的结构与旋法》，上海音乐出版社。

[日]山口修，1999：《山自积淤的水中——以贝劳音乐文化为实例的音乐学新论》，纪太平、朱家骏、仲万美子、橘田勋译，罗传开校译，中国社会科学出版社。

上海民间文艺家协会、上海民俗学会编，1994：《中国民间文化——民间俗神信仰》，学林出版社。

史宗主编，1995：《20世纪西方宗教人类学文选》（上册），三联书店上海分店。

苏秉琦著，2001：《中国文明起源新探》，三联书店。

[T]

[英]泰勒，1992：《原始文化 神话 哲学 宗教 语言 艺术和习俗发展之研究》，连树声译，上海文艺出版社。

田青主编，1997：《中国宗教音乐》，宗教文化出版社。

[意]图齐、[德]海西希，1989：《西藏和蒙族的宗教》，耿升译，天津古籍出版社。

[W]

王克芬，1989：《中国舞蹈史》，上海人民出版社。

王铭铭，1997：《文化格局与人的表述》，天津人民出版社。

王耀华主编，1999：《中国传统音乐概论》，福建教育出版社。
王岳川，2003：《发现东方》，北京图书出版社。
[美]威廉·A.哈维兰，1987：《当代人类学》，王铭铭等译，上海人民出版社。
乌丙安，1988：《中国民俗学》，辽宁大学出版社。
1996：《中国民间信仰》，上海人民出版社。
2001：《民俗学原理》，辽宁教育出版社。
2004：《遵循文化多样性法则，保护少数民族文化遗产》，张庆善主编：《中国少数民族艺术遗产保护及当代艺术发展国际学术研讨会论文集》，文化艺术出版社。
[俄]乌格里诺维奇，1987：《艺术与宗教》，三联书店。
乌兰杰，1985：《蒙古族古代音乐舞蹈初探》，内蒙古人民出版社。
1998：《蒙古族音乐史》，内蒙古人民出版社。
2004：《对少数民族艺术保护的几点感悟》，张庆善主编：《中国少数民族艺术遗产保护及当代艺术发展国际学术研讨会论文集》，文化艺术出版社。
吴江霖、戴健林等编著，2000：《社会心理学》，广东高等教育出版社。
伍国栋，1997：《民族音乐学概论》，人民音乐出版社。

[X]

夏建中，1997：《文化人类学理论学派文化研究的历史》，中国人民大学出版社。
项阳，2001：《山西乐户研究》，文物出版社。
萧兵，1992：《傩蜡之风——长江流域宗教戏剧文化》，江苏人民出版社。
萧梅，2001：《田野的回声——音乐人类学笔记》，厦门大学出版社。
2004：《田野萍踪》，上海音乐学院出版社。
萧梅、韩钟恩，1993：《音乐文化人类学》，广西科学技术出版社。
辛向阳等主编，1998：《文明的祈盼——影响人类的十大文明理论》，江西人民出版社。
徐山，1992：《雷神崇拜》，三联书店上海分店出版社。
徐世名主编，1991：《好德格沁》，《昭乌达风情》，中国文史出版社出版。
薛良编，1994：《民族民间音乐工作指南》，中国文联出版公司。
薛艺兵，2002：《神圣的娱乐——中国民间祭祀仪式及其音乐的人类学研究》，宗教文化出版社，第35、38、39页。

[Y]

杨荫浏、曹安和合编，1952：《定县子位村管乐曲集》，上海万叶书店。
杨荫浏，1957：《苏南吹打曲》，音乐出版社。
杨堃，1984：《民族学概论》，中国社会科学出版社。
1991：《灶神考》，载杨堃《民族研究文集》，民族出版社。
杨晓鲁，1994：《中国音乐与传统礼仪文化》，吉林教育出版社。
杨民康，1996：《中国民间歌舞音乐》，人民音乐出版社。
杨瑞庆，2002：《中国民歌旋律形态》，上海音乐出版社。
尹虎彬著，2002：《古代经典与口头传统》，中国社会科学出版社。
余从、周育德，1993：《中国戏曲史略》，人民音乐出版社。
于锦绣主编，1983：《国外大自然全书·萨满教辞年选》，刊《世界宗教资料》第3期。

俞人豪、陈自明著，2000：《东方音乐文化》，人民音乐出版社。
袁静芳、俞人豪主编，1996：《音乐学文集》（第二集），中央音乐学院学报社。
[美]约翰·迈尔斯·弗里，2000：《口头诗学：帕里——洛德理论》，朝戈金译，社会科学文献出版社。
云峰，2000：《蒙汉文学关系史》，新疆人民出版社。

[Z]

[英]詹姆斯·乔治·弗雷泽，1998：《〈金枝〉巫术与宗教之研究》，徐育新、汪培基、张泽石译，大众文艺出版社。
张振涛，2002：《诸野求乐录：张振涛音乐学研究文集》，山东文艺出版社。
　　2002：《冀中乡村礼俗中的鼓吹乐社——音乐会》，山东文艺出版社。
张乃夫主编，1991：《敖汉旗志》，内蒙古人民出版社。
赵国华，1990：《生殖崇拜文化论》，中国社会科学出版社。
郑元者，1998：《艺术之根：艺术起源学引论》，湖南教育出版社。
《中国民间歌曲集成·内蒙古卷》编辑委员会编，1992：《中国民间歌曲集成·内蒙古卷》，人民音乐出版社。
中国少数民族音乐学会编，1991：《民族音乐论集》，云南民族出版社。
《中国民间舞蹈集成·内蒙古卷》编辑部编，1993：《中国民族民间舞蹈集成·内蒙古卷》，中国ISBN中心出版社。
《中国戏曲志·内蒙古卷》编辑委员会编，1993：《中国戏曲志·内蒙古卷》，文化艺术出版社。
中国艺术研究院音乐研究所编，1964：《民族音乐概论》，人民音乐出版社。
周青青，2003：《音乐学的历史与现状》，人民音乐出版社。
周晓虹，1998：《传统与变迁——江浙农民的社会心理及其近代以来的嬗变》，生活·读书·新知三联书店。
朱狄，1988：《原始文化研究》，三联书店。

论文类

[B]

白翠英，1992：《科尔沁的傩型戏剧〈米拉查玛〉》，《黑龙江民族丛刊》Ⅱ（总第29期）。
　　1996：《科尔沁民族民间舞蹈与宗教》，《民族艺术》Ⅳ。
　　1997：《关于科尔沁博（萨满）文化调查研究汇编（1930—1995）》，《内蒙古民族大学学报》（社会科学版）Ⅲ。
白薇，2005：《东北亚民族民间信仰研讨会欢迎词》，《东北亚民族民间信仰研讨会论文集》（内部版），第3页。
波·少布，1990：《喇嘛寺院傩舞漫议》，《贵州民族研究》Ⅰ。

[C]

曹本冶，2002：《仪式音乐研究的理论定位及方法》，《中国音乐研究在新世纪的定位国际学术研讨会论文集》，人民音乐出版社，第275—289页。
曹本冶、薛艺兵，2000：《河北省易县、涞水地区的后土崇拜与民间乐社》，《中国音乐学》Ⅰ，第79—98页。

曹娅丽，2001：《青海藏传佛教寺院的傩舞“羌姆”——藏族面具舞表演艺术》，《西藏艺术研究》Ⅱ。

陈建娜，2004：《论神话—仪式中的戏剧因素》，《浙江工商职业技术学院学报》Ⅳ，第53—54页。

崔宪，2002：《简论民歌的曲随词唱与词曲异步》，《文艺研究》Ⅳ。

[D]

段明，2004：《仪式戏剧的理论建构》，《四川戏剧》Ⅱ。

[F]

方李莉，2001：《文化生态失衡问题的提出》，《北京大学学报》（哲学社会科学版）Ⅲ。

2001：《西部开发与“高感情”文化产业的发展》，《文艺研究》Ⅳ。

2001：《关于西部开发的人文思考——费孝通先生访谈录》，《中国文化》Ⅰ。

2001：《传统在现代化中的重构——景德镇田野札记》，《装饰》Ⅲ。

2002：《“文化自觉”与中国文化价值体系的重建》，《民族艺术》Ⅳ。

2003：《正在逝去的手艺——洛川县栖凤镇谷咀村考察》，《民族艺术》Ⅰ。

2003：《陕北农家风土记——安塞县真武洞镇曹庄考察》，《民族艺术》Ⅲ。

2004：《生命与创造——陕西安塞县真武镇马家沟村考察》，《民族艺术》Ⅰ。

2004：《山野中的艺术——陕西安塞县郭塔村民间艺术考察》，《民族艺术》Ⅱ。

2004：《草根艺术——陕南民间戏剧考察研究》，《民族艺术》Ⅲ。

2004：《审美价值的人类学研究》，《广西民族学院学报》（哲学社会科学版）Ⅴ。

2005：《艺术人类学研究的当代价值》，《民族艺术》Ⅰ。

2005：《西部开发中的人文思考》，《广西民族学院学报》（哲学社会科学版）Ⅲ。

2005：《警惕潜在的文化殖民趋势——生态博物馆理念所面临的挑战》，《民族艺术》Ⅲ。

2005：《西部民间艺术的当代构成》，《文艺研究》Ⅳ。

2005：《西部人文资源与西部民间文化的再生产》，《开放时代》Ⅴ。

2005：《谁拥有文化解释的权力？》，《艺术评论》Ⅷ。

富育光，1986：《满族火祭习俗与神话》，《民间文学论坛》Ⅳ。

[G]

高历霆，1988：《藏传佛教寺院舞蹈探源》，《西藏艺术研究》Ⅱ，第1—10页。

格曲，1996：《西藏宗教音乐论述》，《民族艺术》Ⅰ，第109—123页。

郭淑云，1996：《表现诸多原始特征的鄂伦春族萨满教——依据萨满神歌进行的考察》，《黑龙江民族丛刊》Ⅱ。

郭松康，2002：《戴柳插柳风俗考论》，《湖北大学学报》（哲学社会科学版）Ⅴ（第29卷）。

[H]

海西希，1953：《有关喇嘛教镇压萨满教的蒙文史料》，《人类学杂志》第48卷。

何健安，1985：《北京早年的宗教舞蹈——跳布扎》，《舞蹈》Ⅲ。

黄静华，2005：《民间艺人的生活空间、艺术知识、生活历史》，《民族艺术研究》Ⅵ。

[J]

纪兰慰，1998：《藏传佛教舞蹈〈羌姆〉与〈查玛〉比较研究》，《民族艺术研究》Ⅳ。

嘉雍群培，2000：《藏族宗教乐舞的形成与发展》，《中国音乐学》Ⅳ，第27—40页。

蒋中崎，1999：《从傩舞、巫舞的形式看中国仪式剧的雏形》《艺术百家》Ⅱ。

金辉，1988：《论萨满装束的文化符号意义》，《民间文化论坛》Ⅴ、Ⅵ，第137页。

[K]

康保成，2003：《羌姆角色扮演的象征意义及其与藏戏的关系》，《民族艺术》Ⅳ。

[L]

李弘元，1984：《喇嘛教在科左中旗始末》，《哲里木史志》Ⅲ，第55页。

李润中、吴太邦，1985：《辽宁盘锦吕官道教器乐调查报告》，《中国音乐学》Ⅰ，第73—91页。

李树榕，2005：《萨满文化意蕴的蒙古舞阐释》，《舞蹈》Ⅴ。

刘凯，1991：《米拉日巴〈贡保多吉听法〉及其他》，《文坛瞭望》，第34页。

刘厚生，1997：《满族萨满教神词的思想内涵与艺术魅力》，《民族研究》Ⅵ，第67页。

刘桂腾，2004：《科尔沁蒙古族萨满祭祀仪式音乐考》，《中央音乐学院学报》Ⅰ。

刘锡诚，2002：《傩仪象征新解》，《民族艺术》Ⅰ。

刘志群，1992：《西藏傩祭考释》，《西藏艺术研究》Ⅰ，第14页。

洛秦，1999：《民族音乐学作用与历史研究的理论思考和实践尝试》，《中国音乐学》Ⅲ，第34页。

[M]

孟慧英，1995：《神歌与萨满教仪式》，《满族研究》Ⅱ。

1998：《鹿神与鹿神信仰》，《内蒙古社会科学》Ⅳ，第93页。

莫德格玛，1996：《蒙古舞与蒙古寺庙"查玛"》，《舞蹈》Ⅰ。

[N]

尼玛，1993：《蒙古族萨满教招子仪式》，《中央民族学院学报》Ⅱ。

[Q]

祁庆富，2002：《民族学调查应引进社会学抽样调查方法》，《民族研究》Ⅴ。

秦序，1985：《我国南方高山、佤、苗等族的体鸣木鼓与有关音乐起源的几个问题》(上)，《中国音乐学》Ⅰ。

1986：《我国南方高山、佤、苗等族的体鸣木鼓与有关音乐起源的几个问题》(下)，《中国音乐学》Ⅰ。

曲六乙，1987：《中国各民族傩戏的分类、特征及其反映"活化石"价值》，《戏剧艺术》4月。

2000：《戏史研究的新成果——简评〈民间祭礼与仪式戏剧〉》，《四川戏剧》Ⅳ。

[S]

萨仁，2000：《科尔沁民间艺术介绍宗教舞蹈——查玛》，《内蒙古艺术》Ⅰ。

色音，1993：《萨满教的神灵体系及诸神的分工》，《黑龙江民族丛刊》Ⅰ。

1994：《萨满教研究综述》，《社会科学战线》Ⅲ。

2000：《萨满教音乐的人类学考察》，《青海民族研究》Ⅱ。 沈洽，1995：《音乐文化的双视角观照——民族音乐学的一种新定位》，《中央音乐学院学报》Ⅲ，第18—21页。

[T]

特古斯，2004：《试论蒙古族在“查玛”中体现的审美意识》，《内蒙古艺术》Ⅱ。

田联韬，1997：《藏族宗教音乐初探》，《艺术探索》，第11页。

2000：《藏族佛教乐舞“羌姆”音乐考察》，《中国音乐学》Ⅳ，第5—26页。

田小军，2004：《蒙古萨满乐舞对近现代蒙古族乐舞的影响》，《中央民族大学学报》（哲学社会科学版）Ⅴ。

[W]

王克芬，1996：《“傩舞”发展的历史轨迹》，《舞蹈》Ⅱ。

王华，2000：《内蒙古科尔沁地区萨满教活动与安代歌舞的考察研究》，《人民音乐》第10期。

王胜华，2003：《关于中国仪式戏剧学说的简略回顾》，《云南艺术学院学报》Ⅳ，第79、80页。

魏素萍，2005：《论西部民间音乐的保护和发展》，《兰州大学学报》（社会科学版）Ⅱ。

乌兰杰，2004：《保护少数民族传统文化艺术遗产断想》，《内蒙古大学艺术学院学报》Ⅰ。

武永成，2005：《民间艺术——好德歌沁溯源》，《文史》Ⅴ，敖汉旗政协文史资料委员会主办、内蒙古金陶股份有限公司协办（内部发行）。

[X]

谢继胜，1986：《藏族白色崇尚探索》，载《民间文学论坛》Ⅲ。

邢莉，1993：《喇嘛教的蒙古化》，《黑龙江民族丛刊》Ⅳ。

1998：《蒙古民族的马崇拜》，《中央民族大学学报》（哲学社会科学版）Ⅳ。

2005：《蒙古族与藏族的天体神话与天神信仰的比较研究》，《中央民族大学学报》（哲学社会科学版）Ⅵ。

徐新建，1990：《宏扬传统，溯本求源——首届中国傩戏学国际学术讨论会侧记》，《民间文学论坛》Ⅴ，第95页。

2001：《从仪式、戏剧到民俗——简论〈民间祭礼与仪式戏剧〉的出版》，《四川戏剧》Ⅴ。

薛艺兵，1986：《秧歌源流考辨》，《舞蹈艺术》Ⅱ，第31—56页。

2001：《河北易县、涞水的〈后土宝卷〉》，《音乐艺术》2月，第31—37页。

1993：《从冀中“音乐会”的佛道教门派看民间宗教文化的某些特点》，《音乐研究》，第65—79页。

薛艺兵、吴奔，1987：《屈家营“音乐会”的调查与研究》，《中国音乐学》Ⅱ，第81—96页。

[Y]

杨飞，2005：《清代苏州昆曲艺人在扬州的流布与影响》，《苏州大学学报》（哲学社会科学版）Ⅴ。

杨燕迪，1995：《为音乐学辩护——再论音乐学的人文学科性质》，《中国音乐学》Ⅳ。

杨扬，2006：《传统音乐与民间文化——炎黄农村音乐文化认识思考》，《中国科技信息》Ⅱ。

叶长海，1990：《戏剧的自我体认》，《戏剧艺术》Ⅰ。
袁静芳，1993：《中国佛教京音乐中堂曲研究》，《中国音乐学》Ⅰ，第43—59页。

[Z]

张振涛，1998：《民间乐师研究报告——冀京津笙管乐种研究之二》，《中国音乐学》Ⅰ。
2001：《日久见人心（之一）——田野上的思绪》，《人民音乐》Ⅹ。
2002：《国家礼乐制度与民间仪式音乐》，《中国音乐学》Ⅲ。
张双志、于洪，2004：《口述史在民族史研究中的功用及相关问题》，《西北民族大学学报》（哲学社会科学版）Ⅳ，第13、17页。
周凯模，2001：《巫歌傩舞与原始信念》，《民族艺术》Ⅰ。
朱世学，1995：《土家族傩戏面具的演化特点及功能》，《民族论坛》Ⅳ。

后 记

能够成为中国艺术研究院文化研究所副所长、中国艺术人类学中心主任方李莉研究员艺术学专业的第一位博士生，既是缘于偶然，也是我毕生最大的荣幸。在三年难忘的博士研究生攻读期间，方老师悉心教诲，不仅帮助我顺利完成了跨越音乐学与人类学两个学科的艺术人类学方向的博士论文，而且循循善诱，一步一步带领我步入学术研究的神圣殿堂。本书就是我在读博期间参与方老师负责的国家重点课题“西部人文资源保护、开发与利用”的一个关于少数民族民间非物质文化挖掘、整理的子课题。在导师方李莉研究员的理解、鼓励下，在课题组众多师长、同窗学友的共同努力下，我所承担的这一子课题终于得以完成。最初，我采访内蒙古赤峰市敖汉旗乌兰召村“呼图克沁”的想法得到了课题组的高度重视，课题组将唯一的一台摄像机借给我使用，坚定了我采访成功的信心。

利用寒假和暑假，笔者回到故乡——内蒙古自治区赤峰市，跟住在赤峰市的父母说明采访乌兰召村“呼图克沁”的打算后，得到了父母大力的支持，我下乡采访时父亲坚持要同行，他说：“我就做个兼职的摄像师吧。”前后共四次田野调查，每一次田野调查都是父亲陪同我前往。现在我的脑海中还能够浮现出父亲背着摄像机奔走在田间地头儿、农家小院儿、旗县文化馆的身影。尤其 2005 年正月，我和父亲在乌兰召村追踪采访“呼图克沁”仪式表演期间，下雪天冷路滑，开敞篷三轮车运送“呼图克沁”艺人出村演出的经纪人开翻了车，将车上全部艺人加上我和父亲掀翻在地，发生了有惊无险的翻车事件，而父亲在翻车事件之后，依然毫无怨言地奔走在零下 27℃滴水成冰的风雪中为我摄像；在 2005 年 8 月 30℃的酷暑中，有关节炎的父亲挥汗如雨地与我一起奔走在乌兰召村挨家挨户发放村民“呼图克沁”信仰状况调查表……。可以说，在我承担的西部人文资源子课题中凝聚着父亲的心血和母亲的期盼，每念于此，我的心中感到无比欣慰的同时也感到自己肩上的责任和重担。正是由于父亲、母亲的大力支持，使得我对于乌兰召村的采访得以顺利进行。

除了导师的指导、关怀，父母亲的大力支持和同窗好友的关心之外，还应该感谢我在“呼图克沁”采访期间给予过我无私帮助并为我提供大量文字、图片、音响资料的各位前辈学者。他们是赤峰市文化艺术研究所李宝祥研究员、敖汉旗文体广电局于海永局长、敖汉旗政协主席韩殿琮先生、敖汉旗文化馆吴谡馆长、原赤峰市歌舞团舞蹈演员扎戈米先生。

此外，感谢为我们课题组采访提供方便条件的乌兰召村各位领导。首先要感谢乌兰召村的徐子龙村长、王忠文村长为课题组成员提供的必要的生活起居条件。在采访期间，课题组成员曾经借住过乌兰召村村委会，时年 62 岁的村民肖海宗（村委会看门人）负责为我们做饭。此外，课题组成员也曾借住过王忠文村长的家，王忠文村长的妻子孙兰英勤劳热情，为我们将火炕烧热，还让女儿王红双一直陪伴我们当向导，为课题组成员解决了初到乌兰召村人生地不熟的问题。

另外，特别感谢在采访中给予过课题组成员以极大帮助的“呼图克沁”艺人们，他们是李维峰、李发、鲍海杰、李福山、金生、武政权、郑国华、郑国玉、郑国军、于学龙、李海波、梁海艳、邱永胜等。尤其感谢的是曾经给予过我极大帮助的艺人李福山。李福山不仅为我演唱了他所掌握的全部“呼图克沁”仪式歌曲，而且还挽留课题组成员住在他家里，对于我们安心进行调查采访给予了极大便利。特别要感谢李福山的妻子董淑英、女儿李秀平和儿子李海波，他们不仅为我们安排饮食，还总是在我们采访缺人手的时候帮忙跑前跑后。

同时，还应感谢配合我们采访的乌兰召村热心的村民赵文渊，早年曾经参与过“呼图克沁”演出的村民常海、国宝祥、陈秀英、鲍凤兰（艺人李发的妻子，李福山的母亲）、吴国庆、佟海泉、曹国福、杜日娜等。

手捧着这本凝聚着课题组成员心血的书，我思绪万千。请允许我再次深深感谢我身边每一位曾经给予过我们这样或那样无私关怀和帮助的老师、同学们、前辈学者们以及乌兰召村“呼图克沁”艺人们、村民们，可以说，没有大家给予我们课题的理解和支持，就没有我们今天“呼图克沁”研究课题的顺利结题。

由于本人学识所限，难免有许多不足和疏漏之处，恳请各位前辈学者、各位同仁批评指正。

董　波

2008 年 3 月于呼和浩特